MICHAEL SCHAPER, Chefredakteur

Liebe Leserin, lieber Leser

Geschichte ist in Irland nichts Vergangenes. Sondern stets gegenwärtig, lebendig. Zahlreiche Ereignisse, Figuren und Schauplätze aus früheren Epochen sind den Menschen auf der Grünen Insel auch heute noch präsent. Denn wie nur wenige andere Völker sind die Iren geradezu besessen von der Beschäftigung mit ihrer eigenen Historie.

Und das ist nicht allein nostalgische Traditionspflege: In dem Land, dessen führende konservative Partei nach legendären keltischen Kriegerhorden benannt ist (Fianna Fáil, „Soldaten des Schicksals") – und wo die Liberalen „Clan der Gälen" (Fine Gael) heißen, werden immer wieder uralte Geschehnisse als Schlagworte in aktuellen politischen Diskussionen verwendet.

Vor allem die Auseinandersetzungen mit den britischen Besatzern – die das Land fast acht Jahrhunderte unterjochten – haben sich tief in das historische Bewusstsein der Iren eingegraben. Etwa die Aufstände im 17. Jahrhundert, als der Kampf um Glaube und Macht die konfessionell gespaltene Insel verheerte. Historiker schätzen, dass damals bis zu 600 000 Menschen ihr Leben durch Gemetzel, Hungersnöte und Seuchen verloren, wohl mehr als ein Drittel aller Bewohner der Insel.

Im Jahr 1649 verübten die Truppen des englischen Feldherrn Oliver Cromwell Massaker unter der Zivilbevölkerung der Städte Drogheda und Wexford. Der fanatische Puritaner verjagte zudem zahllose Katholiken von ihrem Land, ließ 50 000 von ihnen in die Sklaverei in die Karibik deportieren – und gilt seither in der irischen Folklore als monströser „Schlächter Irlands". „Der Fluch Cromwells soll über dich kommen" ist bei katholischen Iren eine Verwünschung eines besonders verhassten Feindes.

Irland ist undenkbar ohne das GESTERN

Die geradezu obsessive Beschäftigung mit dem erfahrenen Leid bleibt nicht ohne Konsequenzen. Auch heute noch präge ein Opfermythos Irland, so etwa der Dubliner Historiker Eunan O'Halpin – als wären sämtliche heutigen Probleme der Insel eine Folge der britischen Fremdherrschaft (dabei ist das Pro-Kopf-Sozialprodukt in der Republik Irland inzwischen um zwei Drittel höher als im Vereinigten Königreich).

Nordirlands Protestanten hingegen feiern noch immer Jahr für Jahr den Sieg des englischen Königs Wilhelm III. 1690 über seinen katholischen Rivalen Jakob II. An jedem 12. Juli marschieren protestantische Aktivisten durch die Straßen Ulsters – nachdem sie am Abend zuvor Symbole des katholischen Irland wie die Trikolore der Republik auf Freudenfeuern verbrannt haben. Und provozieren damit die katholische Minderheit im Norden. Immer wieder ist das der Auslöser blutiger Straßenschlachten gewesen, zuletzt 2015 in Belfast.

Von 850 Jahren dieser bis heute höchst lebendigen Vergangenheit erzählen wir in der vorliegenden Ausgabe. Was Mythos ist und was wirklich geschah – die Geschichte der Grünen Insel.

Herzlich Ihr

Michael Schaper

INSEL DER UNBEUGSAMEN
Die Historie und ihre mythenbeladenen Orte sind bedeutsam für die Iren – auch als Kraftquell für den Kampf gegen fremde Angreifer.
SEITE 6

DIE PIRATIN
Grace O'Malley terrorisiert die Westküste Irlands – bis ihr selbst tödliche Gefahr droht. 1593 muss sie die Queen um Hilfe bitten.
SEITE 34

DUBLINS SCHÄRFSTE WAFFE
Der Satiriker Jonathan Swift ätzt um 1730 gegen London. Dabei fühlt er sich als Engländer.
SEITE 62

DER GROSSE HUNGER
Um 1850 befällt ein Pilz die Kartoffelfelder des armutgeplagten Irlands – und löst so die schwerste Katastrophe in der Geschichte der Insel aus.
SEITE 88

ORTE VON SCHAM UND SCHANDE
Weil sie die katholische Moral beflecken, müssen Tausende ledige Schwangere ihre Kinder in kirchlichen Heimen zur Welt bringen. Mütter und Babys durchstehen unfassbare Dramen.
SEITE 132

Nr. 90

Inhalt

Irland

DENKMAL FÜR DUBLIN
Einen Tag in seiner Heimatstadt, den 16. Juni 1904, nimmt James Joyce als Grundlage für einen Jahrhundertroman. Doch »Ulysses« bringt ihn fast um die Existenz.
SEITE 100

ARMEE IM SCHATTEN
Ab 1969 zermürbt Gewalt das konfessionell gespaltene Nordirland. Mächtigste Mordgruppe in diesem Bürgerkrieg ist die katholische IRA.
SEITE 144

♦ Die mit diesem Symbol versehenen Beiträge finden Sie auch links bebildert.

Sie erreichen die GEO*EPOCHE*-Redaktion online auf Facebook oder unter *www.geo-epoche.de*.

INSEL DER

Irlands Geschichte ist reich an Erzählungen, Mythen und Sagen. Sie handeln von keltischen Fürsten, von Druiden und Barden, Missionaren und Rebellen. Und tatsächlich ist die Historie für die Bewohner der Insel besonders bedeutsam. Denn aus ihren Wurzeln ziehen sie die Kraft für ihren jahrhundertelangen Kampf gegen mächtige Fremdherrscher

BILDTEXTE: *Frank Otto und Johannes Teschner*

DER WESTEN IRLANDS ist besonders rau und ursprünglich. Hier bleiben gälische Clans auch nach der englischen Invasion von 1170 noch lange an der Macht. Eine dieser kriegerischen Sippen erbaut im 16. Jahrhundert die Burg Dunguaire Castle

UNBEUGSAMEN

Zeichen aus der VORZEIT

Die Besiedlung Irlands beginnt vor etwa 12 500 Jahren. Spätere Bewohner der Insel hinterlassen Monumente, die Einblick geben in ihre Gemeinschaft. Doch um 500 v. Chr. werden sie von den Kelten verdrängt, die fortan die irische Kultur formen

IN MEHREREN KREISEN haben frühe Siedler im Norden Irlands zumeist kopfgroße Steine angeordnet. Anlagen wie diese von etwa 1600 v. Chr. dienen ihnen vermutlich als Kultstätte zur Götterverehrung, vielleicht auch als Sonnenuhr oder Friedhof

Die Ankunft der MÖNCHE

In Irland verknüpfen sich verschiedene Kulturen auf einzigartige Weise: So bringen Missionare im 5. Jahrhundert die christliche Lehre auf die Insel, die sich mit keltischen Traditionen vermischt. Es ist vor allem diese Kombination, aus der sich von nun an die irische Identität speist

IM MITTELALTER gründen irische Mönche zahllose Klöster, selbst auf der an der Westküste gelegenen Felseninsel Skellig Michael. Die Konvente sind Orte der Gelehrsamkeit – so schreiben Geistliche die erste Geschichte Irlands nieder

DIE KATHEDRALE von Cashel wird im 12. Jahrhundert Sitz eines Erzbischofs. Im Jahr 1172 huldigt an diesem Ort der gesamte irische Klerus dem neuen Herrn der Insel: Englands König Heinrich II., der Irland kurz zuvor unterworfen hat

Der Beginn der FREMDHERRSCHAFT

Kein Ereignis prägt die irische Geschichte so wie die Invasion von 1170: Englands König Heinrich II. erobert die Insel und begründet eine jahrhundertelange Fremdherrschaft. Immer wieder werden die Iren versuchen, die Besatzer zu vertreiben – und immer wieder scheitern

GESETZE DER britischen Besatzer erlegen katholischen irischen Landeigentümern im Erbfall auf, ihren Boden unter allen Söhnen aufzuteilen. Die Folge ist ein immer stärker zersplitterter Grundbesitz (Parzellen auf den Aran-Inseln)

Erzwungene ARMUT

Irland ist fruchtbar, aber die meiste Zeit ist es trotzdem arm. Die Ausbeutung durch die Briten sowie ein extremes Bevölkerungswachstum im 19. Jahrhundert konservieren das wirtschaftliche Elend. Millionen Iren sind gezwungen, ihre Heimat zu verlassen und nach Übersee auszuwandern

WOHL IM 8. JAHRHUNDERT erweitern Irlands frühe Christen das Kreuz um einen Kreis, der vermutlich dem keltischen Sonnenkult entstammt – und schaffen so ein Sinnbild, das fortan wie kein zweites für die Identität der Inselbewohner steht

Aus der Kraft der VORFAHREN

London will die Iren in gefügige Untertanen verwandeln, angepasst an die englische Sitte – das unterjochte Inselvolk aber hält vielerorts an seinen keltischen Wurzeln fest, an der gälischen Sprache, traditionellen Festen und althergebrachten Symbolen

SO KLEIN eine Gemeinde auch sein mag – ein Gotteshaus besitzt sie fast immer. Priester, Nonnen und Mönche gelten lange als unverzichtbare Hüter der Moral. Dann aber erschüttern Skandale ihr Ansehen (Steinkirche eines Klosters aus dem 11. Jahrhundert, nahe Dublin) ◊

Im Griff des GLAUBENS

Um Irland gefügig zu machen, siedelt London im 17. Jahrhundert massenhaft radikale Protestanten auf der Insel an. Daraufhin eskaliert der Konflikt der Konfessionen, und die Feindschaft zwischen Katholiken und Reformierten prägt das Eiland bis heute

Kelten, Wikinger, Normannen

Immer wieder greifen fremde Herren nach Irland: Sie plündern, erobern, gründen Siedlungen auf der Insel. Und formen über die Zeiten hinweg die besondere kulturelle und politische Identität ihrer Bewohner

TEXT: *Johannes Teschner;* **KARTEN:** *Stefanie Peters*

Die Geschichte Irlands ist geprägt von Eindringlingen. Drei Gruppen von Angreifern – Kelten, Wikinger und Anglo-Normannen – erreichen zwischen 500 v. Chr. und 1170 n. Chr. die Insel und formen die irische Kultur, Mentalität und Selbstwahrnehmung.

Die Kelten erreichen Irland wohl um 500 v. Chr. vom europäischen Kontinent aus. Vermutlich treibt sie Landmangel über das Meer, aber auch Abenteuerlust und die Hoffnung auf Beute.

Die Neuankömmlinge sind wehrhaft, in ihrer Gesellschaft haben Krieger das Sagen. Schnell verdrängen sie die irischen Ureinwohner (die vermutlich vor etwa 12 500 Jahren, als Irland noch mit dem europäischen Kontinent verbunden war, eingewandert sind).

Auch untereinander befehden sich die mehr als 100 Stammesführer. Ständig verändern sich Herrschaftsgebiete; verliert eine Sippe ihren Einfluss, steigt eine andere auf. Die besondere Bedeutung, die Landbesitz in der irischen Gesellschaft hat, hat hier ihren Ursprung; der Kampf um Territorium wird die Bewohner der Insel fortan immer wieder beschäftigen.

Nach und nach bilden sich bis 400 n. Chr. fünf keltische Reiche heraus: Leinster, Munster, Connacht, Ulster, Meath.

Auch deren Grenzen verändern sich häufig, und doch sind sie über Jahrhunderte vergleichsweise stabil (und bis heute als Regionen existent). Nirgendwo sonst in Europa vermögen keltische Fürsten derart beständige Reiche zu etablieren: Auf dem Kontinent fegen römische Legionen und germanische Stämme über sie hinweg, einzig in Irland bleiben sie von diesen Umwälzungen verschont, und so kann sich die keltische Kultur nur dort dauerhaft und nachhaltig entfalten.

Auch die christlichen Missionare, die vom 5. Jahrhundert an auf die Insel kommen, müssen einsehen, dass sie ihre Lehre nicht in Reinform durchsetzen können; dass keltische Rituale, Kultstätten und sogar Gottheiten für viele Konvertiten weiterhin bedeutsam sind; dass keltische Priester, Barden und Rechtsgelehrte ihr großes Ansehen behalten; und dass die gälische Sprache wichtiger bleibt als das kirchliche Latein.

Die Vermischung der Kulturen aber verläuft friedlich. Überall entstehen prächtige Klöster und Bibliotheken, geschmückt mit religiösen Symbolen aus Gold und Silber – ein Reichtum, der bald neue Eindringlinge anlockt.

Im Jahr 795 landen Wikinger mit ihren Drachenbooten an der irischen Ostküste und plündern Klöster. Fortan kommen sie fast jedes Jahr wieder, dringen über Flüsse sogar ins Landesinnere vor, überfallen nun auch Dörfer und nehmen Gefangene als Sklaven mit.

Die Iren wehren sich zwar gegen die skandinavischen Angreifer, entscheiden auch manches Gefecht für sich, können die kampfstarken und stets überraschend attackierenden Nordmänner aber nicht vollends besiegen. Im Gegenteil: 840 überwintern Wikinger erstmals auf der Insel. Im Jahr darauf legen sie an der Mündung des Flusses Liffey eine Siedlung an, die sie „Schwarzes Wasser" nennen, auf Gälisch *Dubh Linn*: Dublin.

Der neue Ort ist anfangs vor allem ein Sklavenmarkt, wächst aber schon bald zu einer bedeutenden Handelsstadt heran und wird zum Zentrum eines eigenständigen wikingischen Herrschaftsbereichs. Die Skandinavier passen sich nun immer stärker an ihre neue Heimat an, übernehmen die gälische Sprache sowie den christlichen Glauben und gründen weitere Städte, darunter Cork, Limerick, Waterford und Wexford.

Durch die nordischen Seefahrer wird Irland nun Teil des ausgedehnten Wikinger-Handelsnetzes, das sich von der Arktis bis zum Mittelmeer erstreckt.

Und indirekt sind die Nordmänner auch für die letzte, folgenreichste Invasion in Irland mitverantwortlich. Denn die Anglo-Normannen, die 1170 von Großbritannien aus in Irland einfallen, sind Nachfahren jener Wikinger, die einst in Nordfrankreich sesshaft waren und im Jahr 1066 England erobert haben.

Ab 1170 wird der Kampf gegen die englische Fremdherrschaft über gut sieben Jahrhunderte fast jede irische Generation prägen. Es ist ein Ringen, in dem sich die Inselbewohner auch immer wieder auf ihre Wurzeln besinnen – auf ihre Identität, deren Ausformung im ersten vorchristlichen Jahrtausend mit der Ankunft keltischer Abenteurer begann. ◊

IRLANDS GESCHICHTE ist seit 2500 Jahren fremdbestimmt. Schon um 500 v. Chr. vertreiben eingewanderte Kelten die Ureinwohner und bilden später fünf Reiche (Karte u. l.). Wikinger überfallen ab 795 n. Chr. die Küstenregionen, gründen später auch Siedlungen (u. r.). Und im Jahr 1170 marschieren von England aus Normannen ein. Die britischen Nachbarn werden die Insel mehr als sieben Jahrhunderte lang beherrschen

RIVALEN um die

MACHT

TEXT: *Mathias Mesenhöller*
TEPPICH: *Valerie Wilson und Joanne Pollock*

Seit Jahrhunderten ringen lokale Fürsten um die Hoheit über ganz Irland. Doch dann verschafft sich einer der Kontrahenten Unterstützung von außen – und die Ankunft des normannischen Ritters Strongbow aus Britannien im Jahr 1170 wird zum schicksalhaften Wendepunkt. Denn mit ihr beginnt die Ära der Fremdherrschaft, die die Insel bis heute prägen wird

DIE NORMANNEN, die seit dem Jahr 1066 England beherrschen, sind weithin gefürchtete Krieger – und daher begehrte Söldner. Bald kämpfen sie auch in Irland. Die hier gezeigten Stickereien illustrieren Szenen aus »Game of Thrones« – einer US-Fantasy-Serie, deren Welt der des europäischen Mittelalters gleicht

Es ist der 23. August 1170. Am Horizont vor der südirischen Küste zeichnet sich eine furchteinflößende Silhouette ab und kommt stetig näher: große Segelschiffe. Von Wales aus haben sie das Meer überquert und steuern nun auf das irische Städtchen Waterford zu.

Auf den Decks der Schiffe lagern Ritter samt Pferden, Schilden, Kettenhemden, schweren Lanzen und Schwertern. Außerdem Infanteristen mit langstieligen Streitäxten, weit schießenden Bögen und dicken Bündeln präzise gefertigter Pfeile. Dazu Belagerungsgerät, Schanzwerkzeug.

Eine hochgerüstete, kampferprobte Truppe, insgesamt rund 1200 Mann. Und ein Bräutigam.

Denn die Armada kommt auf Einladung eines irischen Fürsten, Dermot MacMurrough, des Herrschers des Reiches Leinster im Südosten der Insel. Der Anführer der Flotte, Richard FitzGilbert, genannt Strongbow, soll Dermots Tochter heiraten – und vielleicht einmal dessen Reich erben.

Zuvor freilich muss Strongbow dem künftigen Schwiegervater einen Dienst erweisen: Seine Krieger sollen wesentliche Teile dieses Reichs überhaupt erst erobern. Sie sollen Dermots irische Rivalen bezwingen, ihn so zum mächtigsten Mann auf der Insel machen – und einige vergangene Kränkungen rächen. Strongbows Sold für diese Dienste: die Prinzessin und die Erbschaft.

Damit beginnt ein Feldzug, der Irland für Jahrhunderte in den Bann der größeren britischen Nachbarinsel schlagen wird. Ein Krieg, dem ein fruchtbarer Austausch folgen wird, eine reiche Mischkultur – aber ebenso auch Leid und Bitterkeit. Und aus dem Fremdherrschaft und Freiheitskampf als die großen Themen der irischen Geschichte hervorgehen.

Am Anfang steht eine arrangierte Ehe. Ein Pakt, der keine Nationen kennt, nur persönliche Vorteile. Das Aufeinandertreffen ungleicher Waffen – aber der gleichen, zügellosen Gier nach Ruhm, Reichtum und Abenteuer.

Die Ritter, die Strongbow nun bei Waterford an Land führt, sind entschlossen, sich ihr Glück, ihre Zukunft zu erkämpfen. Wie schon ihre Väter es getan haben und deren Väter vor ihnen. Sie kennen es nicht anders.

Denn sie sind Normannen.

°

DIE NORMANNISCHEN Krieger sind nicht die ersten Fremden, die Irland erreichen. Bereits in der Zeit vor Christi Geburt haben Kelten die Insel besiedelt – wehrhafte Stämme, die vom Festland kamen und die Ureinwohner verdrängten.

Die Kelten prägen die Gegend über viele Jahrhunderte, denn weder das Weltreich der Römer noch die Völkerwanderungen der Germanen erreichen die Insel. Und als im 5. Jahrhundert Prediger wie der Brite Patrick den Iren das Christentum verkünden, passen sie ihre Lehre gezielt den keltischen Bräuchen an.

DER IRISCHE FÜRST Dermot MacMurrough, der die Frau eines anderen Adeligen geraubt und bei dessen Rachefeldzug sein Reich verloren hat, wendet sich an Englands normannische Herren. Er sucht Beistand

AUF EINEM SCHIFF segelt der Normanne Strongbow mit einer Armee nach Irland, um für den Fürsten Dermot zu kämpfen. Der hat ihm die Hand seiner Tochter versprochen – und damit die Aussicht auf sein ganzes Erbe

So erblüht hier, abseits der europäischen Kriege, in mächtigen Klöstern ein kulturelles und geistiges Leben, das auf dem Kontinent seinesgleichen sucht. Irische Missionare, Klostergründer und Gelehrte reisen schon bald bis nach Germanien, Gallien, Norditalien.

Politisch jedoch ist Irland friedlos, zerklüftet. Als der Kelte Dermot MacMurrough um das Jahr 1110 geboren wird, gebieten mehr als 100 Clanführer über die irischen Sippen, unter denen oft bittere Rivalität herrscht.

Diese Anführer schulden größeren Herren die Treue, über denen wiederum die Fürsten von sechs Reichen stehen, in die sich Irland gliedert. Auch sie streiten um Vorrang – um die Würde des Königs von Irland. Ein Titel, der viele Mächtige lockt, ohne dass ihn je eine Dynastie sichern konnte.

MacMurrough ist der Sohn eines solchen Fürsten, des Herrn über Leinster. Sein Vater wird von Feinden erschlagen, als er noch ein Kind ist. Dennoch kann sich Dermot kurz nach 1130 als Thronerbe in Leinster durchsetzen.

Sein Ehrgeiz ist rücksichtslos. So lässt er im Streit um die Hoheit über ein Klostergut Dutzende seiner Bewohner töten, die Äbtissin durch seine Soldaten vergewaltigen und ihr Haus niederbrennen. Widersacher im eigenen Adel bringt er um oder lässt sie ermorden; andere befiehlt er zu blenden.

Dermot, ein hünenhafter Krieger mit rauer, befehlsgewohnter Stimme, ist ein harter Herr, der lieber auf die Furcht seiner Untertanen baut als auf deren Anhänglichkeit. Spielt er da bereits mit dem Gedanken, sich zum König zu erheben? Jedenfalls versucht er, einen Schlüssel zur höchsten Macht zu gewinnen: die Oberherrschaft über die Stadt Dublin, die im Norden an Leinster grenzt.

Dublin ist die größte unter einer Handvoll Hafenstädten, die im 9. und 10. Jahrhundert n. Chr. von wikingischen Raubfahrern gegründet worden sind. Anfangs war die Siedlung kaum mehr als eine mit Palisaden gesicherte Anlegestelle, später dann ein Sklavenmarkt. Inzwischen aber ist Dublin ein lebhafter Handelsort mit fruchtbarem Hinterland, in dem Nachfahren der skandinavischen Zuwanderer den Ton angeben – ein eigenes, von den Wikingern geprägtes Fürstentum, das zwischen den irischen Mächten laviert.

DAS HEER des Normannen kämpft rücksichtslos. Es erobert Städte, darunter das gut befestigte Dublin. Und wie versprochen wird Strongbow zum Schwiegersohn des Iren

Dermots Ringen mit den wehrhaften Bewohnern Dublins verläuft wechselvoll; immerhin kann er ihnen zeitweilig seine Anerkennung als Oberherr abzwingen.

Im Jahr 1152 nutzt er die Gelegenheit, dass ein Nachbar in der Ferne Krieg führt, und raubt dessen Frau, Fürstin Devorgilla, von einer vermeintlich sicheren Insel. Auch ihre Möbel und ihr Vieh schleppt er davon.

Angeblich rächt sich der Fürst von Leinster damit für eine Demütigung im Kampf, die er als junger Mann ertragen musste.

Aber ist es überhaupt eine Entführung? Dermot selbst brüstet sich, Devorgilla sei ihm freiwillig gefolgt; und ein Chronist bestätigt dies: Es habe sich um einen romantischen Coup gehandelt, um weibliche Leidenschaft und jugendlichen Übermut.

Allein, die Adelige ist bereits Mitte 40, und Dermot hat den Thron seit rund 20 Jahren inne – kaum das Alter für eine halsbrecherische Amour fou.

So mag hinter dem Nebel der Überlieferung eine Intrige liegen. Ein Verwandter vielleicht, der Devorgilla unter Dermots Schutz stellt – der wiederum den Schützling kühl zu seiner Geisel macht.

Sein Preis ist nicht bekannt, doch lässt er die Entführte nach einem Jahr gehen. Der gedemütigte Ehemann aber wird den Vorfall nicht vergessen.

°

IM JAHR 1166 ergibt sich eine Gelegenheit zur Rache: Rory O'Connor, der Fürst des irischen Reichs Connacht (oder ein von ihm gedungener Mörder) tötet den Fürsten von Ulster im Norden, Dermots stärksten Bundesgenossen.

Zu O'Connors Gefolgsleuten zählt Devorgillas Mann, der nun, da Dermot seinen wichtigen Verbündeten verloren hat, Rory O'Connor mit Erfolg anstachelt, in Leinster einzufallen.

Die vorrückenden Krieger treffen auf wenig Widerstand: Verbittert von der harschen, hochfahrenden Art ihres Herrn, laufen zahlreiche Adelige über, beteiligen sich daran, Dermot in seiner Stammesburg einzuschließen. Gemeinsam berennen sie die Anlage, nehmen und zerstören sie.

Als der gefangene Dermot vor den Siegern steht, darf er sich kaum mehr Hoffnung machen. Sie werden ihn töten. Zumindest aber blenden, für allemal ausschalten. So wie er es einst selbst mit unterlegenen Rivalen getan hat.

Doch sei es aus Mitgefühl, Sorglosigkeit – oder vielleicht, um seine Machtvollkommenheit oder gar Großmut zu demonstrieren: Rory O'Connor belässt es dabei, Dermot MacMurrough nur aus dem Land zu jagen.

Keiner der Beteiligten kann die Folgen dieses Gnadenakts auch nur ahnen. Sie sind gewaltig. Am Ende werden sie der irischen Geschichte eine neue Bahn geben – für immer. Denn der gestürzte Herr über Leinster denkt nicht daran, sich geschlagen zu geben.

Er wendet sich nach England.

Dort regiert nach längerem Bürgerkrieg seit einigen Jahren König Heinrich II., ein Anglo-Normanne. Dessen wikingische Vorfahren sind einst als „Nordmänner" an der Seine-Mündung in Frankreich sesshaft geworden, haben die französische Sprache angenommen und im Jahr 1066 von der Normandie aus England erobert.

Inzwischen, 100 Jahre später, haben sie als Anglo-Normannen ein gewaltiges Reich errichtet, das von der schottischen Grenze bis zu den Pyrenäen reicht.

Heinrich II.: graue, unterlaufene Augen, die im Zorn jäh aufblitzen. Ein von Natur schwerer und breiter Mann mit bebender Stimme, hitzig, ruhelos selbst während der kurzen Unterbrechungen seiner fortwährenden Feldzüge.

Ähnlich wie Dermot ist er hart und herrisch gegen den Adel. Jederzeit bereit, zu seinem Vorteil ein gegebenes Wort zu brechen.

Dermot, der Heinrich einst wahrscheinlich bei der Rekrutierung von Söldnern unterstützt hat, bittet den Anglo-Normannen um Hilfe, doch an einem Eingreifen in Irland hat der Monarch kein Interesse. Aber er erlaubt dem Bittsteller, unter seinen Vasallen Kämpfer anzuwerben. Zu einem hohen Preis: Dermot muss Heinrich II. als Lehnsherrn über sich und seinen künftigen Besitz anerkennen.

500 v. Chr. – 2018

DAS ERBE DER KELTEN

Über ein Jahrtausend lang herrschten die wehrhaften Stämme über Irland – ihr Einfluss ist bis heute spürbar

HOCHKREUZE zeugen von der Vermischung von keltischer und christlicher Kultur. So erweitern die alten Iren das katholische Symbol um einen Kreis, vermutlich zu Ehren ihres Sonnengotts

Nirgendwo hat sich die Kultur der Kelten so frei entfaltet wie in Irland. Denn während sie auf dem Kontinent nach und nach durch Römer und Germanen verdrängt wurden, blieben sie auf der Grünen Insel über ein Jahrtausend lang nahezu unter sich. Und so ist ihr Erbe bis heute greifbar.

Das offensichtlichste Vermächtnis der Kelten ist die Sprache. Zwar verständigen sich nur noch knapp zwei Prozent der Iren im Alltag auf Gälisch. Doch ist das in der irischen Verfassung festgelegte Nationalidiom Pflichtfach an den Schulen, und Ortsschilder sind grundsätzlich zweisprachig gehalten.

Auch die typisch keltische Ästhetik bleibt allgegenwärtig: Irische Goldschmiede, Designer und Grafiker greifen gern auf die filigranen Ranken und Schnörkel zurück.

Und selbst in der Religion haben sich keltische Reste gehalten: Die Göttin Brigid etwa, zu deren Ehre die Kelten einst wohl ein jährliches Frühlingsfest begingen, ist als Saint Brigid heute eine bedeutende Heiligenfigur der irischen Kirche.

Schließlich haben die Iren den ältesten und schnellsten Ballsport von ihren Ahnen übernommen: Hurling, das auf der Insel wohl schon im ersten vorchristlichen Jahrtausend gespielt wurde. Ein kleiner Lederball muss dabei per Hand, Fuß oder Eschenholzschläger, dem Hurley, ins gegnerische Tor gebracht werden. Zwischendurch war die Sportart fast vergessen, doch Ende des 19. Jahrhunderts erlangte sie neue Popularität: zu einer Zeit, in der die Iren begannen, sich selbstbewusst von England abzugrenzen – und sich dafür auf ihre Wurzeln besannen.

Wie viel sich der Monarch davon erhofft, inwieweit der Bittsteller die Tragweite des Abkommens erfasst, das bleibt Spekulation. Für die Geschichte Irlands entscheidend wird: Dermot Mac Murrough, entthronter irischer Fürst von Leinster, beugt vor Heinrich II. von England das Knie.

Wohl Anfang 1167 begibt sich Dermot nach Wales, wo Heinrichs Barone in einem Dauerkrieg mit dort schon lange siedelnden keltischen Fürsten liegen. Als besonders wagemutiger normannischer Krieger in dem Grenzkonflikt gilt ein schlachtenerprobter Ritter von vielleicht 35 Jahren: Richard FitzGilbert, genannt Strongbow (der Beiname ist wohl eine Verballhornung des Familientitels Lord of Striguil).

Als Dermot auf Strongbow trifft, glaubt der Ire zunächst an eine Verwechslung: Vor ihm steht ein hochaufgeschossener Mann mit sommersprossigen Zügen von fast weiblicher Schönheit, rotem Haar, hoher Stimme. Die Arme sind einem Chronisten zufolge so lang, dass er sich aufrecht stehend an die Knie fassen kann. Er legt eine irritierende, erlesene Höflichkeit an den Tag.

Doch viel mehr als seine Manieren, Kampferfahrung und der engste Familienbesitz sind Strongbow nicht geblieben. Nachdem er im Bürgerkrieg gegen Heinrich II. gefochten hatte, nahm ihm der Monarch reiche Ländereien. Schwer drücken den verschwenderischen Edelmann seine Schulden.

Nun bietet Dermot ihm eine unverhoffte Chance. Strongbow soll helfen, das verlorene Reich zurückzugewinnen. Als Lohn soll er Dermots Tochter Eva zur Frau erhalten – und damit Aussicht auf das Fürstentum selbst. Die Männer werden handelseinig.

Die Hoffnung auf Abenteuer, Land und Beute lockt noch weitere normannische Adelige; Dermot malt ihnen Irland als den Ort aus, an dem sie zu Macht und Reichtum gelangen können.

Bald darauf folgen ihm 50 normannische Ritter und einige Hundert Bogenschützen in die Heimat. Strongbow aber ist nicht unter ihnen – offenbar verweigert Heinrich II. ihm aus Missgunst oder Argwohn die Erlaubnis.

Wie zum Hohn schickt der König den Vasallen nach Jahren der Missachtung nun sogar auf eine diplomatische Mission in das weit entfernte Deutschland.

Aber auch ohne Strongbow kann Dermot nun mit Hilfe der extrem kampferprobten Anglo-Normannen sowie einiger loyal gebliebener irischer Krieger einen Teil seines Reichs zurückgewinnen, dann sogar die erneute Anerkennung als Fürst von Leinster.

Alles sieht danach aus, dass Strongbow zu spät kommt, er seine Chance verpasst hat.

Doch mit den Siegen wächst Dermot MacMurroughs Gier. Warum nicht noch mehr gewinnen? Vielleicht das reiche Dublin, gar die Würde eines Königs über ganz Irland? Dazu aber braucht er ein stärkeres Heer. Also bedrängt er Strongbow per Boten, persönlich auf die Insel zu kommen.

Und tatsächlich: Von Ehrgeiz und Geldnot getrieben, setzt sich der Normanne über die Befehle Heinrichs II. hinweg.

Strongbow beruft seine Leute ein, heuert Söldner und Schiffe an. Im August 1170 sticht er von Wales

NACH DEM TOD seines Schwiegervaters herrscht Strongbow in Irland über sein eigenes Reich. Ansässigen Clans zwingt er Loyalität ab – wenn es sein muss, indem er ihre Anführer enthauptet

DIE IREN schlagen gegen Strongbow zurück. Bei einer Entscheidungsschlacht siegen die zahlenmäßig unterlegenen Normannen durch einen Überraschungsangriff. Die Verlierer werden massakriert

aus in See, an der Spitze einer Armee von 200 Rittern sowie 1000 Infanteristen und Bogenschützen.

DIE INVASIONSTRUPPE landet nahe Waterford und stößt tags darauf zu ihren Landsleuten sowie Dermots Männern, die Waterford gerade belagern: eine wohlhabende, von Wikingern gegründete und bewohnte Stadt, weniger bedeutend als Dublin, aber ähnlich unabhängig gesinnt.

Die Normannen sind eine eher kleine Schar, selbst nach Strongbows Ankunft sind sie dem Feind gegenüber meist in der Unterzahl. Doch ihre Ausrüstung ist besser – und sie wissen, wie die verschiedenen Waffengattungen am besten zusammenwirken.

In der Regel töten oder verwunden zunächst gedungene walisische Bogenschützen – allesamt Meister an einem der effizientesten Kriegswerkzeuge des Mittelalters – die Gegner in großer Zahl, ehe die überhaupt aufs Kampffeld gelangen.

Anschließend brechen die schweren, in dichter Formation heranstürmenden Panzerreiter in die dezimierten Reihen ein, eine meterlange, mit einer breiten Eisenspitze bewehrte Lanze voraus, die hohe, feste Sattelstütze gegen den Aufprall im Rücken. Danach kämpfen sie, in ihren Steigbügeln aufgerichtet, mit zweischneidigen, mächtigen Schwertern, die Helme zu spalten vermögen, mit der Axt oder dem Streitkolben.

Auch die Infanteristen sind zu ihrer Sicherung vielfach mit Helm, Kettenhemd, schwerem Schild und Schwert ausgestattet, gehen in disziplinierter Reihe vor – und halten in geschlossener Linie selbst den Angriffen gewaltiger Haufen stand.

Leichte Reiterei schließlich jagt Fliehende, macht die Reste der Verlierer nieder – und gerade weil sie so wenige sind, kämpfen die Normannen verbissen, rücksichtslos, grausam.

In Waterford erobern Strongbows Leute nach kurzem Kampf die Stadt, metzeln Bewaffnete wie Bürger nieder. In Haufen türmen sich die Leichen auf den Straßen.

Daraufhin erfüllt Dermot MacMurrough seinen Teil des Paktes: Noch bei Waterford gibt er

5. Jahrhundert n. Chr.

HELD DER IREN

Saint Patrick soll den Iren einst das Christentum gebracht haben. Doch er war nicht der erste Missionar auf der Insel

UM 430 N. CHR. kommt Patrick nach Irland. Gut 30 Jahre lang reist er über die Insel, tauft Tausende Menschen, gründet Klöster und Kirchen

Er ist der wohl berühmteste Ire: Katholiken und Protestanten der Insel verehren Saint Patrick gleichermaßen als ihren Apostel. Und überall auf der Welt feiern all jene, deren Wurzeln in Irland liegen, seinen Todestag am 17. März mit Paraden, Volksfesten – und in manchen Städten, etwa Chicago, sogar mit irischgrün eingefärbten Flüssen. Der gebürtige Engländer habe das Christentum nach Irland gebracht, heißt es, und den Heiden dort mithilfe des Kleeblatts die Dreifaltigkeit erklärt.

Tatsächlich geht der Priester um 430 n. Chr. als Missionar nach Irland, um eine gottgesandte Vision zu erfüllen. Doch er ist nicht der erste Prediger: Schon Jahrzehnte zuvor ist der Glaube an Jesus aus Britannien über die Irische See gelangt.

Etwa 30 Jahre lang reist Patrick durch Irland, tauft Tausende Menschen, gründet Klöster und Kirchen. Dennoch wäre er wie andere Sendboten vor ihm wohl in Vergessenheit geraten, hätte nicht Jahrhunderte später ein Mönch seine Biografie verfasst und Lücken in Patricks Lebenslauf mit frei erfundenen Wundertaten gefüllt, um seinen Helden strahlender erscheinen zu lassen – etwa dass er die Schlangen aus Irland vertrieben habe.

Lange Zeit wird Patrick vor allem von den Anglo-Iren verehrt, die einst wie er aus England gekommen sind. Doch im 18. Jahrhundert erwählen irische Einwanderer nach Amerika den Heiligen zum Symbol ihrer gemeinsamen Identität; die erste Parade zu seinem Todestag findet vermutlich 1737 in Boston statt. Diesen Brauch werden später die Iren in der alten Heimat übernehmen und bis heute pflegen – auch wenn der als „Saint“ Verehrte niemals heiliggesprochen worden ist.

Strongbow seine Tochter zur Frau. Anschließend marschiert das vereinigte Heer auf Dublin.

Die Leute dort sind stolz, kämpferisch. In einem früheren Streit haben sie einen keltischen Fürsten erschlagen und ihn zum Hohn zusammen mit einem Hund begraben, unter dem Boden ihrer Ratshalle. Dieser Fürst war Dermot MacMurroughs Vater.

Am 21. September 1170 steht nun der Sohn gemeinsam mit Strongbow vor der Stadt. Sie wird geschützt von einer stabilen, steinernen Mauer; zum Wasser hin haben die Bewohner hinter Wällen aus Erde und ausgedienten Schiffen Polder gewonnen, neues Land. In dichten Reihen stehen dort meist kleine Häuser, errichtet aus geflochtenen, lehmverschmierten Eschenstangen.

Unterhändler kommen zu den Belagerern hinaus. Begleitet von ihrem Erzbischof, schlagen sie eine Waffenruhe vor, um nach einer friedlichen Lösung zu suchen. Dermot willigt ein.

Zwei der normannischen Anführer jedoch sammeln ihre beutegierigen Gefolgsleute und greifen, offenbar ohne Absprache mit Strongbow oder Dermot, überraschend aus mehreren Richtungen an. Sie gelangen über die Mauern Dublins. Panik bricht aus. Die Vornehmen der Stadt drängen zum Hafen, verladen fieberhaft Schätze.

Mann um Mann machen die Eindringlinge die überrumpelten Verteidiger nieder. Die Fliehenden springen in Boote und Schiffe, nach und nach legt die Flotte ab, viele entkommen. Derweil wüten die Eroberer unter den Zurückgebliebenen, plündern selbst den Bi-

STRONGBOW herrscht von seiner Burg aus mit harter Hand. Doch er akzeptiert die Oberhoheit des englischen Königs Heinrich II.

schofssitz. Strongbow braucht Tage, um in der gefallenen Stadt Ordnung herzustellen.

Dann macht er einen der beiden eigenmächtigen Truppenführer zum Garnisonschef: Unter normannischen Rittern gibt der Erfolg einem Draufgänger recht.

In den Wochen darauf führt Strongbow seine Truppen auf Betreiben Dermots zu Streifzügen in das benachbarte Gebiet, verwüstet die dortigen Gehöfte mit Feuer und Schwert.

Wo sie auf Gegenwehr treffen, behalten die Angreifer trotz ihrer geringeren Zahl meist die Oberhand, denn ihre Gegner sind nur leicht gerüstet. Sie reiten ohne Sattel, ihr Körperschutz besteht aus gesteppten Leinenjoppen, bestenfalls Lederzeug und einem kleinen Rundschild. Ihre leichten Wurfpfeile, Speere und Streitäxte vermögen wenig auszurichten gegen die Normannen, die fast ganz in Helme mit Gesichtsschutz, in Panzerhemden und Hauben aus geflochtenem Eisendraht gehüllt sind. Und deren langgezogene Schilde ihren halben Leib decken.

Als Dermots alter Rivale Rory O'Connor erfährt, was die Fremden anrichten, spricht er eine wütende Drohung aus: Entweder der Fürst ruft seine wüsten Ritter zurück – oder er werde einem von Dermots Söhnen, den der Herrscher von Leinster ihm einst zur Geisel geben musste, den Kopf abschlagen. Dermot antwortet mit einem hochmütigen Brief und fordert O'Connor stattdessen auf, sich zu unterwerfen. Der lässt den Jungen wie angekündigt töten.

Kurz darauf endet die Feldzugsaison, wird das Wetter kalt und nass, weicht den Grund auf, greift Männer und Material an. Strongbow führt das Heer nach Waterford ins Winterquartier. Der Frühling wird, so hofft er, weitere Siege bringen, Eroberungen – und seinem Schwiegervater vielleicht sogar den ersehnten Rang eines Königs von Irland.

DA TRIFFT DIE NACHRICHT ein, dass Heinrich II. seine Vasallen bis Ostern 1171 aus Irland zurückruft. Ein Grund ist Strongbows Unbotmäßigkeit. Weit mehr aber schrecken dessen Triumphe den Monarchen auf: Er kennt den Stolz seiner normannischen Barone, ihren rebellischen Ehrgeiz – und nun steht einer von ihnen im Begriff, zu einer unabhängigen Macht in der Flanke Englands zu werden.

Also droht Heinrich II. seinem Vasallen und jedem, der bei ihm bleibt, mit dem Verlust ihres Besitzes und sperrt die englischen Häfen für Transporte nach Irland.

Strongbow schickt zwar einen untertänigen Brief, macht aber keine Anstalten, von seiner Beute abzulassen – erst recht nicht, als Anfang Mai 1171 der alt gewordene Dermot MacMurrough stirbt.

Im Namen von dessen Tochter Eva, seiner Frau, beansprucht

LITERATURTIPPS

GIRALDUS CAMBRENSIS
»Expugnatis Hibernica: The Conquest of Ireland«
Um 1189 entstandene Chronik eines walisischen Historikers (Royal Irish Academy).

MICHAEL RICHTER
»Irland im Mittelalter«
Standardwerk zur Geschichte Irlands von 500 bis 1500 (Beck).

Strongbow nun die Herrschaft über Leinster und alle umliegenden Eroberungen als Erbe.

Es ist ein riskantes Spiel. Strongbows Erbanspruch wird von vielen irischen Adeligen nicht anerkannt und hängt deshalb an der Schlagkraft seiner Kämpfer. Die jedoch erhalten unter Heinrichs Embargo keinen Nachschub mehr an Verpflegung, Pfeilen, Männern. Vorläufig zieht sich Strongbow mit einigen Hundert Gefolgsleuten erst einmal ins befestigte Dublin zurück.

Da marschiert zu Beginn des Sommers Rory O'Connor vor der Stadt auf. Angeschlossen haben sich ihm etliche Adelige, auch unzufriedene Clanchefs aus Leinster. Zusammen stellen sie wohl mehr als 20 000 Mann und bilden die größte Armee, die je ein irischer Anführer zusammengebracht hat.

Zwei Monate lang belagern O'Connors Männer Dublin. Immer knapper werden die Vorräte der Verteidiger. Schließlich schickt Strongbow Emissäre hinaus, um zu verhandeln. O'Connor jedoch antwortet mit einem Ultimatum: Entweder der Normanne gibt seinen Anspruch auf Leinster auf – oder man werde am folgenden Tag die geschwächte Festung Dublin angreifen.

Daraufhin setzt Strongbow alles auf eine Karte. Er zieht seine Männer von den Mauern ab, lässt sie Aufstellung nehmen. Und plötzlich, gegen vier Uhr nachmittags, stürmen sie aus den Toren, die Panzerreiter vorweg.

Der Ausfall kommt völlig unerwartet, trifft die Iren zumeist außerhalb ihres Lagers – Rory O'Connor angeblich beim Baden. Lanzen bohren sich durch Leiber, unter Schreien und Kampflärm dringen die Normannen in die leicht bewaffnete Masse, gefolgt von ihren verbliebenen keltischen Verbündeten. Äxte und Schwerter gehen knirschend und krachend auf Leiber nieder, immer neu preschen die Ritter hinzu.

Eine blutige Gasse entsteht. Schon laufen die ersten Männer vor der Wucht des Angriffs davon, trotz ihrer Überzahl – dann setzt eine Massenflucht ein.

Reiter und Fußvolk drängen den Fliehenden nach. Sie machen nieder, wen sie erhaschen. Als sich der Tag zum Abend neigt, haben die Normannen einen entscheidenden Sieg errungen.

Nach der Schlacht um Dublin zerfällt die Koalition O'Connors; der Ire selbst jedoch entkommt. Den Widerstand lokaler Clanchefs bricht Strongbow mit Gewalt, lässt mindestens einen von ihnen enthaupten und den Hunden vorwerfen. Nun gibt es für ihn nur noch einen Gegner: Heinrich II.

IN KÜRZE

Um sein in Fehden verlorenes Reich zu retten, sucht ein irischer Fürst um 1170 Kontakt zu den mächtigen Normannen, die über England herrschen. Der normannische Ritter Strongbow verhilft dem Iren daraufhin tatsächlich mit Truppen zu neuer Macht – und wird schließlich selbst zu einem Fürsten in Irland, das durch die Ereignisse nun im Blickfeld der Normannen liegt. Und so macht sich bald König Heinrich II. von England zum obersten Lehnsherrn der Insel: der Beginn einer Fremdherrschaft.

°

DENN DER KÖNIG hat seine Drohung wahr gemacht und die Güter des trotzigen Vasallen beschlagnahmt. Jetzt bereitet er sogar einen eigenen Feldzug nach Irland vor.

Werden Normannen nun gegen Normannen kämpfen?

Dazu ist Strongbow zu klug. Im Sommer des Jahres 1171 sucht er Heinrich in der Nähe von Gloucester auf, legt dem König alles zu Füßen, was er und seine Gefährten in Irland erobert haben, und erbittet untertänigst die Herrschaft über Leinster – nicht aus eigenem Recht, sondern als Lehen.

Nach einigem Zögern nimmt Heinrich II. den Antrag gnädig auf. Und er beschließt, Strongbow und dessen adeligen Kampfgenossen in Irland seine königliche Macht unmittelbar zu demonstrieren, indem er auf die Insel reist und ihre Unterwerfung persönlich entgegennimmt. Zudem will er die Gelegenheit nutzen, seine Oberhoheit nun auch auf die keltischen Fürsten des Eilands auszudehnen.

Mitte Oktober landet der Herrscher bei Waterford mit einer schlagkräftigen Armee. Und fast augenblicklich erscheinen irische Fürsten vor dem mächtigen Mann inmitten seiner gepanzerten Kämpfer, um den Lehnseid zu schwören und Tribut zuzusagen. Dafür, so hoffen sie, wird Heinrich ihren Besitz garantieren, sie vor der Habgier und Herrschsucht der normannischen Ritter bewahren.

Über den Winter hält Heinrich Hof in Dublin, in einer eigens errichteten Empfangshalle aus Flechtwerk. Er imponiert den zahlreich herbeiströmenden irischen

MIT GROSSEM GEFOLGE zieht Heinrich II. im Herbst 1171 nach Irland, um Strongbow aufzusuchen. Er will ihm den Lehnseid abnehmen und sich so seiner Ergebenheit versichern

NICHT NUR von Strongbow erwartet Heinrich II. den Treueeid, auch die anderen irischen Fürsten müssen zur Unterwerfung erscheinen. So wird die Insel zum Vasallen Englands

Anführern durch Pomp und Luxus. Durch Extravaganzen wie die, als Delikatesse Kranich servieren zu lassen; nur zögernd greifen die Gäste zu: Kann man das wirklich essen?

Gut ein halbes Jahr lang empfängt der englische König die Lehnseide von keltischen Fürsten, den Wikinger-Herrschern der Städte sowie normannischen Rittern.

Dann, am Montag vor Ostern 1172, lässt Heinrich II. sich zu einem auf Reede ankernden Schiff rudern und segelt zurück. Über Wales und England erreicht er die Normandie, wo ein Krieg mit dem König von Frankreich droht.

Für einen Großteil der Iren bleibt zunächst fast alles beim Alten. Nur steht an der Spitze ihrer Herren nun einer der mächtigsten Monarchen Europas. Als sich schließlich 1175 auch Rory O'Connor unterwirft, erkennt Heinrich ihn als Regenten über das gesamte noch nicht anglonormannisch besetzte Irland an. Als König – aber von Englands Gnaden.

So wird Heinrich II. ohne einen Schwertstreich Oberherr von ganz Irland. Und stellt unter sich bewusst ein Gleichgewicht der Rivalen her, von Kelten und Normannen.

Im Jahr darauf stirbt Strongbow. Zu den Eroberungen in Irland hat er seither seinen Besitz in England und Wales zurückerhalten – und Heinrichs Gunst. Er hinterlässt eine ihm treu zugetane Frau (angeblich lenkt Eva sogar Gefechte für ihn) und zwei Kinder. Der Sohn wird nicht alt; die Tochter aber heiratet einen Normannen, der den Besitz noch erweitert und später sogar zum Regenten von England aufsteigt.

Mit ihm werden die Nachfahren von Dermot MacMurroughs Tochter und Richard FitzGilbert, genannt Strongbow, zum mächtigsten aller anglo-normannischen Aristokratenclans in Irland.

Obwohl sie sich auch untereinander bekämpfen und berauben, allein an persönliche Vorteile denken, ihren Status und Besitz, eignen sich die Anglo-Normannen bis Mitte des 13. Jahrhunderts große Teile des Landes an. Und sichern es mit mächtigen Burgen, Städten, Garnisonen.

Zunehmend siedeln sie nun auch Bauern aus Britannien an, die persönlich frei sind – während erhebliche Teile der keltischen Bevölkerung als Leibeigene behandelt werden. Weitgehend unabhängig bleiben vor allem einige Clanführer in abgelegenen Wäldern, Morasten, dem Hochland.

Gezielt werden die Bischofsstühle mit eingewanderten Klerikern besetzt. In Stadt und Land breitet sich das Englische aus.

Damit ist Irland de facto zu Englands Kolonie geworden. Ein Land zwischen Herren und Knechten. Zwischen zwei Sprachen und Kulturen – ein Land, dauerhaft zerrissen zwischen Unterwerfung und Revolte.

Dermots Pakt mit Strongbow, dessen Ehe mit Eva, der Machtwille Rory O'Connors sowie die taktische Finesse Heinrichs II. haben der irischen Geschichte eine neue Richtung gegeben. Sie auf ein neues Leitmotiv gestimmt: Fremdherrschaft, Vermischung und Freiheitsdrang. Es wird für fast ein Jahrtausend Irlands Dreiklang sein, sein Leitmotiv des Leidens. ◊

um 1570

Grace O'Malley

DIE PIRATEN-KÖNIGIN

Sie raubt und tötet, versenkt Schiffe, zerstört Burgen und nimmt Geiseln: Grace O'Malley, die Tochter eines irischen Clanführers, hält sich nicht an die von der Tradition vorgegebene Rolle der Frau, sondern terrorisiert mit ihrer Mannschaft um das Jahr 1570 den Westen Irlands. Doch dann wird ihr ein neuer gnadenloser Gouverneur der Kolonialmacht England zur tödlichen Gefahr. Nur ein Mensch kann sie jetzt noch retten: Königin Elisabeth I.

ENTSCHLOSSEN, wettergegerbt und gezeichnet von einem rauen Leben – so müssen Grace O'Malleys Gesichtszüge ausgesehen haben. Ein genaues Abbild von ihr ist nicht überliefert, wohl aber, dass sie schon früh kampferprobte Männer auf Raubfahrten durch die Irische See kommandiert

IN DEN ZERKLÜFTETEN BUCHTEN Westirlands bringen Grace O'Malleys Männer mit ihren Galeeren Handelsschiffe auf. Meist plündern sie die eroberten Gefährte jedoch nicht, sondern erzwingen Schutzgeld oder halten Geiseln, die sie gegen Lösegeld wieder gehen lassen

TEXT: *Johannes Böhme*
ILLUSTRATIONEN: *Samson J. Goetze exklusiv für* GEO*EPOCHE*

Es ist ein grausamer Anblick, der sich Grace O'Malley bietet, als sie ihre Galeere an einem Junitag des Jahres 1593 ins Herz von London lenkt. Kurz bevor sie das Zentrum der Stadt erreicht, sieht sie am Nordufer der Themse eine Reihe von Metallkäfigen, die an Holzpfählen hängen – und in denen die Leichen hingerichteter Seeräuber vermodern.

Auch Grace O'Malley ist Piratin. Sie ist gekommen, um bei Königin Elisabeth I. um eine Audienz zu bitten. Die 63-jährige Irin ist in einer verzweifelten Lage: Die Engländer haben ihr Land in Connacht verwüstet, fast alle ihre Schiffe beschlagnahmt, ihr Vieh gestohlen und einen ihrer Söhne ermordet.

Zudem haben sie Tibbot, einen weiteren Sohn der Seeräuberin, gefangen nehmen lassen, um ihn wegen angeblicher Planung eines Aufstands an den Galgen zu bringen. Nur ein königlicher Gnadenerlass kann ihn noch retten.

Doch bislang sind fast alle irischen Aufrührer, die in London vorsprachen, um ihre Anliegen der Königin vorzutragen, als Rebellen in die Verliese des Towers geworfen und hingerichtet worden.

Grace O'Malley steht am Heck der Galeere. Das Schiff ist flach und breit, sein einziges großes Segel ist eingeholt. 100 Männer, irische und schottische Kämpfer, ziehen an 30 großen Rudern, treiben den Kahn so gegen die Strömung des Flusses voran.

Die Piratin setzt auf die Neugier der Königin. Vielleicht will die Herrscherin sie kennenlernen: eine Frau, die jahrzehntelang Hunderte Männer befehligt hat, die getötet und geraubt, Festungen angegriffen und Schiffe versenkt hat.

Eine Frau, wie es sie in England und Irland kein zweites Mal gibt.

°

ZUR ZEIT DER GEBURT VON GRACE um das Jahr 1530 ist ihr Vater Owen Anführer des O'Malley-Clans an der wilden Westküste Irlands in Connacht – dort, wo Berge ins Meer abfallen und Felsen Schiffe aufschlitzen, die sich zu dicht an die Küste wagen. Owen fährt als Händler zur See und gehört zu den 60 irischen Feudalherren, die weite Teile der Insel unter sich aufgeteilt haben. Denn obwohl London behauptet, Irland zu beherrschen, hat die Krone nur das Gebiet um Dublin wirklich unter Kontrolle.

Die Provinz Connacht ist bergig, schwer zu überwachen, ein Hort des ursprünglichen, gälischen Irlands. Hier gilt wie eh das Recht der kriegerischen Großfamilien. Schon immer haben sich die Clans gegenseitig bekämpft, haben Vieh gestohlen, Hütten niedergebrannt – und die Schiffe ihrer Gegner aufgebracht.

Nun, da immer mehr Segler des englischen Handelsimperiums an der Westseite Irlands kreuzen, machen die Clans die mit Fisch und Pelzen gefüllten Schiffe als lohnende Beute aus.

Die O'Malleys sind eine wohlhabende Sippe, die Rinder- und Schafherden besitzt, etliche kleine Kriegsgaleeren und große Handelsschiffe sowie mehrere steinerne Burgen, die meisten von ihnen einfache Türme, fünf Stockwerke hoch,

WEIL SIE MIT IRISCHEN Clanführern gegen Gouverneur Richard Bingham rebelliert hat, soll Grace O'Malley sterben. Kurz vor ihrer Hinrichtung aber trifft ein Gnadenerlass von Englands Krone ein – denn die Königin braucht möglicherweise die Hilfe der Piratin

die Schutz bieten gegen Kämpfer feindlicher Clans – und als Ausguck dienen, um nach Beute auf dem Meer zu spähen.

In einem dieser Kastelle kommt Grace zur Welt. Geboren wird sie in eine Familie, die seit vielen Generationen zur See fährt, Hering und Kabeljau fischt und verkauft – und sich immer wieder auch durch Piraterie bereichert.

Schon als Kind soll Grace ihren Vater angebettelt haben, sie auf eine Handelsreise nach Spanien mitzunehmen. Und weil Mädchen das nicht erlaubt war, habe sie ihr langes Haar abgeschnitten und sich die Kleider eines Jungen angezogen. Daraufhin nahm ihr Vater sie wohl tatsächlich mit aufs Schiff.

Später, als junge Frau, entwickelt sie Fähigkeiten, die in ihrer Welt eigentlich nur männliche Anführer auszeichnen. Sie lenkt Boote sicher durch die raue See, kann bald auch reiten, schießen, mit dem Schwert kämpfen, eine Burg verteidigen und einnehmen.

Clanführerin aber darf sie nicht werden. Diese Rolle steht nach gälischem Recht einem männlichen Erben zu – in ihrem Fall vermutlich ihrem Halbbruder.

Mit 16 Jahren heiratet sie Donal O'Flaherty, einen Piraten und Sohn des Anfuhrers vom Nachbarclan. In kurzer Abfolge gebärt sie zwei Söhne und eine Tochter. Grace bleibt daheim, während ihr Mann auf wochenlangen Raubzügen unterwegs ist.

Donal ist ein wilder, unkontrollierter Mann, der immer wieder in blutige, sinnlose Fehden mit anderen Clans verwickelt ist – und so wohl nach und nach den Rückhalt seiner Männer verliert.

Mit Anfang 20 übernimmt Grace das Kommando über viele seiner Kämpfer. Niemand kann heute mehr sagen, wie genau sie das zustande bringt, es ist nicht überliefert, weshalb die Männer beginnen, ihr zu gehorchen.

Offenbar aber sehen sie in ihr den besseren Anführer. Grace muss, anders ist es nicht zu erklären, außergewöhnlich mutig und klug sein – denn die gälischen Raubeine folgen nur jemandem, der ihnen Siege und Beute garantiert.

Ihr Mann lässt sie entweder gewähren oder kann sie nicht abhalten. Nach außen ist er zwar immer noch Anführer des Clans, aber seine Frau kommandiert nun die Galeeren und mehrere Hundert kampferprobter Männer auf Kaperfahrt.

Nicht weit entfernt von der Burg ihres Mannes liegt Galway, das Handelszentrum der irischen Westküste, in dem gesalzene Heringe, Lachse und Kabeljau, Fries, Schafswolle und Pelze in langsame Segler verladen werden, die nach England, Frankreich und Spanien fahren.

Mit ihren schnellen Galeeren stoppt Grace die Handelsschiffe oft westlich der Bucht von Galway – und trifft dabei

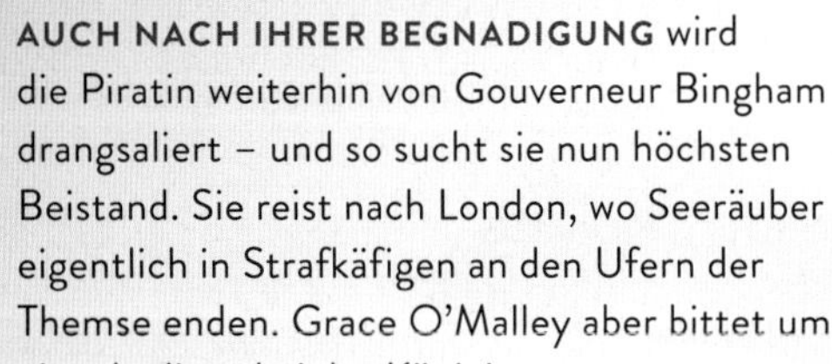

AUCH NACH IHRER BEGNADIGUNG wird die Piratin weiterhin von Gouverneur Bingham drangsaliert – und so sucht sie nun höchsten Beistand. Sie reist nach London, wo Seeräuber eigentlich in Strafkäfigen an den Ufern der Themse enden. Grace O'Malley aber bittet um eine Audienz bei der Königin

The PROSPECT OF WHITBY.
MANN'S BEER
PIRATES YE BE WARNED

kaum auf Widerstand. Denn Schiffe der englischen Flotte kreuzen an Irlands Westküste nur selten. Die Piratin raubt die Segler nicht aus, sondern erpresst von den Kapitänen Wegezoll. Wer sich weigert, stirbt. Die Schiffe der Widerspenstigen werden versenkt.

Doch dann, um 1560, wird ihr Mann von einem feindlichen Clan getötet – und nach dem Gesetz der Sippe kann sie als Frau sein Erbe nicht antreten. Ein Cousin ihres Mannes wird neuer Anführer der O'Flaherty-Gang. Grace kehrt in das Land ihres Vaters zurück und bezieht eine Burg auf Clare Island, einer steinigen Insel mit steil abfallenden Klippen.

Bald aber folgen Kämpfer ihres toten Mannes ihr nach, gemeinsam mit Piraten aus sechs weiteren Clans. Sie glauben offenbar, eher mit ihr große Beute machen zu können als in ihren eigenen Sippen – ein wohl beispielloser Vorgang in einer Gesellschaft, in der Blutsverwandtschaft mehr zählt als alles andere.

Mit einigen Galeeren und 200 Kämpfern richtet Grace auf Clare Island ihr Hauptquartier ein. Die Insel liegt an der Einfahrt zu einer zerklüfteten Bucht, in der mehr als 100 kleine Inseln sowie scharfe Riffe gute Verstecke bieten.

In den folgenden Jahren beginnt sie, die Dörfer an der irischen Westküste zu terrorisieren, nimmt Dorfbewohner als Geiseln und erpresst so ganze Viehherden, greift sogar gut befestigte Burgen an. Und lange muss sie keine Konsequenzen fürchten – zu schwach sind die englischen Besatzer im Westen der Insel.

Aber langsam ändert sich etwas. Denn eine andere Frau in einer Männerrolle – Englands Königin Elisabeth I. – verstärkt mehr und mehr Londons Griff über Irland. Sie will endlich eine funktionierende Verwaltung aufbauen und englisches Recht in ganz Irland durchsetzen, auch im abgelegenen und widerspenstigen Connacht.

FAST EINEN MONAT muss die 63-jährige Grace O'Malley in London warten, sich etlichen Fragen der könglichen Beamten stellen – dann kommt es tatsächlich zum Treffen mit Elisabeth I.

Daher stationiert sie dort zunehmend Truppen und setzt 1569 erstmals einen Gouverneur in der Provinz ein.

Doch die irischen Clanchefs wollen sich nicht beugen und greifen die frem-

DIE ENGLÄNDER **TÖTEN IHREN SOHN** UND INHAFTIEREN EINEN ZWEITEN

den Soldaten an. Immer wieder bekämpfen die Sippen die Engländer in größeren und kleineren Gefechten – ohne dass es zunächst einen klaren Sieger gibt.

Grace O'Malley ist zu dieser Zeit auf dem Höhepunkt ihrer Macht. 1567 hat sie erneut geheiratet. Richard „der Eiserne" Bourke ist ein einflussreicher Clanführer in West-Irland. Zeitgenossen beschreiben ihn als „plündernden, kriegerischen, ungerechten und rebellischen Mann". Ein guter Partner für Grace.

Es ist eine für die damalige Zeit sehr ungewöhnliche Ehe – denn Grace scheint in der Beziehung das Sagen zu haben. So lebt sie keineswegs, wie es üblich wäre, in Burkes Festung, sondern fährt weiterhin mit ihren eigenen Kämpfern zur See.

Sogar ihren einzigen Sohn aus zweiter Ehe, so zumindest wird es berichtet, bringt sie an Bord zur Welt. Tibbot wird ihr Liebling. Ein Leben lang trägt er den Beinamen „Der von den Schiffen".

Aber auch Grace O'Malley spürt den neuen Druck aus London. 1576 bestellen die Engländer etliche Clanchefs nach Galway ein und fordern deren Unterwerfung unter die Krone. Und viele irische Führer, geschwächt durch Jahre der ständigen Gefechte mit den Besatzern, lenken schließlich ein. Auch Grace kooperiert nun zeitweise mit den Engländern, unterstützt sie etwa – gegen Bezahlung – bei Inspektionsfahrten in der Bucht von Galway.

IM JAHR 1584 KOMMT ein neuer Gouverneur für Connacht nach Galway: Richard Bingham. Der Abgesandte Londons ist ein gewalttätiger Mann, dient seit Jahrzehnten im Militär. „Die Iren" sagt er, „wurden nie mit dem Wort gezähmt, sondern immer nur mit dem Schwert."

Nun bricht für die inzwischen über 50-jährige Grace die dunkelste Zeit ihres Lebens an. Anfang 1586 stirbt ihr Mann. Sie bezieht eine seiner Burgen, aber seinen Besitz erben seine drei Söhne.

Richard Bingham etabliert ein gnadenloses Regime, um das englische Recht durchzusetzen. 1586 lässt er an einem einzigen Gerichtstag 70 Iren hängen, die

AM ENDE KOMMT IHR **WIDER-SACHER** IN DEN KERKER

vermeintlich oder tatsächlich englisches Recht gebrochen haben.

Im Februar revoltieren mehrere irische Sippen gegen ihn, nachdem er eine Clanfehde mit Gewalt beenden wollte. Grace O'Malley schließt sich den Rebellen an, die sich auf einer in einem großen See gelegenen Insel versammeln.

Bingham zögert nicht lange und lässt einige kleine Boote zum See schleppen, um das Eiland anzugreifen. Doch als dann der Wind auffrischt, gerät sein Boot ins Wanken, kentert beinahe. Bingham stürzt fast ins eiskalte Wasser. Während er sich noch von diesem Schock erholt, muss er mit ansehen, wie Grace und ihr Gefolge entkommen.

Gedemütigt von einer Frau: Dies ist eine Schmach, die der stolze Bingham niemals vergessen wird.

Kurz darauf lässt er Grace O'Malleys ältesten Sohn Owen ermorden – angeblich, weil dieser an der Rebellion beteiligt war (ob das stimmt, ist unklar).

Anschließend macht er der Piratin ein Angebot: Er bietet ihr sicheres Geleit, wenn sie das Gebiet der Aufständischen verlässt. Grace stimmt zu und macht sich auf den Weg in ihre Stammburg. Doch als sie freies Gelände erreicht, überfallen Binghams Männer sie.

In Fesseln bringen sie Grace O'Malley nach Galway. Dort will Bingham sie hängen sehen. Aus der geplanten Exekution macht der Gouverneur ein öffentliches Spektakel, lässt im Stadtzentrum eigens einen Galgen errichten.

Am Tag der Hinrichtung versammelt sich das Volk vor dem Schafott. Einem Bericht zufolge hat die Piratin bereits die Schlinge um den Hals, als ein Bote mit einem königlichen Erlass angeritten kommt und verkündet: Grace O'Malley ist freizulassen.

°

ÜBER DEN GRUND für die Begnadigung lässt sich nur spekulieren. Möglicherweise erhofft sich die englische Krone von einer Piratin, die Irlands Westküste so gut kennt wie niemand sonst, noch hilfreiche Dienste – etwa für den Fall, dass die seit Langem erwartete spanische Armada die Britischen Inseln angreifen sollte (wozu es zwei Jahre später auch kommen wird).

Richard Bingham jedenfalls muss seine Gefangene gehen lassen. Grace O'Malley bricht sofort auf, neue Söldner aus Schottland zu holen, und überfällt bald darauf mit drei Galeeren mehrere westirische Inseln.

Und als sie hört, dass sich ihr zweitgeborener Sohn auf Verhandlungen mit Bingham eingelassen hat, fällt sie mit ihren Männern in die Ländereien ihres eigenen Kindes ein, stiehlt dessen Vieh und lässt drei, vier seiner Männer töten, „die es wagten, Widerstand zu leisten", wie es in einem Bericht heißt.

Dann kehrt sie in ihre Burg zurück. Als Bingham davon erfährt, segelt er mit einer Flotte an die Küste vor der Festung. Er darf Grace zwar nicht hinrichten – aber er will ihr die Macht nehmen.

Die Engländer kennen die Gegend inzwischen gut genug, um nicht an den Riffen aufzulaufen und an den Felsen zu zerschellen. Systematisch lässt der Gouverneur jede Bucht kontrollieren und fast alle Piratenschiffe beschlagnahmen. Grace muss von ihrer Burg aus zusehen, ohne eingreifen zu können: Zu groß ist die Übermacht der englischen Truppen.

Einige Monate später verhaftet Bingham auch noch ihren Lieblingssohn Tibbot – der inzwischen ein eigenständiger Clanführer ist und wie seine Mutter seinen Unterhalt auch durch Piraterie bestreitet. Bingham klagt ihn wegen Verrats an. Ein irischer Rebell hatte ihn beschuldigt, einen Aufstand zu planen, wohl um sein eigenes Leben zu retten. Tibbot droht der Tod am Galgen.

Die Einzige, die dem Gouverneur von Connacht Einhalt gebieten kann, ist Englands Königin. Die Piratin macht sich auf den Weg nach London.

Als ihre Galeere nach der Fahrt die Themse hinauf an jenem Junitag des Jahres 1593 die königliche Residenz Greenwich Palace am Fluss erreicht, gibt es ein erstes gutes Zeichen: Die Wachen kerkern Grace und ihre Männer nicht sofort ein.

Stattdessen soll die Angereiste ein Formular ausfüllen, mit 18 Fragen nach ihrer Familie, ihren Ehemännern, ihren Kindern und ihren Ländereien.

Zwar haben die Bürokraten am Hof die Berichte der englischen Gouverneure über die Untaten der Seeräuberin sehr wahrscheinlich bereits gelesen. Aber nun wollen die Beamten vermutlich noch mehr Informationen über ihr persönliches Netzwerk sammeln.

Fast einen Monat muss Grace auf eine Audienz warten. Als Bingham in dieser Zeit erfährt, dass sie in London ist, um mit der Königin zu sprechen, sendet er sofort einen Brief an den Hof.

Sollte die Unruhestifterin angehört werden, so schreibt er an Elisabeth I., komme das einer Unterstützung der Rebellen in Irland gleich. Man solle Grace lieber aus dem Weg räumen. „Es gibt genug Beweise, die kürzlich aufgetaucht sind, um sie aufzuhängen", schreibt er.

Doch der Brief wird in London ignoriert. An einem Tag Ende Juli 1593 tritt Grace O'Malley endlich vor die Königin, die nur wenig jünger ist als sie.

Es ist das Treffen zweier Frauen, die sich in einer Welt der Männer behauptet haben. Elisabeth I. verbirgt ihr rotes Haar unter einer Perücke, hat weißes Puder und Rouge aufgetragen und trägt so viel Schmuck, dass sie sich kaum bewegen kann. Grace O'Malley steht in deutlich einfacherer Kleidung vor der Monarchin, mit wettergegerbtem Gesicht.

Sie trägt ihr Anliegen auf Latein vor, der einzigen Sprache, die beide verstehen und die Grace vermutlich von Mönchen gelernt hat, die auf dem Land ihres Vaters lebten. Sie bittet um die Freilassung ihres Sohnes. Um das Recht, ohne ständige Angst vor Verhaftung zu leben. Um Geld, um ihren Unterhalt zu bestreiten, da ihr Vieh und Schiffe abgenommen worden seien. Und um die Erlaubnis, weiterhin als Piratin ihr Leben zu bestreiten.

Im Gegenzug bietet sie an, fortan „mit Schwert und Feuer all die Feinde ihrer Hoheit anzugreifen, wo immer sie auch sein mögen".

Kurz: Sie will eine Freibeuterin im Dienste ihrer Majestät werden. Einige Jahre zuvor hat der Pirat Francis Drake ein ähnliches Abkommen mit Elisabeth geschlossen, um spanische Schiffe zu plündern. Ob Grace diesen Fall bei ihrer Petition im Sinn hat, kann man nicht sagen. Aber sie weiß, dass die Engländer Hilfe gegen die Spanier brauchen – und ihr Vorschlag daher durchaus nicht abwegig ist.

Und tatsächlich: Die Queen vergibt ihr die jahrzehntelange Seeräuberei und die Rebellionen. Sie habe zwar „zeitweilig außerhalb der Ordnung gelebt", so Elisabeth später in einem Brief, aber das liege nun in der Vergangenheit.

Sie ordnet die Freilassung Tibbots an, veranlasst Geldzahlungen und gesteht Grace das Recht zu, für ihren Lebensunterhalt „an Land und auf dem Meer" zu sorgen. Richard Bingham weist Elisabeth in einem Schreiben an, „Mitleid mit der armen, alten Frau zu haben" und sie gewähren zu lassen.

Im September 1593 verlässt Grace London.

Der Gouverneur von Connacht aber gibt sich noch immer nicht geschlagen. Anstatt seiner Königin zu gehorchen, rüstet Bingham ein Schiff mit Soldaten aus und beauftragt den Kapitän, die Piratin zu beschatten, wo immer sie hinfährt. Zudem quartiert er Soldaten auf ihrem Land ein, die die Freibeuterin verpflegen soll.

Fast zwei Jahre lang nimmt Grace O'Malley die Drangsalierungen hin. Dann schreibt sie der Königin, erinnert sie an ihre Abmachung und beschwert sich über das Vorgehen Binghams.

Zwar erhält sie nie eine Antwort, doch kurz darauf wird Bingham von seinem Posten abberufen. Offenbar hat man in London eingesehen, dass die politischen Unruhen in Connacht vor allem durch seine Härte ausgelöst worden sind.

Später wird der ehemals mächtige Mann sogar eingekerkert, unter anderem wegen seiner übermäßigen Grausamkeit den irischen Clanchefs gegenüber. Grace O'Malley hat ihren Todfeind überdauert.

Das Letzte, was man über sie in den offiziellen Dokumenten findet, ist der Bericht eines britischen Kapitäns, der mit seinem Kriegsschiff in ein Scharmützel mit einer ihrer Galeeren gerät.

Der Vermerk stammt aus dem Jahr 1601, die Freibeuterin ist zu diesem Zeitpunkt 71 Jahre alt. Es ist ihr vermutlich letztes Gefecht. Anschließend verschwindet sie für immer aus den Akten.

Für London waren nur ihre Taten von Interesse, ihre Raubzüge und Revolten. Den Tod dieser so besonderen Frau notiert dagegen niemand. ◊

IN KÜRZE

Als Frau hat sich Grace O'Malley, die Tochter eines irischen Clanchefs, eigentlich um Haus und Kinder zu kümmern, doch dank ihrer großen Willenskraft steigt die schon früh vom Vater in Navigation ausgebildete Seefahrerin zu einer gefürchteten Seeräuberin mit 200 Gefolgsleuten auf. Im Duell mit einem englischen Gouverneur, der ihren Sohn töten ließ, wendet sie sich schließlich direkt an Königin Elisabeth I. – und kann so über ihren Rivalen triumphieren.

LITERATURTIPPS

ANNE CHAMBERS
»Granuaile«
Souveräne Biografie über Grace O'Malley (Gill & Macmillan).

JUDITH COOK
»Pirate Queen«
Präzise und sehr eingängig geschriebene Lebensgeschichte der Piratin (Tuckwell Press).

AUFSTAND

GEGEN ELISABETH

Nach vier Jahrhunderten englischer Vorherrschaft droht die Krone Irland zu verlieren: Rebellische Grafen erheben sich und schlagen 1598 eine Armee von Königin Elisabeth I. vernichtend. Sie haben einen mächtigen Verbündeten: die katholische Großmacht Spanien

TEXT: *Dirk Hempel*

Dieser Aufstand ist für London gefährlicher als jede Rebellion der Iren zuvor. Denn diesmal kämpfen die mächtigen Grafen der Nordprovinz Ulster gemeinsam gegen die englischen Besatzer – und überall auf der Insel schließen sich ihnen weitere Aufrührer an. Königin Elisabeth I. muss fürchten, die Vorherrschaft ihres Landes über weite Teile Irlands nach mehr als 400 Jahren zu verlieren.

Am 14. August 1598 besiegen die Grafen aus Ulster die Truppen der Monarchin in einer offenen Feldschlacht; fast 2000 Soldaten der Krone fallen oder desertieren.

Den Aufständischen hilft ein einflussreicher Verbündeter: Spaniens König Philipp II. unterstützt die katholischen Rebellen mit Waffen und Munition. Auch Soldaten hat er in Aussicht gestellt.

Eine Invasion in Irland durch den Erzfeind wäre eine Katastrophe für London. Denn die Grüne Insel böte Spanien die ideale Basis, um England anzugreifen.

Und so lässt Elisabeth die größte Armee ihrer Zeit aufstellen: 17 000 Reiter und Infanteristen. 1599 erreicht die Streitmacht Irland, verwüstet die Kernregionen der Rebellen, vernichtet ihre Ernten, schlachtet das Vieh.

Als im Herbst 1601 rund 4000 spanische Soldaten im Süden Irlands landen, kesseln die englischen Truppen sie ein. Die aufständischen Iren versuchen ihren Verbündeten zu Hilfe zu kommen – und werden von der englischen Kavallerie niedergemacht. Daraufhin ergeben sich die Spanier und segeln zurück in ihre Heimat.

Nach langwierigen Verhandlungen erkennen die Grafen von Ulster Londons Sieg 1603 in einem Friedensvertrag an, unterwerfen sich der Oberhoheit – und verlassen die Insel Richtung Frankreich. Elisabeth erlebt diesen Triumph nicht mehr, sie ist kurz zuvor gestorben. Ihr Nachfolger Jakob I. nutzt die irische Schwäche für ein radikales Projekt. Er ordnet in der Unruheprovinz Ulster eine rigorose Landumverteilung an: Protestantische Einwanderer aus Schottland und England sollen die katholischen Iren verdrängen. Ähnliches hatte Elisabeth auch schon im Süden Irlands versucht, aber mit wenig Erfolg.

Diesmal soll die Kolonisierung unbedingt gelingen, sollen gälische Traditionen ausgemerzt und Aufstände so für immer verhindert werden. *Plantation* nennen die Briten ein solches Programm, „Pflanzung“.

Unbarmherzig vertreiben die Agenten der Krone katholische Priester, deportieren Tausende Kämpfer nach Schweden, wo sie fortan als Söldner des Königs dienen müssen, und sperren einige Grundbesitzer in den Londoner Tower. Viele Iren flüchten mit ihren Familien in die unwegsamen Sümpfe und Wälder der Umgebung.

Die konfiszierten Ländereien der geflohenen Grafen verpachten Jakobs Beamte vor allem an schottische und englische Gutsherren. Außerdem erhalten Staatsdiener, protestantische Kleriker, verdiente Offiziere der königlichen Armee sowie eine kleine Gruppe loyaler Iren Land. Um einer Vermischung der Bevölkerung vorzubeugen, müssen sich die britischen Großpächter verpflichten, auf ihrem Besitz wehrfähige englische und schottische Männer mit ihren Familien anzusiedeln, Festungen zu bauen und Waffen bereitzuhalten. Ihr Land an Iren zu verpachten ist ihnen untersagt.

In den folgenden Jahrzehnten verwandeln die rund 40 000 Siedler Ulster, den einstigen Hort des irischen Widerstands, in eine Kolonie nach britischem Vorbild mit Steinhäusern und Parks, englischer Rechtsprechung, Sitte, Kleidung und Sprache. Doch insgesamt kommen zu wenige Briten, und so bleiben die Neuankömmlinge auf einheimische Pächter, Handwerker, Knechte und Tagelöhner angewiesen.

Jakobs Plan, Ulster dauerhaft zu befrieden, verkehrt sich ins Gegenteil. Denn durch die rücksichtslose Siedlungspolitik nimmt der Hass der unterdrückten Iren gegen die Besatzer nur noch weiter zu – und führt 1649 zu einem Krieg, der zerstörerischer ist als alle, die Irland bis dahin erlebt hat (siehe Seite 48).

Darüber hinaus legt der englische König mit der Ansiedlung der Protestanten den Keim für einen Konflikt, der sowohl die irische als auch die britische Geschichte von nun an prägen wird: den Streit um Nordirland. ◊

ELISABETH I. von England schickt eine gewaltige Streitmacht – die bis 1603 die rebellischen Iren bezwingt. Ihr Nachfolger Jakob I. siedelt Tausende Protestanten im Norden der Insel an

Cromwells *FLUCH*

MIT 12 000 MANN marschiert der Engländer Oliver Cromwell 1649 in Irland ein. Seine Soldaten brennen Häuser nieder und ermorden Zivilisten, um den Einheimischen ihr Land zu rauben (Illustration zu einem früheren irischen Aufstand)

Im Jahr 1641 rebellieren die Iren wieder einmal gegen London und massakrieren dabei mehr als 10 000 aus England stammende Siedler. Acht Jahre lang wütet die Gewalt – bis der englische Feldherr Oliver Cromwell seine kampferprobte Armee auf die verwüstete Insel führt. Seine Soldaten töten Mönche, morden Frauen, verbrennen Feinde bei lebendigem Leib. Denn der Heerführer will Irland für immer unterwerfen

TEXT: *Cay Rademacher*
HOLZSCHNITTE: *Friedrich van Hulsen*

R

Ringsend bei Dublin, 15. August 1649. Zum ersten Mal betritt der 50-jährige englische Feldherr und Politiker Oliver Cromwell irischen Boden. Er ist ein kräftiger Mann mit einem von Warzen gezeichneten Gesicht, das, wie ein Beobachter notiert, „keine Rüstung braucht". Die Seekrankheit hat ihn auf der Überfahrt zermürbt, diverse Leiden verdüstern sein ohnehin dunkles Temperament.

Nur 285 Tage wird Cromwell auf der Insel bleiben. Doch in diesen neuneinhalb Monaten wird er Irland umpflügen mit Feuer und Schwert, wird das vielfach gemarterte Land ein weiteres Mal martern – und diesmal so, dass die Wunden noch drei Jahrhunderte später bluten.

Denn Oliver Cromwell ist gekommen, um einen Kreuzzug zu führen.

110 Schiffe und 12 000 Soldaten bringt er von England mit. Fußsoldaten schleppen fünf Meter lange, schimmernde Piken und schwere Vorderladergewehre. Kavalleristen treiben kleine, harte Pferde von Bord, die ursprünglich für die Fuchsjagd gezüchtet worden sind. Die Vierbeiner tragen mit Schwert und Pistolen bewaffnete Reiter, die mit Helm, Brust- und Rückenpanzer geschützt sind – mehr als zwölf Kilogramm Eisen.

Ironsides werden die von Cromwell persönlich gedrillten Kavalleristen genannt, sie sind eine Elite, eine der fürchterlichsten Einheiten in diesem an fürchterlichen Einheiten überreichen Europa des 17. Jahrhunderts. Und weder Freund noch Feind machen sich irgendwelche Illusionen, weshalb die Invasoren gekommen sind: Cromwell soll das rebellische Irland nicht, wie vor ihm andere Feldherren, ein Stück weit mehr für England unterwerfen – sondern, so der Auftrag aus London, „Irland mit Puritanern bepflanzen, die Papisten entwurzeln und so das Land sichern".

Er soll den Katholiken ihr angestammtes Land wegnehmen und puritanische englische Siedler auf die Insel bringen. Die Besetzung Irlands ist eine Kolonisierung – so wie sie zur gleichen Zeit am anderen Ende des Atlantiks gerade begonnen hat, wo englische Neuankömmlinge den Indianern Amerika stehlen. Es ist ein religiös überhöhter Landraub, weil Gott es so will.

Englands Puritaner sind christliche Fundamentalisten. Sie sehen sich als SEIN auserwähltes Volk, und deshalb steht ihnen alles zu. Unter den Protestanten sind sie die Strengsten der Strengen. Ihre Anhänger beten in kahlen Gotteshäusern, denn Bilder sind Teufelszeug. Sie verbieten Theateraufführungen und am Sonntag, dem Tag des Herrn!, auch Sportveranstaltungen. Sie kennen keine Bischöfe, keine Kardinäle, schon gar keinen Papst, jede Gemeinde wählt ihre Geistlichen selbst, jeder muss in seinem eigenen Gewissen den Glauben finden.

Alles, wofür die katholische Kirche steht – Papst und Prunk, Dogma und Macht –, ist ihnen zutiefst verhasst. Sie sind so streng, dass ihnen selbst das anglikanische England zu heidnisch erscheint, und so sind es Puritaner, die mit als Erste nach Amerika auswandern.

Andere träumen von einer weniger fernen Landnahme, sie wollen sich Irland holen. Cromwell selbst hat es seinen Soldaten verkündet: Sie sind wie die Israeliten des Alten Testaments, die den heidnischen Kanaanitern das Land nehmen!

In Dublin, wo der Feldherr kurz nach seinem Landgang einzieht, haben sich die Engländer schon rücksichtslos durchgesetzt: Hier leben fast nur noch Protestanten, und wer einen katholischen Priester in seinem Haus versteckt, dem droht die Todesstrafe.

Kanonen donnern Salut, als die Ironsides kommen. Und ein Zeuge hält die Worte fest, mit denen Cromwell die jubelnden Protestanten ermuntert: „Bei seiner himmlischen Vorsehung wird Gott Sie alle wieder in Besitz und Freiheit einsetzen in diesem großen Werk gegen die barbarischen und blutdurstigen Iren."

Barbarische und blutdurstige Iren: Cromwell, so kann man sagen, vereint alle Vorurteile, alle Verachtung, allen Hass, den Engländer gegenüber ihren Nachbarn seit jeher empfinden. Und es ist das schreckliche Los der Iren, dass er auch über das nötige militärische Talent verfügt, um seine düstere Vision Wirklichkeit werden zu lassen.

°

IRLANDS UNGLÜCK beginnt wieder einmal in England, und es beginnt mit Konflikten, die scheinbar gar nichts mit der Grünen Insel zu tun haben.

Im Jahr 1625 gelangt in London Karl I. auf den Thron, ein frommer, machtbewusster, intriganter, ja hinterhältiger und geradezu selbstmörderisch starrsinniger Monarch. Seit Jahrhunderten muss sich der König von England die Macht mit dem Parlament teilen. Dessen Abgeordnete werden gewählt, doch tagen sie nicht permanent, sondern nur dann, wenn ihr Herrscher sie einberuft. Will

OLIVER CROMWELL verdankt seinen Aufstieg vor allem seinem militärischen Talent und der von ihm ausgebildeten, äußerst disziplinierten »New Model Army«. Der Engländer ist ein radikaler Protestant, der Katholiken für Feinde des wahren Glaubens hält

der König beispielsweise neue Steuern einführen, beraumt er ein Parlament an, die Abgeordneten entscheiden über diese Frage und gehen anschließend wieder heim.

Karl I. jedoch sieht sich allein Gott verantwortlich. Er will (um einen sehr komplexen Konflikt sehr vereinfacht darzustellen) wichtige Staatsfragen *ohne* Zustimmung des Parlaments entscheiden.

Zugleich entzünden sich in diesen ersten Jahren neue religiöse Leidenschaften. Um 1535 hat König Heinrich VIII. die vom Papsttum abgespaltene anglikanische Kirche in England zur Staatskirche gemacht, Karl I. als König ist daher automatisch deren Oberhaupt. Seine Gattin Henrietta Maria, eine Schwester des französischen Königs, aber ist Katholikin – und das in einem Land, in dem viele von Karls puritanischen Untertanen die „Papisten" hassen und der anglikanischen Kirche vorwerfen, sie sei mit ihren Bischöfen und Ritualen noch viel zu sehr dem Katholizismus verhaftet.

So brauen sich zwischen 1625 und 1640 in England zwei Konflikte zusammen, die sich auch noch unheilvoll vermengen: ein *politischer* Streit zwischen König und Parlament sowie ein *religiöser* Streit zwischen Anglikanern, Katholiken und Puritanern, zwischen einem anglikanischen König mit Sympathien für Katholiken und einem Parlament, in dem viele Abgeordnete Puritaner sind.

Am 6. November 1640 beruft Karl I. ein Parlament ein, das als *Long Parliament* in die Geschichte eingehen wird – weil sich die Abgeordneten weigern, sich vom Monarchen anschließend nach Hause schicken zu lassen. Denn sie fürchten, dass Karl fortan ohne ihre Beteiligung regieren will. Und so kommen sie in den nächsten 20 Jahren immer wieder zusammen, debattieren, stimmen ab.

Einer dieser Volksvertreter repräsentiert Cambridge, ein bulliger 41-Jähriger, lange, braune Haare, grüngraue Augen, rot verfärbte Nase: Oliver Cromwell.

So wenig einnehmend sein Äußeres, so abgründig ist sein Charakter. Ein Londoner Arzt hat bei dem jungen Cromwell „extreme Melancholie" diagnostiziert. Leidet er unter Depressionen? Niemand kann das heute mit Sicherheit sagen. Cromwell selbst jedenfalls sieht sich erst durch Gott aus düsteren Stimmungen befreit. Er hat ein religiöses Erweckungserlebnis. Einer Verwandten gesteht er in einem glühenden Brief: „Der Herr nahm mich als Seinen Sohn auf. Er ist es, der uns erleuchtet in unserer Schwärze, unserer Dunkelheit. Ich hasste die Göttlichkeit, aber Er erwies mir Gnade."

°

OLIVER CROMWELL sieht sich fortan als Werkzeug Gottes. Er vereint in sich die Kraft eines Kriegers mit dem Eifer eines Predigers. Er ist als Redner so aggressiv, dass er im Parlament anfangs mehrmals zur Ordnung gerufen werden muss.

Als Abgeordneter kämpft er gegen die „Götzenanbeterei" der anglikanischen Kirche. Unterstützt Gesetze, die es verbieten, am Sonntag Sport zu treiben oder „skandalöse Bilder" (etwa von der Muttergottes) in Kirchen aufzuhängen.

Cromwell ist im Long Parliament bekannt, aber kein Anführer: In London gelten einige ältere, reichere Parlamentarier als wichtigste Männer der Macht.

Der Konflikt mit Karl I. eskaliert Anfang November 1641, als im Parlament

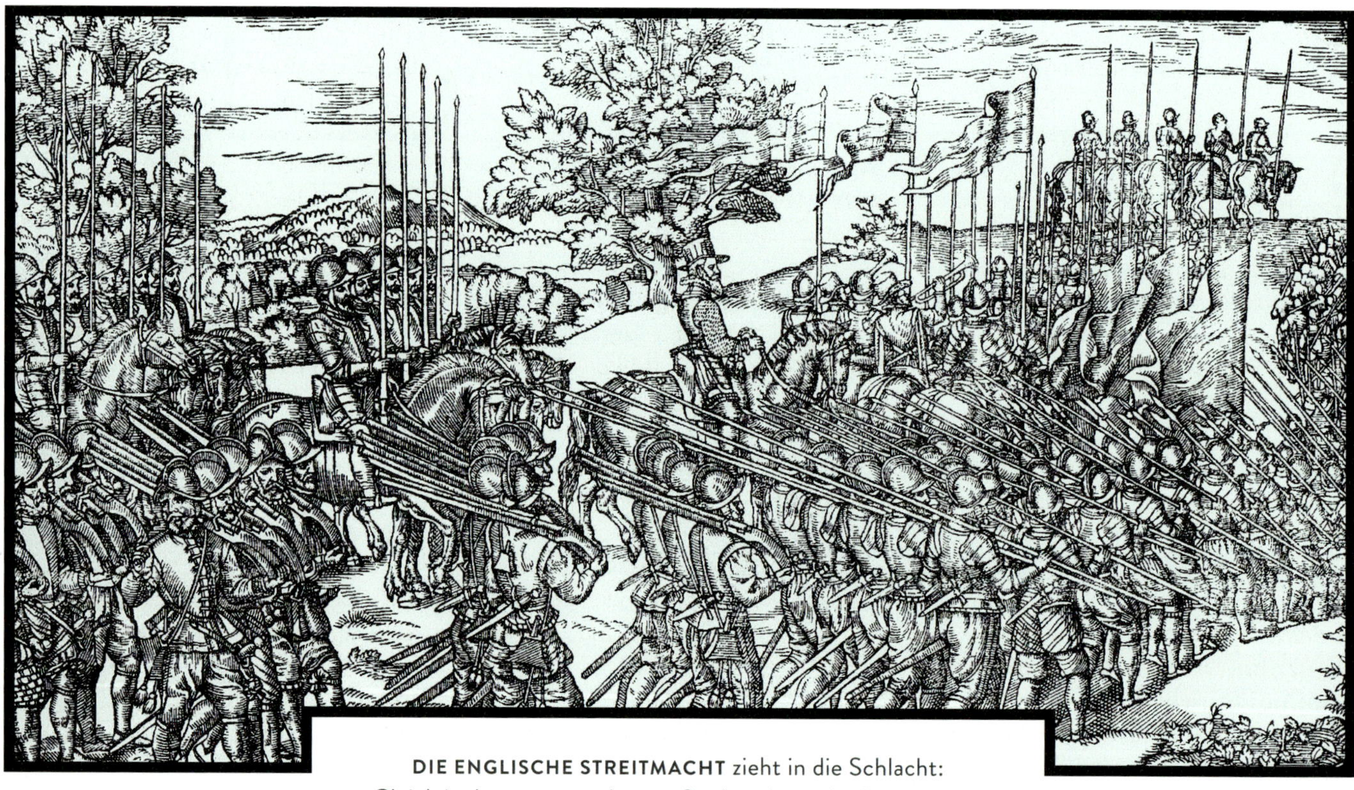

DIE ENGLISCHE STREITMACHT zieht in die Schlacht: Gleich in der ersten eroberten Stadt richten die Soldaten ein Massaker an, verschonen weder Gefangene noch Geistliche

Die Iren *GELTEN* als *UNGE-HEUER*

die *Grand Remonstrance* beraten wird: Die Abgeordneten fordern neue Beschneidungen der königlichen Macht – so soll der Herrscher fortan nur noch Berater an seinen Hof berufen dürfen, die zuvor vom Parlament bestätigt worden sind.

Der Monarch antwortet mit Propaganda: Er schlägt recht allgemein Kirchenreformen vor, beharrt aber auf seinen politischen Rechten. Und er antwortet mit Taten: Anfang 1642 lässt Karl I. fünf Abgeordnete als „Hochverräter" anklagen und sammelt Truppen um sich. Das tun nun auch die Parlamentarier.

Doch anders als auf dem vom Dreißigjährigen Krieg verwüsteten Kontinent gibt es auf der Insel kaum kampferfahrene Soldaten oder gut ausgebildete Offiziere. Und so wird Cromwell aus dem Nichts zum Feldherrn: Der fanatische Abgeordnete ohne militärische Ausbildung führt ein paar Reiter in Gefechte gegen königstreue Loyalisten – und siegt.

In einem Zeitalter, in dem Adelige Bauernhaufen anführen oder Landsknechte gegen Sold ihre Knochen hinhalten, drillt Cromwell einen Teil der *New Model Army*, einer unerhört neuen Armee, die sich durch eine besondere Disziplin auszeichnet.

„*You must get men of spirit*", fordert er, „Männer mit Kampfgeist". Ein Adelsrang gilt ihm wenig, der Glauben hingegen viel. Er nimmt in seiner Truppe fanatische Puritaner mit, die verkünden, dass sie „in der einen Hand die Bibel führen und in der anderen das Schwert".

Cromwell teilt mit den Soldaten das ärmliche Lagerleben im Dreck. Oft führt er die Truppen in verwegene Attacken. Bald nennen die Menschen seine gepanzerten Reiter *Ironsides*, die „Eisernen Seiten", weil sie mit ihren Attacken – gut gedrillt und fanatisch loyal – Schlachten entscheiden. Oder, wie Cromwell es sieht, weil Gott diese Reiter zum Werkzeug gemacht hat: „Ich bekenne, dass mich wahrhaft Seine Hand geführt hat."

Am Ende unterliegt Karl I., und im Januar 1649 machen ihm die siegreichen Parlamentarier einen Schauprozess.

Das Urteil steht schon vor Beginn fest, Cromwell sagt es so: „Wir werden ihm den Kopf abschneiden, mit der Krone obendrauf." Am 30. Januar 1649 wird der Monarch tatsächlich enthauptet – zum ersten Mal seit Menschengedenken regiert kein König mehr in England.

Offiziell geht die Macht nun vom Parlament aus, tatsächlich aber bestimmen ein paar Abgeordnete und Feldherren die Geschicke. Oliver Cromwell ist durch den Bürgerkrieg in diesen engen Zirkel aufgestiegen. Und kaum ist der Monarch beseitigt, nimmt der General ein neues Ziel ins Visier: Irland.

Als Cromwell 1649 bei Dublin landet, herrscht Chaos auf der Grünen Insel. Seit acht Jahren tobt dort, wieder einmal, ein Aufstand gegen England. 1641 sind binnen Tagen in der Stadt Portadown und in anderen Orten mehr als 10 000 englische Siedler durch rebellische irische Katholiken massakriert worden.

In England ist die Empörung ungeheuer. In Pamphleten erzählen deren Verfasser Gruselgeschichten von gerösteten Männern, ertrinkenden Frauen, erschlagenen Kindern – und Rebellen, die wetteifern, wer ihren wehrlosen Opfern die tiefsten Wunden hacken kann. Ein Autor schimpft die Iren „Kannibalen". Und einer von Cromwells Gefolgsleuten schreibt seinem Herrn: „Gott hat dieses Volk zur Vernichtung auserwählt."

Die Engländer, gefesselt in ihrem eigenen Bürgerkrieg, können jedoch zunächst kaum eingreifen und schicken nur wenige Truppen. Cromwell kommt daher erst nach dem Tod des Königs auf die Grüne Insel, um – endlich! – Ordnung zu schaffen. Das ihn entsendende Londoner Parlament kontrolliert in Irland nur noch Dublin und dessen Grafschaft. Im Rest des Landes herrscht Anarchie, ziehen verwirrend viele Armeen und marodierende Banden gegeneinander.

Wenn in Irland jemand jetzt noch so etwas wie Macht hat, dann wohl James Butler, der Earl of Ormond: ein Adeliger, protestantisch erzogen, ursprünglich von Karl I. entsandt, um den Aufstand niederzukämpfen.

Ormond bleibt dem Monarchen ergeben – und zwar über dessen Tod hinaus. Nach der Exekution Karls I. erklärt sich der Earl zum Gefolgsmann des ins Exil geflohenen Herrschersohnes. Der Adelige schmiedet nun eine Koalition aus königstreu gebliebenen Engländern und

Qual-voll *STERBEN* sie im *FEUER*

gemäßigten irisch-katholischen Edelleuten, die von London mehr Autonomie, aber nicht die Unabhängigkeit fordern.

Ormond kämpft seit Jahren gegen die Kompromisslosen unter den irischen Katholiken, die alle Engländer und Protestanten von der Insel jagen wollen. Deren Geldgeber und spiritueller Anführer ist Kardinal Rinuccini, der Abgesandte des Papstes auf der Insel, für den der Kampf um Irland ein Kreuzzug ist.

Für Cromwell stellt sich die Lage so dar: Gleichgültig, ob Engländer oder Ire, ob Protestant oder Katholik – außerhalb von Dublins Mauern ist jedermann ein Feind, denn er ist entweder Gefolgsmann des verhassten Königs oder Anhänger des verhassten katholischen Glaubens.

Der Anführer der Ironsides kämpft nun gegen sie alle, er kennt nur Unterwerfung oder Vernichtung.

Als er losmarschiert, am Ende des Sommers und zunächst bloß 30 Meilen die Küste hoch, zieht seine Armee, in rotes Tuch gekleidet, durch ein grünes, fremdes Land: kaum Städte, fast keine Straßen, nicht einmal Wege. Nur düstere Ruinen verfallener Burgen und Klöster.

Mit welchem Blick wohl Cromwell dieses Land betrachtet: dem des gewalttätigen Missionars? Oder sieht er sich weitaus nüchterner um – und womöglich ausgesprochen gierig?

Denn Englands Parlament finanziert die Kosten des Feldzugs mit irischem Territorium. Das Land (das ja erst noch erobert werden muss) ist nach dem Sieg an die Geldgeber zu verteilen. Cromwell selbst hat schon früh 2000 Pfund investiert: eine immense Summe, für die er 300 Kavalleriepferde kaufen könnte.

Gelingt es ihm nicht, Irland zu unterwerfen, dann sind er und Tausende weiterer Spekulanten ruiniert. Vor allem aber bleiben dann die 12 000 Soldaten, die hinter ihm marschieren, ohne Lohn.

Cromwell wird sich keine Illusionen darüber machen, wie man einen erfolglosen Feldherrn bestrafen würde. Er wird in Irland siegen oder untergehen.

Sein erstes Ziel ist Drogheda, wo königstreue Protestanten und irische Katholiken zusammenleben. Die Stadt untersteht dem Earl of Ormond und wird von einem englischen Offizier kommandiert.

Cromwell fordert die sofortige Kapitulation. Doch der Offizier verweigert sie. Er hat zwar kaum mehr als 2000 Mann unter Waffen, doch vertraut er den mächtigen Wällen des Ortes.

Daraufhin nehmen Cromwells Soldaten (die einige Kanonen mitgeschleppt haben) Drogheda unter Feuer und schießen am 11. September 1649 die Kirche St Mary's zusammen, die in der südlichen Stadtmauer steht – eine Wand des Gotteshauses ist Teil der Befestigung.

Genau dort lässt Cromwell nun stürmen. Es ist fünf Uhr nachmittags, Herbstlicht, bald wird es dunkel sein, schon fast zu dunkel, um den Angriff fortzuführen. Schüsse, Schwerthiebe, die Schreie der Sterbenden. Dem Oberst, der die attackierenden Fußsoldaten anführt, wird eine Kugel in den Kopf geschossen.

Schon weichen die ersten Angreifer zurück, schon dunkelt es. Da stürzt sich Oliver Cromwell höchstselbst in weißer Wut ins blutige Getümmel.

Mehr als 6000 Mann konzentriert er auf diese verfluchte Kirche, zwingt sich mit Kugeln und Eisen hinein. Und als der Feldherr erst einmal die Kirche erobert hat, ist auch der Wall überwunden. Seine Soldaten stürmen durch die Straßen von Drogheda. Die Hölle bricht los.

Was genau geschieht, ist von düsteren Schleiern und finsteren Mythen umweht. So viel aber ist klar: Cromwell gibt seinen Soldaten freie Hand. Sein offizieller Befehl lautet, dass jedermann, der in Drogheda mit einer Waffe angetroffen wird, erschlagen werden soll. Aber wer wird das schon nachprüfen, in einer eroberten, nachtdunklen Stadt, ob da jemand ein Schwert in der Hand hält oder nicht? Ob die Gestalt in einer Gasse, in einem Haus überhaupt ein Mann ist oder nicht eher eine Frau oder ein Kind?

Tatsächlich werden viele Zivilisten massakriert. Die katholischen Mönche, die noch in Drogheda wirkten, sterben fast bis zum letzten Mann. Verteidiger, die in den Turm einer Kirche geflohen sind, vergehen lebenden Leibes in Flammen: Cromwells Männer zerren die Kirchenbänke unten an den Turm und zünden sie an, die weiter oben Verschanzten brennen wie in einem Kamin, ihre Schreie hallen über die Dächer.

Anti-irische Pamphlete

MORD UND PROPAGANDA

»Als Mahnmal der fortwährenden Niedertracht« der Katholiken werden diese Darstellungen in England veröffentlicht: Sie illustrieren angebliche Massaker, die irische Aufständische an Protestanten verübt haben sollen

FOLTER, MORD, VERSTÜMMELUNG. Mit drastischer Grausamkeit schildern englische Schriften und Stiche die Taten der Iren und werfen ihnen nicht nur vor, gemartert und getötet zu haben, sondern die Leichname ihrer Opfer geschändet und kleine Kinder aufgespießt zu haben

WER NICHT FLIEHT, wird niedergeritten. Besonders Cromwells gefürchtete Elite-Kavallerie ist seinen Gegnern überlegen. Die ergeben sich vielerorts sogar kampflos

Gut 200 verteidigende Soldaten, die sich in einem befestigten Anwesen innerhalb der Stadt verschanzt haben, ergeben sich, nachdem ein Offizier der Angreifer versprochen hat, sie zu schonen.

Doch sie werden, so ein Zeitgenosse, „eine Stunde nachdem man ihnen Gnade gewährt hatte, abgeschlachtet" – auf Cromwells ausdrücklichen Befehl. Von 16 erschlagenen Offizieren lässt er die Köpfe abschneiden und auf Stangen entlang der Straßen aufspießen.

Später (und bis heute) werden sich die Iren noch weitere Schauergeschichten über jene Nacht von Drogheda zuraunen, die wahr sein mögen oder auch nicht: über Jesuiten, die auf dem Marktplatz lebenden Leibes gepfählt werden. Über Kinder, die von Soldaten gepackt und als lebende Schilde gehalten werden, während sie eine Kirche stürmen. 2000 Menschen sterben in diesen düsteren Stunden, oder 3000, oder 4000, niemand hat sie je zuverlässig gezählt.

Aber – warum? Weshalb diese ungeheure Brutalität? Cromwell hat Drogheda gerade einmal einen Tag lang berannt, die Armee ist noch frisch und gut versorgt, kein Angreifer hat eine zermürbende, langwierige Belagerung hinter sich, die in ihm blindwütigen Hass hätte auslösen können. Zudem sind Cromwells Männer legendär diszipliniert, das hat ja ihre Stärke in den Jahren zuvor ausgemacht: Das ist keine Soldateska, die nach ein paar Schüssen und Schwerthieben an

einer Stadtmauer außer Kontrolle des Feldherrn gerät und Amok läuft.

Zeitgenossen schreiben vom *furor Cromwellicus*, von der „Raserei Cromwells", als wäre das Morden ein Ausfluss schrecklichen Jähzorns. Der Feldherr selbst berichtet in einem Brief an das Parlament in schreckenerregender Kälte von seinen Motiven: „Ich bin überzeugt, dass dies die gerechte Strafe Gottes war für diese barbarischen Sünder, die ihre Hände mit dem Blut so vieler Unschuldiger besudelt haben. Und dass es in der Zukunft Blutvergießen verhindert, was in sich ein ausreichender Grund ist für Taten, die sonst nur Reue und Bedauern hervorrufen müssten." Rache und Strategie – dafür hat Cromwell die Menschen in Drogheda ermorden lassen.

Zum einen Rache für Portadown: ein Massaker als Antwort auf ein anderes Massaker, als Ventil für all den in den Jahren durch Pamphlete und Gerüchte aufgestauten Hass der Engländer gegen die Iren. Tatsächlich jubeln die Menschen in London, als Cromwells Nachricht eintrifft. Pfarrer rufen von den Kanzeln einen Tag des Danks aus.

Zum anderen zynische Strategie: Da Cromwell gleich in seinen ersten Tagen eine Stadt zerstört und deren Bewohner massakriert, erschüttert er den Kampfgeist der Iren: Dann werden, so hofft er, alle anderen Städte und Festungen kapitulieren, um diesem Schicksal zu entgehen.

Der Earl of Ormond, der noch zuvor seinen Soldaten befohlen hat, den Krieg „bis zum letzten Mann auszukämpfen", gibt das selbst zu, in einem Brief an den exilierten Sohn Karls I.: „Man kann sich nicht vorstellen, welchen Schrecken dieser Erfolg den Leuten eingeflößt hat. Sie sind so erschüttert, dass ich sie nur unter großen Schwierigkeiten dazu bringen kann, sich wie Männer zu verhalten."

LITERATURTIPPS

ANTONIA FRASER
»Cromwell. Our Chief of Men«
Umfassende Biografie (Phoenix).

KARL HEINZ METZ
»Oliver Cromwell. Zur Geschichte eines schließlichen Helden«
Leider etwas sperrig (Muster-Schmidt Verlag).

Und Cromwell erteilt, auch wenn er das nie so explizit schreibt oder sagt, wohl auch den Daheimgebliebenen eine Lektion: Hier ist Englands kommender Mann, wer sich ihm in den Weg stellt, der ist verloren.

°

SEINE STRATEGIE, man muss es so formulieren, ist erfolgreich. Oliver Cromwell zieht nun nahezu unbehelligt über die Insel. Belfast nehmen seine Truppen praktisch ohne Widerstand, schon hat er ganz Nordirland gesichert. Seine Frau reist ihm von England aus nach, mit Hausrat und Möbeln, weil sie, wie es der scharf beobachtende venezianische Botschafter in einem Brief berichtet, „hofft, fortan als Vizekönigin von Irland" zu amtieren.

Am 1. Oktober 1649 steht Cromwell im Südosten der Insel vor der Stadt Wexford. Für seine Feinde ist es das Tor zu Europa, in diesem Hafen landen die Schiffe (und Gelder) der katholischen Mächte des Kontinents an. Zehn Tage währt die Belagerung, dann fällt Wexford durch den Verrat eines verteidigenden Offiziers in Cromwells Hand.

Und wieder kommt es zu einem Massaker. Es ist scheinbar das gleiche Muster wie bei Drogheda: eine kaum umkämpfte Stadt, enthemmte Soldaten,

GETEILTES LAND 1652

Geplante Landverteilung nach dem »Settlement Act« von 1652
Land reserviert für:
Veteranen der »New Model Army« und »Adventurers«
den englischen Staat
enteignete Iren

Gefecht mit Datum
0 80 km
GEOEPOCHE-Karte

DIE SIEGREICHEN ENGLÄNDER verteilen die Beute: Ein Großteil Irlands fällt Cromwells Soldaten zu sowie »Adventurers«, englischen Spekulanten. Die Iren dürfen fortan nur noch am Westrand ihrer Insel Boden besitzen

unterschiedsloses Morden, am Ende Cromwells kalter, triumphierender Brief an das Parlament: „Gott brachte ein gerechtes Urteil über die Bürger, indem er sie zur Beute der Soldaten machte." Mindestens 1500 Leichen liegen in den Straßen und Häusern, aber auch hier hat niemand die Opfer je wirklich gezählt.

Tatsächlich hätte Cromwell diese Stadt wohl gern verschont: Wexford ist ein guter Hafen, er plante, hier Winterquartier zu nehmen. „Wir hatten Besseres mit dem Ort vor als dessen vollständigen Ruin, in der Hoffnung, dass er uns und der Armee von Nutzen ist. Doch Gott wollte es nicht so", gesteht er dem Parlament mit puritanischer Scheinheiligkeit.

Diesmal sind Soldaten bei der Eroberung außer Kontrolle geraten und haben ohne Befehl ihres Anführers mit dem Morden begonnen.

Anschließend muss Cromwell seinen Feldzug im nasskalten irischen Herbst vorerst ohne feste Basis für seine Truppen fortsetzen, was durchaus gefährlich ist. Denn seine schlimmste Herausforderung sind jetzt nicht mehr die Iren, sondern die Seuchen: Ihn selbst schütteln Anfälle von Malaria, die in Europa zu jener Zeit überall grassiert. Krankheiten suchen auch seine Armee heim – eine Truppe „passender fürs Hospital als fürs Schlachtfeld", wie er schreibt.

Und doch leistet praktisch niemand mehr diesem geschwächten Haufen Widerstand. Insgesamt wird Cromwell während seiner 40 Wochen in Irland 25 befestigte Städte und Bastionen einnehmen, alle elf Tage eine Eroberung.

Im März 1650 fällt ihm Kilkenny fast kampflos in die Hand – und damit auch Ormonds Familienschloss. Der Earl entkommt auf den Kontinent, doch seine Armee löst sich auf: Cromwell bietet den englischen Loyalisten freies Geleit an unter der Bedingung, dass sie sich nicht mehr gegen das Parlament stellen.

Auch Kardinal Rinuccini flieht nach Rom, seine kompromisslosen Katholiken kämpfen noch einige Jahre gegen die Soldaten aus London, aber irgendwann sind von ihnen nur noch ein paar Banden in der Wildnis übrig. Der Traum von der Reconquista Irlands ist ausgeträumt.

Es gibt keine Rebellion mehr auf der Insel, bloß noch Verwüstung und Tod.

Oliver Cromwell reist am 26. Mai 1650 ab, weil in England neue, drängendere Krisen drohen. Ein paar Wochen später schon wird er nach Norden ziehen und die Schotten ähnlich fürchterlich strafen wie die Iren. Anschließend wird er mehrmals

IREN ERGEBEN SICH einem englischen Kommandeur (o. r.). Cromwells Truppen nehmen Stadt um Stadt ein; nach nicht einmal zehn Monaten ist der Krieg weitgehend beendet

das Londoner Parlament auflösen, um sich selbst mehr Macht zu verschaffen.

Von 1653 bis zu seinem Tod an den Spätfolgen der Malaria im Jahr 1658 wird Cromwell als *Lord Protector* über England, Irland und Schottland herrschen, als Militärdiktator, in allem außer im Titel ein König und mächtiger und rücksichtsloser, als es Karl I. je gewesen ist. (Nach Cromwells Tod wird in England aber wieder die Monarchie des Hauses Stuart installiert.)

An Irland wird er in den turbulenten letzten Jahren seines Lebens wohl nur wenig denken. Die Menschen dort jedoch erinnern sich für immer an ihn …

Denn noch während seiner Feldzüge bricht auf der gequälten Insel die Pest aus. 1641 lebten rund 1,5 Millionen Menschen in Irland – nach dem Aufstand, dem anschließenden Kriegszug Cromwells sowie der Seuche sind mindestens 200 000 von ihnen tot, vielleicht auch 600 000 (die allermeisten Opfer sind Katholiken). 34 000 Iren verlassen die Insel in Richtung Kontinent und verdingen sich in den dortigen Kriegen als Söldner.

Ganze Landstriche in Irland sind verwüstet, viele Äcker liegen brach – und die meisten werden nie wieder von ihren ursprünglichen Besitzern umgepflügt. Denn zwischen 1652 und 1657 lässt die englische Regierung unter Oliver Cromwell viele der irisch-katholischen Grundbesitzer enteignen. Im „Settlement Act" wird ihr Boden neuen Eigentümern gegeben: Spekulanten aus England (den *adventurers*, „Abenteurern") und, vor allem, Cromwells Offizieren. Sie und ihre Nachfahren stellen eine neue Elite Irlands.

Auf der ganzen Insel wird zudem das englische Rechtssystem eingeführt. Und katholische Messen sind verboten. Die Priester, die noch im Land leben, müssen ihre Gottesdienste so heimlich zelebrieren wie einst die ersten Christen Roms, versteckt in der Wildnis.

Besiedlungen und Landnahmen durch Protestanten hat es zwar schon lange zuvor in früheren Zeiten gegeben. Aber erst durch den fürchterlichen Krieg von 1649 und dessen Nachwirkungen sinkt die Insel endgültig zu einer Kolonie Englands herab.

Noch heute nennen Irlands Katholiken den Feldzug und dessen Folgen daher „Cromwells Fluch". ◊

IN KÜRZE

Der radikale Protestant Oliver Cromwell marschiert 1649 mit einer englischen Armee in Irland ein. Seinen Krieg gegen Katholiken versteht er als göttliche Mission, er kämpft aber auch gegen protestantische Rivalen. Skrupellos und grausam bricht er binnen kurzer Zeit den Widerstandswillen seiner Gegner. Viele Einheimische werden von den Kolonialherren enteignet. Die Insel ist nun fest in der Hand der Engländer.

WILHELM III. VON ORANIEN verantwortet als britischer Herrscher von 1695 an Strafgesetze, die für viele Katholiken unter anderem die Steuerlast verdoppeln und es den Altgläubigen verbieten, Waffen zu tragen

DAS GESETZ ALS SCHWERT

Als im späten 17. Jahrhundert der Katholik Jakob II. und der Protestant Wilhelm III. von Oranien um den englischen Thron ringen, stellen sich die Iren mehrheitlich auf Jakobs Seite – und büßen dafür nach dessen Niederlage. Denn der Sieger erlässt ab 1695 eine Reihe von Strafgesetzen, die den irischen Widerstand endgültig brechen sollen

TEXT: *Marion Hombach*

Wieder einmal haben sich die Iren gegen London erhoben, hat es Krieg gegeben. Alle Versuche der Engländer, die katholischen Bewohner der Insel gefügig zu machen – durch Enteignungen, Umsiedlungen, Feldzüge, Massaker –, sind bislang gescheitert. Nun aber, im Jahr 1695, will die Krone eine neue Waffe nutzen, um den Widerstand dauerhaft zu brechen: das Gesetz.

Die Gelegenheit scheint günstig, denn die Katholiken sind (erneut) geschlagen worden. Dabei sah es wenige Jahre zuvor noch so aus, als könnten sie die Herrschaft der Protestanten über Irland brechen, zumal 1685 ein katholischer Monarch auf Englands Thron gekommen war: Jakob II.

Doch bald schon rebellierten englische Parlamentarier gegen den „Papisten" – und riefen Wilhelm von Oranien zu Hilfe, den protestantischen Statthalter der Niederlande. Wilhelm fiel in England ein, vertrieb Jakob nach Frankreich und besiegte 1690 dessen irische Anhänger in einer Entscheidungsschlacht.

Zwar sicherte Wilhelm den Katholiken in Irland anfangs weitgehend freie Religionsausübung zu. Doch damit brachte er die meist aus England stammende, protestantische Oberschicht der Insel gegen sich auf, die zu dieser Zeit sämtliche Mitglieder des irischen Parlaments stellte. Und dessen Einwilligung brauchte Wilhelm, um Steuern für die Finanzierung seiner Feldzüge einzutreiben. Die Bedingung der Protestanten: harte Regeln gegen die aus ihrer Sicht rückständigen Katholiken.

Und so erlässt die Krone 1695 für Irland die ersten jener *Penal Laws*, die den Katholiken – mit 75 Prozent der größte Teil der Bevölkerung – das Leben schwer machen sollen. Diesen Strafgesetzen werden in den kommenden Jahrzehnten weitere Bestimmungen folgen.

So dürfen Katholiken künftig keine Waffenschmiede, Soldaten, Richter oder Anwälte werden und keine öffentlichen Ämter bekleiden. Sie können sich nicht ins irische Parlament wählen lassen; und stimmberechtigt sind die Katholiken ab 1728 auch nicht mehr. Sie zahlen oft doppelt so hohe Steuern wie die irischen Protestanten, es wird ihnen verboten, Kinder auf „papistische" Universitäten zu senden, und Ländereien dürfen sie nur noch pachten, nicht mehr kaufen. Alle Bischöfe der römischen Kirche werden des Landes verwiesen; Beerdigungen auf dem Grund geschlossener katholischer Klöster sind fortan verboten. Wer sich weigert, an einem katholischen Feiertag zu arbeiten, riskiert eine Geldstrafe.

Mehr noch als zuvor sind die Katholiken fortan eine drangsalierte Unterschicht in der eigenen Heimat. Nach und nach verlieren sie fast alle ihre Ländereien, um 1750 gehören katholischen Iren nur noch fünf Prozent des Bodens.

Doch die *Penal Laws* brechen die Diskriminierten nicht, sondern schweißen sie zusammen. Geschäfte betreiben die Katholiken vermehrt untereinander, geben ihren Kindern gegenseitig Arbeit – und bilden so ein dichtes Netz gegenseitiger Unterstützung.

Dennoch erwirtschaften die Kleinbauern meist gerade genug zum Überleben – und wenn ihre Felder einmal mehr hergeben, erhöhen die Verpächter häufig die Abgabenlast. 1723 notiert der Bischof von Derry, nie zuvor habe er so viel Hunger und Not gesehen.

Heimlich bilden sich nun bewaffnete Verbände von Bauern, die nachts auf den Weiden der Großgrundbesitzer Zäune einreißen und das Vieh entkommen lassen.

Ab 1774 nimmt die britische Krone einen Teil der Strafgesetze zurück, denn sie braucht Soldaten, die ihr entstehendes Weltreich verteidigen. Allmählich erhalten die Katholiken nun wieder ihre Rechte. Höhere Stellungen in der Verwaltung aber bleiben ihnen nach wie vor verwehrt, das gilt auch für das Wahlrecht.

Und so bildet sich, inspiriert von der Amerikanischen wie von der Französischen Revolution, eine Allianz nationalistischer Iren. Dieser Zusammenschluss mündet 1798 in einem landesweiten Aufstand. Doch die Engländer schlagen auch ihn erfolgreich nieder – und entscheiden anschließend, Irland zu einem Teil des Vereinigten Königreichs zu machen. Fortan wird die Politik der Nachbarinsel komplett von London aus bestimmt. ◊

MIT SEINEM WERK »Gullivers Reisen« erlangt Swift weltweit Berühmtheit. Fast immer haben seine satirischen Texte einen politischen Unterton: gegen England und für die Iren

DUBLINS *SCHÄRFSTE* WAFFE

Ausgerechnet der Spross einer englischen Familie wird um 1720 zum irischen Nationalhelden: Der Priester und Schriftsteller Jonathan Swift kämpft mit beißendem Spott gegen die Ausbeutung durch London. Er ist der gesellschaftliche Star einer schillernd neuen Metropole

DUBLINER ZOLLHAUS: Sinnbild neuer Pracht und Größe (wie auch viele der Bauten auf den folgenden Seiten entsteht es im späten 18. Jahrhundert)

AB 1714 LEBT SWIFT dauerhaft in Dublin, das sich gerade wandelt: Mittelalterliche Gassen werden zu breiten Straßen mit repräsentativen Fassaden (Blick auf die Börse, das spätere Rathaus)

TEXT: *Johannes Strempel*

Eine merkwürdige Denkschrift kursiert im Herbst 1729 in den gebildeten Kreisen Dublins. Sie macht die Runde in den Leseräumen der zahllosen Buchhändler an der Castle und der Dame Street. In den von Tabakschwaden vernebelten Kaffeehäusern unten am Hafen. In den Parks, wo sich gut situierte Bürger nach ihrem Morgenspaziergang auf Bänken niederlassen, um Konversation zu treiben.

Nur 16 Seiten lang ist der Text, gedruckt in einer wenig ansprechenden Qualität. Keine gehobene Literatur offenbar, sondern ein Werk des Augenblicks, ein Traktat, wie es fast täglich erscheint. Auch der Titel – „Ein bescheidener Vorschlag" – ist ein Gemeinplatz. Ökonomen und sozial bewegte Laien aus dem Adel pflegen so ihre Aufsätze zu überschreiben, in denen sie darlegen, wie Irland aus der Krise zu helfen sei.

Denn die Grüne Insel, dieses ohnehin schon elende Land, ist in den Jahren zuvor noch tiefer ins Elend gestürzt. Eine wirtschaftliche Rezession hat Tausende Einwohner von Dublin arbeitslos gemacht, und nach einer ganzen Serie von Missernten und einem besonders strengen Winter 1728 hungern nun die Bauern. Viele Landbewohner flüchten in der Hoffnung auf Lohn und Brot in die Hauptstadt und gehören dort schon bald zu dem riesigen Heer von Bettlern und Obdachlosen, die auf den Gehwegen Passanten um Almosen angehen und sich um jede Kutsche drängen, in der sie einen wohlhabenden Insassen vermuten.

Der anonyme Autor des „Vorschlags" schildert zunächst die Misere, ganz im nüchternen Ton des wohlmeinenden Volkswirtschaftlers. Ein „melancholischer Anblick" seien ihm vor allem die vielen in Armut lebenden irischen Kinder, die von ihren bettelnden Müttern kaum zu versorgen wären. Nach Jahren des Nachdenkens habe er nun aber einen Weg gefunden, damit diese Kinder ihren Familien und dem Staat nicht weiter zur Last fielen, sondern stattdessen der Gemeinschaft nützten.

Sein Lösungsvorschlag: Er sei überzeugt davon, „dass ein junges, gesundes, gut genährtes einjähriges Kind eine sehr wohlschmeckende, nahrhafte und bekömmliche Speise ist, einerlei, ob man es dämpft, brät, bäckt oder kocht, und ich zweifle nicht, dass es auch in einem Frikassee oder einem Ragout in gleicher Weise seinen Dienst tun wird".

Weshalb also nicht irische Kleinkinder als Delikatesse im gesamten Königreich verkaufen? Ihnen selbst bliebe ein Leben im Elend erspart, dem Staat dienten sie als lohnende Ressource, die Wohlhabenden könnten sich an der Sensation eines neuen Gerichts erfreuen.

Ausführlich widmet sich der Verfasser weiteren Details: Wie viele Säuglinge sollte man „für die Zucht" zurückbehalten? Wie lange wäre so ein „Kinderbraten" haltbar, wie viele Personen würden davon satt, welcher Preis wäre zugleich wirtschaftlich und angemessen?

Um das Ganze noch etwas rentabler zu machen, schlägt der Autor vor, könnten die Eltern neben der Fleischproduktion noch auf weitere Verwertungswege ihres Nachwuchses setzen: „Die Haut wird, kunstvoll gegerbt, wundervolle Damenhandschuhe und Sommerstiefel für elegante Herrn ergeben."

Die Denkschrift, in Ton und Ausdruck so sachlich wie maßvoll formuliert, ist natürlich die grausame Parodie eines ökonomischen Traktats. Und der eigentliche Adressat ist selbstredend niemand anderes als die Regierung in London, die Irland seit Jahrhunderten unterdrückt und ausbeutet. Weshalb sollten sich die

englischen Despoten da nicht auch noch Irlands Kinder schmecken lassen?

Wer der anonyme Autor ist, darüber gibt es in Dublin keinen Zweifel. So schreibt nur einer: „The Dean".

°

DER DEKAN – so nennen die Einheimischen ehrfurchtsvoll den obersten Priester der anglikanischen St Patrick's Cathedral, die in einem der Elendsviertel der Stadt steht. Sein Name: Jonathan Swift.

Der Doktor der Theologie hat drei Jahre zuvor den Roman „Gullivers Reisen" veröffentlicht, der ein ungeheurer Erfolg wurde. Vor allem aber gilt er seinen Mitbürgern als Patriot, der unermüdlich gegen die Besatzer anschreibt.

Bewunderer sticken Swifts Konterfei in Taschentücher, prägen Medaillen ihm zu Ehren. An seinem Geburtstag am 30. November läuten alljährlich Dublins Kirchenglocken, und Freudenfeuer beleuchten die nächtliche Stadt.

Dabei ist dieser Doktor Swift ein recht merkwürdiger Nationalheld: Seine Heimat Irland nennt er in Briefen ein Gefängnis, ein Dreckloch, ein Land der Sklaven und Sümpfe.

Die irische Sprache? Barbarisch und von grauenhaftem Klang. Seine Geburtsstadt Dublin? Ein erbärmlicher Ort. Seit er wieder dort lebe, habe er über den Tod nachzusinnen begonnen, schreibt er einem Freund aus besseren Zeiten.

Bessere Zeiten – das waren für Jonathan Swift die Jahre in London. Dort, in der größten und aufregendsten Metropole Europas, hat er die glücklichste Zeit seines Lebens verbracht. London war das Licht. Dublin ist ihm Verbannung, Provinz, Dunkelheit.

Doch inzwischen ist Irlands größte Stadt, in die Swift 1714 aus England zurückgekehrt ist, selbst zu einer Metropole aufgestiegen. Die Einwohnerzahl hat sich seit 1660 auf 75 000 Menschen verfünffacht – größer ist nach London keine Stadt der Britischen Inseln.

In fast alle Himmelsrichtungen und auf beiden Ufern des Flusses Liffey wachsen neue Viertel, mit breiten, gepflasterten Boulevards und prächtigen Villen, Grünanlagen und Promenaden. Der Phoenix Park im Nordwesten nimmt mit sieben Quadratkilometern mehr Fläche

DIE BEVÖLKERUNGSZAHL nimmt rasant zu, wie auch das Treiben in den Straßen: promenierende, in Seide gekleidete Adelige vor der Essex Bridge

ein als sieben der größten Parks von London zusammen. Und auf den Straßen Dublins, so stellen Besucher fest, ist mehr Geschäftigkeit, sind mehr Kutschen und Sänftenträger zu beobachten als in der englischen Hauptstadt.

Wie anders war Dublin da noch zur Zeit von Swifts Geburt! Einstöckige Häuser mit Strohdächern sowie Hütten ohne Fenster bildeten damals ein enges Gassengewirr innerhalb der mittelalterlichen Stadtmauer. Die Stadt entstand zunächst nur südlich des Liffey, eine Brücke führte hinüber zur anderen Seite. Es gab eine Handvoll Kirchen, zwei Kathedralen und das trutzige Dublin Castle, die Residenz des englischen Statthalters.

Ganz in der Nähe ist 1667 Jonathan Swift zur Welt gekommen, in einer schmalen Seitengasse nur ein paar Schritte vom Castle entfernt. Seine Geburt im verhassten Dublin nennt der Autor später einen „Unfall“: Die Schwangerschaft sei schon zu weit fortgeschritten gewesen, als dass seine englische Mutter noch die beschwerliche Seereise in ihre Heimat Leicester hätte antreten können.

Auch Swifts Vater war Engländer. Zusammen mit drei Brüdern gehörte er zu jenen Einwanderern, die der englische Feldherr Oliver Cromwell nach seinen Siegen über irische Rebellen dazu ermutigt hatte, sich auf der Insel anzusiedeln. In Dublin arbeitete Swift sen. neun Jahre als Anwalt, starb aber sieben Monate vor Jonathans Geburt an einer Krankheit.

KEIN **AUTOR** FORMULIERT **GIFTIGER** ALS ER

Daher wächst Jonathan Swift in der Obhut eines Onkels auf, als Angehöriger der anglikanischen, aus England stammenden Oberschicht, die zwar nur zehn Prozent der Bevölkerung im katholischen Irland ausmacht (in Dublin allerdings stellt sie die Mehrheit), die aber allein studieren, wählen und öffentliche Ämter bekleiden darf. Zeit seines Lebens fühlt Swift sich den Engländern kulturell verwandter als den Iren.

°

DER JUNGE JONATHAN kann schon mit drei Jahren die Bibel lesen, so heißt es, und besucht nach seinem Schulabgang das Trinity College, das zunächst noch auf freiem Feld außerhalb der Stadt liegt und erst in ihr Zentrum rückt, als Dublin sich mehr und mehr nach Osten ausdehnt.

Englands Königin Elisabeth I. hat die Lehranstalt im Jahr 1592 als protestantisches Priesterseminar gegründet, um zu verhindern, dass die Einheimischen an den Universitäten des Kontinents studieren, „wo sie mit Papismus und anderen schlimmen Dingen infiziert und so zu verkommenen Untertanen“ werden könnten, wie die Monarchin vermerkte.

Swift ist ein mäßiger und zugleich ungemein aufsässiger Student der Theologie, der das Kartenspielen und die Poesie liebt, dafür aber häufig beim Gottesdienst fehlt.

Im Januar 1689 reist der 21-Jährige nach England, um als Sekretär für den pensionierten Diplomaten Sir William Temple zu arbeiten, einen Freund der Familie. Zehn Jahre lang geht er Temple auf dessen Landsitz nahe London bei schriftstellerischer Arbeit zur Hand, liest ihm vor und verbringt täglich viele Stunden mit dem Studieren von Büchern.

Daneben schreibt Swift eher unbeholfene Verse nach dem Vorbild antiker Oden und entdeckt schließlich seine satirische Begabung, als er Temple in einer literarischen Fehde beisteht, in der es darum geht, ob die alten oder die modernen Autoren vorzuziehen seien. Sein Aufsatz „Die Bücherschlacht“ beginnt mit dem später berühmten Satz: „Die Satire ist eine Art Spiegel, worin der Betrachter im Allgemeinen das Gesicht eines jeden erkennt, nur das eigene nicht.“

Nach Temples Tod wirkt Swift eine Weile lang als Pfarrer in Irland, reißt von dort aber immer wieder aus in die Stadt seiner Sehnsucht: London. Bis zu seinem 40. Geburtstag wird er die Irische See fast 20 Mal gequert haben.

1704 veröffentlicht Swift in England das „Märchen von der Tonne“: die „giftigste Satire gegen die christlichen Kirchen, welche vor Voltaire je geschrieben worden ist“, wie ein Literaturwissenschaftler später vermerkt.

Neben Parodien und unzähligen, von Swift mit „Abschweifung“ überschriebenen Diskursen, deren Themen von den modernen Wissenschaften bis zum menschlichen Wahnsinn reichen, enthält das Buch als zentrale Geschichte eine religiöse Allegorie: Darin geht es um die drei Brüder Peter, Jack und Martin, die jeweils die katholische, calvinistische und lutherische Kirche symbolisieren und die sich um das Erbe ihres Vaters – sinnbildlich für die Lehre des Neuen Testaments – in die Haare geraten.

Eigentlich richtet sich der Text nur gegen Fanatismus und den Missbrauch der Religionen, aber viele Leser haben das Gefühl, dass es der christliche Glauben an sich ist, den Swift angreift. Das Werk erreicht binnen eines Jahres drei Auflagen und bahnt seinem Verfasser den Weg in Londons literarische Zirkel. Als bekannt wird, dass es sich bei dem Autor um einen Geistlichen handelt, ist das Aufsehen groß. Mit 36 Jahren ist Swift berühmt.

In dieser Zeit bildet sich in England gerade ein neues politisches Parteiensystem aus. Im Parlament konkurrieren die königstreuen „Tories“ mit den gegenüber den Stuart-Monarchen argwöhnischen „Whigs“, und beide Gruppen beschäftigen Schriftsteller als Propagandisten, um den Gegner zu diffamieren. Swift stellt sich bald in den Dienst der Tories und schreibt Pamphlete, Flugblätter, Gedichte (aufseiten der Whigs ist unter anderem Daniel Defoe aktiv, der spätere Autor von „Robinson Crusoe“).

Als die Tories 1710 die Mehrheit im Parlament gewinnen, sieht sich Swift ganz oben angekommen: Mit den beiden Führern der Partei verbindet ihn eine enge Freundschaft, die politischen Gegner fürchten seine Feder.

Der Theologe ist davon überzeugt, dass seine Gönner ihm aus Dankbarkeit für seine Arbeit nun ein einträgliches Bischofsamt verschaffen werden. Doch Englands Königin Anne, die zutiefst abgestoßen war von Swifts „Märchen von der Tonne“, verhindert seine Berufung.

ANSICHTEN EINES KAPITÄNS

DAS BEKANNTESTE BUCH Swifts handelt von einem Seefahrer, der Länder voller Winzlinge und Riesen bereist. »Gullivers Reisen« von 1726 ist Abenteuerroman und politische Satire zugleich und inspiriert auch spätere Künstler, hier einen Karikaturisten, der Napoleon Bonaparte als Kapitän Gulliver darstellt

Das Einzige, was die Freunde noch für ihn erwirken können, ist ein Dekanat, eine Stellung in der mittleren Kirchenhierarchie: Anders als ein Bischof verantwortet ein Dekan nur die Gemeinde einer Kathedrale. Und nicht etwa in England findet sich eine derartige Position, sondern nur in der von Swift so ungeliebten Geburtsstadt Dublin. Enttäuscht tritt er 1714 die Heimreise an.

°

DOCH SCHON BEI DER ANKUNFT muss ihm auffallen, welche Dynamik die Stadt entwickelt hat. Am Liffey erhebt sich nun ein großes Zollhaus – ein mächtiges Bauwerk, 60 Meter lang und drei beeindruckende Stockwerke hoch, die anderen Gebäude im Umkreis weit überragend.

Es steht für die wachsende Bedeutung des Hafens und des Handels: Die großen Segler, die an den Piers vor dem Zollhaus festmachen, haben Kohle aus England geladen sowie Holz, Weine oder Salz vom Kontinent. Mehr als die Hälfte der gesamten Zolleinnahmen Irlands werden in Dublin erwirtschaftet.

In diesen Jahren der Stabilität nach den vielen Rebellionen und Bürgerkriegen im irischen Königreich konzentrieren sich neben dem Handel und Verkehr zunehmend auch Industrie, Verwaltung und Politik auf die Stadt am Liffey.

Seit den 1690er Jahren kommt das irische Parlament (dessen Rolle sich im Wesentlichen darauf beschränkt, Gesetzen zuzustimmen, die der englische Kronrat bereits bestätigt hat) hier zu Sitzungsperioden zusammen, und so beginnen auch die Mitglieder des Oberhauses, meist Großgrundbesitzer und Adelige vom Land, immer mehr Zeit in Dublin zu verbringen. Sie lassen sich standesgemäße Anwesen erbauen und ziehen dadurch Handwerker und Künstler, Bedienstete und Beamte an. Allmählich entwickelt sich in Dublin ein kulturelles Leben mit Theatern und Salons.

Zugleich strömen irische Migranten in die Stadt, um vor allem als Weber in der entstehenden Textilwirtschaft zu arbeiten. Und vom Kontinent aus suchen Protestanten, die in ihren Heimatländern verfolgt werden, ihr Heil in der anglikanischen Stadt: Lutheraner, Methodisten, Quäker. Auch 3600 französische Hugenotten leben 1720 in Dublin.

Eine neue Stadt entsteht, und am deutlichsten wird das am Liffey. Zuvor hat Dublin seinem Fluss den Rücken zugewandt – einem schmutzigen Strom, der am nördlichen Stadtrand an den Häusern vorbeifloss und nur für den Schiffsverkehr und als Abwasserkanal zu taugen schien. Nun bildet er die zentrale Achse der Stadt. Mehr und mehr Brücken führen in die neu entstehenden Viertel im Norden. Speicher, Depots und Kauf-

mannshäuser säumen die Ufer sowie gemauerte Landestellen und Straßen.

Entlang dieser Achse gliedert sich das neue Dublin auf: Im Osten residieren jetzt die Adeligen, die Kaufleute und Landbesitzer, die Mitglieder des Parlaments. Im alten Stadtkern rund um das Castle und im Westen breiten sich die Arbeiter- und Elendsviertel aus.

Es ist vor allem der extreme Kontrast zwischen Arm und Reich, der sich in Dublin noch stärker als in anderen Metropolen zeigt und ausländische Besucher immer wieder aufs Neue entsetzt: Während die Quartiere der Reichen an Pracht vor anderen Städten Europas nicht zurückstehen müssten, so notiert ein französischer Reisender später, ließe sich nichts vergleichen mit dem „Dreck und Elend der Viertel, in denen die unteren Klassen vegetieren".

Zum Symbol für das elegante und kosmopolitische Dublin wird St Stephen's Green. Schon in den 1660er Jahren hat die Verwaltung den Park auf einer elf Hektar großen Brache südöstlich der Stadtmauer anlegen lassen und das umgrenzende Land in 89 Parzellen mit Blick auf die Grünanlage aufgeteilt.

Viele der Käufer haben ihre Grundstücke anfangs noch als Weideland und Ackerfläche genutzt, doch nach und nach entstanden dort immer mehr stattliche Anwesen. Die Bauherren waren laut Vertrag mit der Stadt dazu verpflichtet, ihre Häuser „aus Backziegeln, Stein und Holz zu errichten, mit Dachziegeln oder Schiefer zu decken und mit mindestens zwei Stockwerken zu versehen". Zudem mussten sie sich an den Kosten für die Pflasterung der Straßen beteiligen.

Der Baustil der Häuser, die nun am St Stephen's Green entstehen, ist an der Antike orientiert: Pilaster und Schmuckgiebel flankieren die Eingangsportale der Häuser, die Fassaden sind klar und symmetrisch, die Fensterfronten groß, geometrische Muster zieren die Türen.

Die vornehmen Bürger, die in diesen Villen leben, treffen sich im Park zum Promenieren – einem modischen Zeitvertreib, den sich die Dubliner aus Paris abgeschaut haben. Die Religionsgruppen benutzen eigene Wege beim Spaziergang, und als in den 1730er Jahren auch noch Bänke im St Stephen's Green aufgestellt werden, sitzen die Protestanten an den vornehmsten Plätzen des Parks, die Katholiken abseits, während alle gemeinsam das Feuerwerk am Abend betrachten oder den Militärkapellen lauschen.

Dublins zweites elegantes Viertel entsteht nördlich des Liffey, rund um die Henrietta Street. Der Bauherr dieser Straße, ein Landbesitzer namens Luke Gardiner, hat eine Vorliebe für breite Boulevards, wie sie in Paris zu finden sind. Bald wird er in der Gegend etliche alte Häuser abreißen lassen, um die prächtigste Straße der Stadt anlegen zu lassen: Sackville Street, 320 Meter lang und eindrucksvolle 45 Meter breit (noch heute bildet sie, inzwischen in O'Connell Street umbenannt, das Zentrum Dublins).

Während auf der großzügigen Promenade in der Mitte der Sackville Street die reichsten Einwohner der Stadt in maßgeschneiderter Seidenkleidung lustwandeln, parfümierte Perücken auf dem Kopf, drängen sich auf den Fahrbahnen links und rechts, wie überall in den wohlhabenden Vierteln, die Träger und Kutscher; mehr als 80 Sänften gibt es um 1715 in Dublin und 150 Mietdroschken.

Allerdings kommt es über die Kutschen oft zu Klagen: Die Sitze seien zu hart, die Scheiben zerbrochen – und die Gefährte häufig verdreckt, da die Betreiber gegen angemessenes Entgelt auch fiebernde Kranke, frisch an den Pocken Verstorbene und sogar von Friedhofsräubern ausgegrabene Leichen beförderten.

Swift, der in London Zugang zu den höchsten Ebenen der Macht hatte, ist fest entschlossen, sich in Irland aus aller Politik herauszuhalten. Aus England hat er sein eigenes Pferd mitgebracht, auf dem er lange Ausritte an Dublins nahe gelegenen Stränden unternimmt. Zudem pachtet er einen großen Garten, lässt ihn von einer Mauer einhegen und widmet sich der Aufzucht von Obstbäumen.

DER FLUSS LIFFEY ist der wichtigste Handelsweg. Mit zunehmendem Warenumschlag werden auch Handwerk und Industrie stärker, kommt kulturelles Leben in die Stadt

DIE STADT AM STROM um 1750

LANGE ERSTRECKT SICH DUBLIN nur südlich des Liffey. Doch um 1700 entstehen auch am Nordufer große Siedlungen. Der Osten der Stadt ist reich, der Westen ärmlich

Vor allem aber verbringt er viel Zeit in den Kreisen der Dubliner Gesellschaft, bei privaten Abendessen und in den Salons der Aristokraten.

In seiner Jugend galt Swift als schöner Mann, und noch immer ist er eine stattliche Erscheinung: von mittlerer Statur, mit hoher Stirn, starken Brauen, gepflegten Zähnen und einem Doppelkinn. Vor allem seine Augen machen Eindruck, tiefblau wie der Himmel, der Blick von einer „ungewöhnlichen Durchtriebenheit", wie ein Freund notiert.

In Gesellschaft ist er ein charmanter Unterhalter, der Sprachspiele liebt, selbst erfundene Sprichwörter improvisiert und Menschen aller Schichten in Akzent und Wortwahl imitieren kann. Und da er sein ganzes Leben lang begeistert Karten spielt, besucht er oft die Kaffeehäuser – eine recht neue Institution in Dublin.

Die meisten Cafés finden sich in der Nähe des Hafens, und häufig liegen sie im ersten Stock, damit die Besucher bei Tageslicht lesen können. Während Kaufleute und Schiffskapitäne dort Geschäfte schmieden oder Karten spielen, sitzen Gentlemen am Kamin und vertiefen sich in die Tagespresse. Es ist eine Epoche der Belesenheit: 165 Zeitungen konkurrieren in Dublin um Käufer, die Zahl der Buchhändler nimmt zwischen 1690 und 1760 um das Dreifache zu, die der Drucker verzehnfacht sich gar.

Elitärer als die Kaffeehäuser sind die Gesellschaften und Clubs, die sich, oft nach einem englischen Vorbild, in der irischen Hauptstadt gegründet haben: die „Philosophical Society" etwa oder die „Royal Dublin Society".

In einer Schenke in der Fishamble Street kommt eine Gesellschaft zur Pflege der Musik zusammen, die 1741 eine „Musical Hall" eröffnen wird, für lange Zeit der größte Veranstaltungssaal der Stadt. Schon im folgenden Jahr bringt der deutsche Komponist Georg Friedrich Händel dort sein „Messias"-Oratorium zur Uraufführung.

Von Geheimnissen umwittert ist der „Hellfire Club", eine Trinkerloge maßloser Adeliger, denen man sexuelle Ausschweifungen und das Feiern Schwarzer Messen nachsagt. Einmal sollen die Mitglieder des Clubs ein Haus, in dem sie gerade zechten, in Brand gesteckt haben, um einen ersten Eindruck vom sie erwartenden Höllenfeuer zu erhalten.

7

Zuweilen trifft das reiche auf das arme Dublin, so beim Sport. Viele Iren lieben das Wetten und den Wettbewerb. In den Vororten Kilmainham und Ringsend können Besucher auf Pferderennen setzen, im Oxmantown Green hetzt man Bluthunde auf Stiere, bei Hahnenkämpfen am Cork Hill treten Dutzende Tiere so lange gegeneinander an, bis es nur noch einen überlebenden Gewinner gibt.

In den Straßen der Arbeiterviertel, zwischen den Marktbuden und vor den Plätzen der Kirchen, spielen die Menschen Fußball, Cricket oder *hurling*, bei dem der Ball mit den Händen, Füßen oder einem Eschenholzschläger ins Tor befördert wird. Beliebt ist auch *cudgel play*, eine Art Fechtkampf mit Knüppeln, den derjenige gewinnt, der den anderen als Erster am Kopf blutig schlägt.

Gut 3500 Tavernen, Alehouses und Branntweinschänken gibt es um 1750 in Dublin, und dort vergnügen sich die Einheimischen beim Würfeln oder Billard und trinken Rotwein aus Bordeaux – das irische Nationalgetränk (bis ein Bierexperte namens Arthur Guinness 1759 in einem Vorort eine Brauerei eröffnet und sein dunkles Gebräu beliebter wird).

In den Armenvierteln drängen sich Schuhputzer, Straßenhändler und Taschendiebe. Kohlenträger wanken unter ihrer Last, Metzgerburschen mit Tierhälften auf dem Rücken rempeln vornehm gekleidete Entgegenkommende an, und an jeder zweiten Ecke steht ein Balladensänger, um den sich so viel Publikum schart, dass die Passanten vom Gehweg in den Matsch und Dung der Fahrbahn ausweichen müssen.

Reisende stimmen darin überein, dass Dublins Straßen die schmutzigsten Europas sind. Ein Besucher schreibt von einem „Ausmaß an Dreck und Gestank, unvorstellbar für jeden, der diese Orte des Jammers nicht selbst gesehen hat". Viele Einheimische werfen ihren Unrat aus dem Fenster, sodass in manchem Hinterhof Abfall und Exkremente bis auf die Höhe des ersten Stockwerks reichen.

Fleischer schlachten ihr Vieh auf den Marktplätzen, schleudern Fleischreste und Gedärm in die Gosse, wo sich freilaufende Schweine darüber hermachen – was die Stadtväter erlauben.

Tausende Pferde hinterlassen ihren Kot in den Gassen. Auch unzählige Straßenköter streifen durch die Stadt und beißen immer wieder Passanten.

Schafen, die am Viehmarkt eingezäunt sind, werden von findigen Gaunern bei lebendigem Leib Fettstreifen herausgeschnitten, um sie den Kerzenmachern zu verkaufen. Diese Unart greift so um sich, dass die Stadtregierung strenge Strafen dagegen erlässt.

Am schlimmsten sind die Lebensumstände im Südwesten der Stadt. Dort leben Brauer und Fassbinder, Glasbläser und Ledermacher – vor allem aber die Weber, die Wolle und Linnen verarbeiten. Sie hausen in meist winzigen Werkstätten, in denen der Webstuhl den größten Platz einnimmt. Der Meister und seine Familie wohnen in der oberen Etage, Lehrlinge und Gesellen schlafen auf dem Fußboden oder in der Dachkammer.

Das Leben als Lehrling ist hart: Sieben Jahre dauert die unbezahlte Ausbildung, und es ist den Jünglingen in dieser Zeit verboten, zu heiraten, zu spielen oder auch ein Theater zu besuchen.

Die protestantischen Weberlehrlinge aus dem Südwesten haben sich zu den „Liberty Boys" zusammengeschlossen, einer gefürchteten Straßenbande, deren Gegner die „Ormond Boys" sind, katholische Metzgerburschen vom Ormond Market am nördlichen Ufer des Liffey.

Der Fluss bildet die Grenze ihrer Territorien, und über die Jahrzehnte kommt es zwischen den Gangs immer wieder zu brutalen Schlägereien, die mitunter mehrere Tage lang andauern.

Fast das gesamte Gewerbe kommt in dieser Gegend dann zum Erliegen, die Polizei hält sich fern, und die Kämpfe mit Fleischerhaken und Messern fordern viele Verletzte und sogar Tote. Oft mischen auch noch die gelangweilten Soldaten der Kaserne bei den Auseinandersetzungen mit, und selbst die jungen Studenten vom College finden es aufregend, sich mit den niederen Schichten zu messen.

°

MITTEN IM VIERTEL DER ARMEN erhebt sich St Patrick's Cathedral. Ihr Namensgeber, Irlands Nationalheiliger, soll an dieser Stelle im 5. Jahrhundert bekehrte Christen in einer Quelle getauft haben.

Trotz aller Bitternis über seine zerstobenen Hoffnungen nimmt Jonathan

ELEGANTE BOULEVARDS wie die Sackville Street zeugen von neuem Wohlstand. Die Slums nur wenige Straßen weiter aber zählen zu den schlimmsten Europas

Swift das neue Amt als Dekan ernst. Jeden Sonntag richtet er die Gottesdienste am Morgen und am Abend aus und besucht zudem die Andacht der Hugenotten, die am Nachmittag in St Patrick's zusammenkommen.

Alle fünf Wochen predigt Swift selbst, und dann drängen sich Dublins protestantische Einwohner in den Kirchenbänken. Denn der Dekan ist bekannt für seine überaus klare Sprache. Und er neigt zur Pedanterie: Sobald andere Pfarrer auf der Kanzel stehen, zückt er Papier und Bleistift und macht die Redner anschließend auf jede schiefe Metapher und jede missglückte Wortwahl aufmerksam.

Zu seinen Pflichten zählt aber auch, sich um seine Gemeinde zu kümmern, und so erfährt er im Lauf der Jahre immer mehr über die Nöte der irischen Arbeiter und kommt zu dem Schluss, dass vor allem der große Nachbar England die Schuld an ihrer Armut trägt. Denn London, so viel steht fest, beutet Irland aus.

Der Merkantilismus, die vorherrschende Wirtschaftstheorie der Zeit, besagt, dass Nationen zu Wohlstand kommen, wenn sie Rohstoffe billig importieren und die daraus hergestellten Waren teuer verkaufen. Die Gebiete in Übersee dienen ihren Mutterländern vor allem zu einem Zweck: Ressourcen zu liefern und umgekehrt Waren abzunehmen. Irland ist zwar dem Namen nach ein Königreich, die Regierung behandelt es jedoch nicht anders als eine Kolonie.

So hat das Parlament in Westminster ein Gesetz erlassen, dass Iren verbietet, ihre Wolle anderswohin als nach England oder Wales zu exportieren. Auch die Ausfuhr von Textilien unterliegt strenger Kontrolle. Auf diese Weise will London einen Konkurrenten im Handel ausschließen und als Monopolist die Preise diktieren. Irlands Schafzüchter und Weber stürzen die fallenden Einkünfte ins Elend.

Im Frühjahr 1720 veröffentlicht Swift anonym ein Pamphlet, in dem er dazu aufruft, nur noch in Irland gefertigte Kleidung zu tragen und englische Produkte zu boykottieren. Die Schrift stößt eine „Buy Irish"-Kampagne an, die 1734 dazu führen wird, dass Wollweber Geschäfte im Zentrum Dublins stürmen, die importierte Kleidung verkaufen. Proteste gegen die englische Handelspolitik prägen das gesamte 18. Jahrhundert.

Englische Waren werden auf der Straße verbrannt, Händler geteert und gefedert. Bei Bällen zeigen sich die Damen der Gesellschaft in irischen Stoffen, in manchen Theatern tragen die Schauspieler nur irische Kostüme. Gentlemen weigern sich, auf Frauen einen Toast zu sprechen, die französische Spitze tragen.

„Ich halte mich nicht für schuldig, ein zu großer Verehrer der Iren zu sein", schreibt Swift an einen Freund, „aber die Frage ist doch, ob die Leute Sklaven sein sollen oder ob sie keine Sklaven sein sollen." Plötzlich steht der Autor, der zuvor eher so dachte wie die englischen Parlamentarier, aufseiten der Unterdrückten.

ALS DER ENGLISCHE KAUFMANN William Wood sich das Patent verschafft, die Halfpence-Münze für Irland zu prägen, und das Land in der Folge mit minder-

RUINE EINER BRÜCKE über den Liffey: Die Dynamik der Metropole ist groß. Zugleich aber knebeln die Engländer die Wirtschaft, verschärfen die Armut

WENN SWIFT durch die Stadt geht, etwa hier am Parlament vorbei, erkennen ihn die Menschen. Sein Geburtstag wird stets öffentlich gefeiert

wertigem Kupfergeld überflutet, greift Swift erneut zur Feder und veröffentlicht ab 1724 unter dem Pseudonym M. B. Drapier die Briefe eines fiktiven Tuchhändlers, in denen er zum Widerstand gegen die neuen Münzen aufruft.

Der König habe natürlich das Recht, Patente zum Geldprägen zu vergeben, schreibt Swift, doch existiere kein Gesetz, das die Untertanen zwinge, dieses Geld auch zu benutzen. „Deshalb, meine Freunde, weist diesen schmutzigen Plunder zurück. Es ist kein Hochverrat, wenn ihr euch gegen Herrn Wood empört."

So eine Stimme haben die Iren bislang nicht gehört. Das Volk spürt, dass es um mehr geht als nur um eine Münze: Soll London auf ewig alle Entscheidungen in Irland treffen? Viele Dubliner ahnen, dass Swift der Verfasser der Drapier-Briefe ist, aber obwohl der britische Statthalter 300 Pfund Belohnung auf den echten Namen des Autors aussetzt, wird er nicht denunziert.

Als London Woods Patent wegen der anhaltenden Proteste zurücknimmt, steigt Swifts fiktiver Tuchhändler zum nationalen Helden auf. Tavernen heißen nun „Drapier's Head", Schiffe werden „The Drapier" getauft – und Swifts Geburtstage fortan mit Freudenfeuern und Glockengeläut gefeiert. Seine Autorität ist jetzt fast grenzenlos: Als sich eines Tages eine Menge in der Nähe der Kathedrale versammelt, um eine angekündigte Sonnenfinsternis zu beobachten, und Swift sich durch den Lärm gestört fühlt, lässt er über einen Küster mitteilen, auf seinen, des „Deans", Befehl, sei die Sonnenfinsternis verschoben. Voller Verständnis geht das Volk nach Hause.

In diesen Jahren schlüpft er in der Abgeschiedenheit seiner Schreibstube noch in eine weitere Identität: die des Schiffsarztes und Kapitäns Lemuel Gulliver.

„Gullivers Reisen" heißt das Buch, das nach fünf Jahren Arbeit 1726 erscheint und von den vermeintlichen Erlebnissen des Erzählers auf vier Entdeckungsfahrten an die Gestade fremder Länder erzählt. Das Werk ist vor allem eine politische Satire: Gullivers erste Reise etwa führt ihn in das von Winzlingen bewohnte Reich Liliput, eine ins Lächerliche verkleinerte Version Englands.

So wie sich in Westminster Tories und Whigs unversöhnlich gegenüberstehen, sind in Liliput zwei Parteien in erbitterte Auseinandersetzungen verstrickt, weil sie verschieden hohe Schuhabsätze tragen.

Und mit seinem Nachbarstaat führt Liliput seit Jahren blutige Kriege über die Frage, auf welcher Seite ein gekochtes Ei aufzuschlagen sei – so wie sich der Streit zwischen Anglikanern und Katholiken an Einzelheiten des christlichen Abendmahls entzünden kann.

Manche der Anspielungen können wohl schon viele von Swifts Zeitgenossen kaum deuten: So wird Gulliver auf seiner zweiten Reise von einem riesigen Affen entführt, der ihm unentwegt Nahrung in den Mund stopft – ein Hieb gegen den Grafen von Kildare, der einen Affen im Wappen trägt und für die Zensur im Königreich zuständig ist.

Das Werk, und das macht seinen Erfolg aus, lässt sich aber nicht nur als Satire lesen, sondern auch als packende Abenteuergeschichte, als die Parodie eines Reiseberichts, als Roman, philosophische Betrachtung. Von anderen Utopien unterscheidet „Gulliver" sich schon durch seinen wilden Humor, und die Ereignisse sprühen einerseits von nie gekannter Originalität, sind gleichzeitig aber auch so anschaulich und realistisch geschildert, dass ein englischer Kapitän ohne Widerspruch behaupten kann, er habe Gulliver einst recht gut gekannt.

Möglicherweise lässt sich der Roman auch als Kritik an dem sieben Jahre zuvor erschienenen Buch „Robinson Crusoe" von Swifts altem Rivalen Daniel Defoe verstehen. Während der „Crusoe" eine optimistische Geschichte vom aufgeklärten Menschen erzählt, der Kraft

LITERATURTIPPS

LEO DAMROSCH
»Jonathan Swift«
Aktuelle und sehr gut lesbare Biografie (Yale University Press).

DIARMUID Ó GRÁDA
»Georgian Dublin«
Mit Bildern und Karten stellt der Autor das Dublin zwischen 1714 und 1830 vor (Cork University Press).

seiner Vernunft alle Herausforderungen auf einer einsamen Insel meistert, ist Swifts Weltbild düster: Auf seiner letzten Reise begegnet Gulliver sprechenden Pferden, die mit einer stoischen Rationalität begabt sind und über „Yahoos" herrschen – triebhafte, mit Kot beschmierte Menschenwesen. Gulliver, der erkennt, wie sehr er selbst diesen „Yahoos" ähnelt, verfällt am Ende des Romans in Wahnsinn, meidet schließlich die menschliche Gesellschaft und schläft im Stall bei seinen Pferden.

Trotz dieser misanthropischen Geisteshaltung werden Gullivers Abenteuer später (in bereinigter Form) zu einem Klassiker der Kinderliteratur, vor allem die ersten beiden Reisen in das Minireich Liliput und das Land der Riesen Brobdingnag.

Eine deutliche Kritik am britischen Königreich enthält die dritte Geschichte: Gulliver kommt zu der fliegenden Insel Laputa, deren Herrenvolk über das Land Balnibarbi am Erdboden herrscht – eine klare Anspielung auf das Verhältnis zwischen England und Irland. Wann immer unten eine Rebellion droht, lenkt der König seine Insel über Balnibarbi und nimmt ihm so Sonne und Regen. Hungersnöte und Seuchen sind die Folge.

Tatsächlich setzen Englands Handelsbeschränkungen weiterhin der irischen Wirtschaft zu – und deren Krise verschärft sich noch durch eine Rezession sowie mehrere Missernten. Bettler und Obdachlose sind in Dublin jetzt überall.

Auch immer mehr Taschendiebe drücken sich nun durch die Menschenmengen auf den Märkten oder bestehlen die Gläubigen während des Gottesdienstes, und nachts zerren Straßenräuber ihre Opfer in Kellereingänge oder Hinterhöfe, um sie umzubringen – die Mordrate ist etwa viermal so hoch wie in England. Viele Frauen enden als Prostituierte im Vergnügungsviertel Temple Bar.

Um der Konkurrenz voraus zu sein, täuschen manche Bettler ein Gebrechen vor oder geben sich als Geisteskranke aus. Andere stehlen Kinder zur Begleitung und verstümmeln oder blenden sie, um mehr Mitleid bei den Passanten auf der Straße zu erwecken. Zuweilen werden Kinder von den eigenen Müttern für ein paar Münzen als Gehilfen an die Kaminkehrer verkauft oder gleich verstoßen.

Es ist wahrscheinlich die Empörung über solche Zustände, die Swift zu seiner beißenden Abhandlung über Säuglinge als Schlachtvieh inspiriert, den „Bescheidenen Vorschlag".

Doch anders als bei den Drapier-Briefen, welche die englische Regierung immerhin zum Widerruf des Münzpatents an William Wood genötigt haben, bleibt eine vergleichbare Reaktion Londons diesmal aus. Zu grotesk, zu absurd wohl ist Swifts Satire, um von den Machthabern ernst genommen zu werden.

Und es scheint auch, als seien des Dekans Zorn und Energie nun erschöpft.

Denn Jonathan Swift ist inzwischen ein Mann von 62 Jahren und zieht sich jetzt zunehmend zurück. In einem Brief an Freunde berichtet er: „Ich wache nie auf, ohne das Leben noch bedeutungsloser zu finden als am Tag zuvor."

Seit seiner Jugend leidet er an einer Erkrankung, die ihm nun immer mehr zu schaffen macht. Die Symptome sind plötzliche Übelkeit und Schwindel, Schwerhörigkeit, Verlust des Gleichgewichtssinns und Ohrgeräusche, die wie „Hunderte Ozeane" in seinem Kopf heulen. (Erst später wird man dieses Gebrechen als die „Menière-Krankheit" identifizieren, eine qualvolle Störung der Kanäle des Innenohrs.)

Jonathan Swift wird allmählich taub, aber das ist nicht das Schlimmste: Seit 1732 schon fühlt er sein Gedächtnis schwinden, bemerkt immer mehr Flüchtigkeitsfehler in seiner Korrespondenz. 1740 notiert er in einem Brief: „Ich verstehe kaum ein Wort von dem, was ich hier schreibe." Der Autor, gepeinigt vom Verfall seines Geistes, sehnt sich nach dem Tod.

Zwei Jahre später ist er tief in der Demenz versunken und wird von Hausangestellten angezogen, gefüttert und ins Bett gebracht. Angeblich stellen die Diener den berühmten Mann gegen Bezahlung vor fremden Besuchern zur Schau.

Am 19. Oktober 1745, mit 77 Jahren, stirbt Jonathan Swift.

Drei Tage liegt der Schriftsteller in seinem Haus im offenen Sarg aufgebahrt, viele Dubliner nehmen Abschied von ihrem Helden, dem „Dean". Manche Besucher schneiden sich gar eine Locke seines langen, weißen Haares ab und tragen sie wie eine „heilige Reliquie" nach Hause, wie ein Biograf berichtet.

Am 22. Oktober wird Jonathan Swift unter dem Boden der St Patrick's Cathedral beigesetzt. Schon Jahre zuvor ist die erste Edition seiner Werke erschienen, vor allem „Gullivers Reisen" wird in viele Sprachen übersetzt.

Fast ist es, als hätte der Autor seine letzten Jahre vorausgesehen: Auf seiner dritten Reise erfährt Lemuel Gulliver von einer Gruppe Unsterblicher, den Struldbruggs.

Er kann es kaum erwarten, diese auserwählten Wesen zu treffen, aber als es dazu kommt, ist er entsetzt: Krank und einsam sind die Unsterblichen, Haare und Zähne haben sie verloren und ebenso auch ihr Gedächtnis.

Von den anderen Menschen werden sie verachtet – und wenn sie einen Leichenzug sehen, so beneiden sie den Toten. ◊

IN KÜRZE

Satirische, mitunter bis zum Extrem ironische Texte machen den Dubliner Priester Jonathan Swift um 1730 weltberühmt – und in seiner Heimatstadt zum Helden. Denn Swift, Autor von »Gullivers Reisen«, setzt sich mit seinen Pamphleten für die Iren ein, prangert jene Ungerechtigkeit und Not an, die in Dublin weit verbreitet sind, obwohl der Ort im 18. Jahrhundert zu einem glanzvollen wirtschaftlichen und kulturellen Zentrum aufsteigt.

Die Geschichte *IRLANDS*

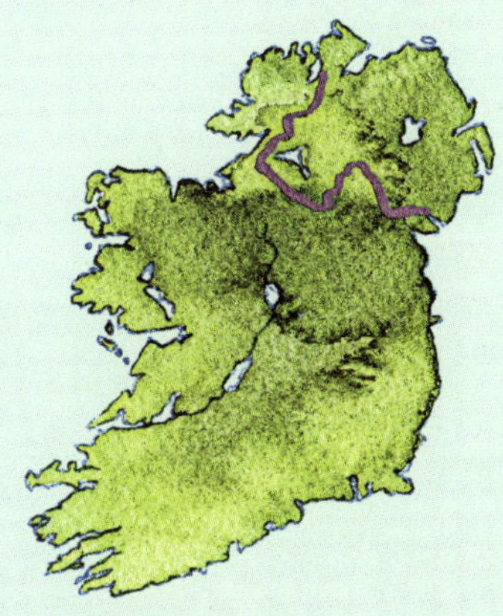

Die Historie der Grünen Insel ist geprägt von Eindringlingen: Kelten verdrängen die Urbevölkerung, Wikinger gründen die wichtigsten Städte, Engländer degradieren das Eiland zur Kolonie. Mehr als sieben Jahrhunderte lang kämpfen die Iren gegen die britische Fremdherrschaft an. Und bezahlen die Unabhängigkeit schließlich mit der Teilung ihrer Heimat

TEXT: *Olaf Mischer*

Daten, zu denen in diesem Heft ein Beitrag zu lesen ist, sind rot markiert

Um 10 500 v. Chr. gehen in Irland wohl erste Siedler auf Bärenhatz, wie Archäologen herausgefunden haben. Etwa zu jener Zeit wird das zuvor mit Britannien verbundene Land durch einen Anstieg des Meeresspiegels zur Insel.

Gut 3000 Jahre später gründen Jäger und Sammler im Norden eine der ersten irischen Siedlungen. Mit Feuersteinwerkzeugen bauen sie Hütten aus Holz, Fellen und Stroh.

Später lassen sich aus Britannien stammende Farmer auf der gesamten Insel nieder, roden Wälder, bestellen Felder, spezialisieren sich als Handwerker, erforschen die Gestirne.

Um etwa 3200 v. Chr. errichten Baumeister nördlich des heutigen Dublin ein gewaltiges Hügelgrab mit einem steinernen Gang, der alljährlich zur Wintersonnenwende von Sonnenlicht illuminiert wird, das durch eine exakt ausgerichtete Öffnung ins Innere fällt. Es ist eines der ältesten Hügelgräber Europas.

Wohl ab 500 v. Chr. wandern von Britannien und dem Festland keltische Stammesverbände ein. Zug um Zug verdrängen sie die irische Bevölkerung und bilden zahllose Adelsherrschaften.

Die letzte, mächtigste keltische Gruppe, die Gälen (von Altwalisisch *gwyddell*, „Räuber"), erreicht das Eiland um etwa 100 v. Chr. – darauf lassen zumindest spätere irische Sagen schließen. Von diesen Einwanderern leitet sich der Name für die irische Sprache ab: das Gälische. Ihre neue Heimat nennen sie nach einer ihrer Göttinnen „Eriu".

um 150 n. Chr.

Der griechische Naturforscher Claudius Ptolemäus zeichnet nach Informationen von Seeleuten sowie astronomischen Berechnungen eine recht realistische Karte Irlands. Sie zeigt unter anderem eine Siedlung auf dem Gebiet des heutigen Dublin. In dieser Region, in der sich vier Handelsstraßen kreuzen, siedeln Menschen schon seit mehr als 100 Jahren.

um 400 n. Chr.

Mittlerweile existieren wohl nur noch fünf größere Keltenreiche auf der Insel, die in etwa den künftigen Provinzen und Grafschaften Meath, Leinster, Munster, Connacht und Ulster entsprechen. Der Herrscher von Ulster ist um diese Zeit wahrscheinlich eine Art Primus inter Pares unter den Fürsten. Nach seinem Tod geht das Amt auf den Regenten von Meath über.

um 430

Lesen Sie dazu den Geschichte auf S. 30

Der christliche Missionar Patrick trifft mit einer Gruppe von Mönchen in Meath ein. Der in Britannien geborene Sohn eines römischen Beamten wurde als 15-Jähriger von Piraten als Sklave nach Irland verschleppt und lernte dort die religiösen Bräuche der Kelten kennen. Schließlich gelang ihm die Flucht. Bald darauf ließ er sich in seiner Heimat zum Geistlichen weihen und entschloss sich nach einer nächtlichen Vision, die christliche Botschaft in Irland zu verkünden.

Wie genau er die Kelten bekehrt, ist nicht bekannt. Doch sehr wahrscheinlich predigt er zuerst mit der Erlaubnis des Fürsten von Meath, des bedeutendsten Herrschers der Insel. Sicher ist dies: Patrick – der nicht der erste Missionar in Irland ist – pflegt gute Beziehungen zu mehreren Adeligen, lässt in vielen Siedlungen Kirchen bauen sowie zahlreiche Klöster gründen.

BRAM STOKER

1847–1912

Dass Irland auffällig viele renommierte Schriftsteller hervorbringt, liegt wohl auch an seiner bewegten Geschichte. So lässt sich Bram Stoker für seinen Vampirroman »Dracula« von irischen Legenden inspirieren

um 600

Nach wie vor leben noch Anhänger der keltischen Religion und Christen offenbar friedlich miteinander. Dies lässt ein Gesetz vermuten, das Geistlichen verbietet, Zuwendungen von Heiden anzunehmen.

795

Lesen Sie dazu den Geschichte auf S. 20

Wikinger aus Norwegen überfallen nahe der Dublin Bay erstmals eine Siedlung in Irland. Da sie vor allem vom Reichtum der Klöster angelockt werden, häufen sich in den folgenden Jahren ihre Raubzüge.

um 800

Im Kloster Iona erschaffen Mönche das „Book of Kells": ein reich verziertes Evangeliar, in dem sie keltische Ornamente mit christlichen Symbolen kombinieren und Zierbuchstaben mit exakt gezeichneten Heiligenporträts schmücken, die mit bloßem Auge kaum sichtbar sind. Von mittelalterlichen Historikern wird das Buch als „Engelswerk“ gelobt.

837

Wikinger greifen Irland mit großen Flotten von jeweils 60 Schiffen an. Sie verwüsten weite Gebiete in der Region des heutigen Dublin. In den folgenden Jahren machen sie „die Insel zu einem Land der Plünderung und Eroberung“, klagt ein Chronist.

841

Wikinger erobern einen Ort an der Ostküste und richten einen Seestützpunkt ein, den sie Dyflinni (Dublin) nennen. Von dort aus segeln sie zu Raubzügen nach Schottland. Auch in Limerick, Waterford und Wexford übernehmen Nordmänner bald die Herrschaft.

853

Der norwegische Prinz Olaf wird in Dublin zum „König aller Skandinavier in Irland“ proklamiert. Die Wikinger sind jetzt die Herren der Insel, obgleich sie nur kleine Territorien direkt beherrschen. Nun beginnen sie sich als Kaufleute zu etablieren und ihre Städte zu Handelszentren auszubauen – ohne Plünderzüge ganz aufzugeben. Viele von ihnen lassen sich taufen.

1005

Brian Boru, der Fürst von Munster, nimmt nach mehreren erfolgreichen Kriegszügen gegen andere Fürsten den Titel „Kaiser der Iren“ an; so jedenfalls überliefert es das „Buch von Armagh“, eine der bedeutendsten irischen Chroniken des Mittelalters.

OSCAR WILDE

1854–1900

Mit satirischen Komödien provoziert der Autor die Bürger seiner Wahlheimat London. Wildes Karriere endet jäh, als er 1895 wegen Homosexualität eingekerkert wird

1014

Vor den Toren Dublins kommt es zu einer Schlacht zwischen Brian Boru und von ihm bedrängten skandinavischen Adeligen. Der Kaiser wird tödlich verwundet, dennoch sind seine Truppen siegreich und beenden damit die Herrschaft der Wikinger in Irland endgültig. Die Regenten der Stadt sind fortan meist Fürsten unter wechselnder irischer Oberhoheit. Und die skandinavischen Untertanen vermischen sich bald mit der heimischen Bevölkerung. Brians Nachfahren gehören fortan zu den bedeutendsten irischen Fürsten, doch den Titel „Kaiser“ führt keiner von ihnen.

1066

Der normannische Herzog Wilhelm wird in der Kathedrale von Westminster zum englischen Herrscher gekrönt. Zuvor hatte sich der Nachfahre von Wikingern (die um 900 weite Teile Nordfrankreichs erobert haben) in einer Schlacht nahe der südenglischen Stadt Hastings gegen einen Rivalen um das Erbe des kinderlos verstorbenen Königs Eduard durchgesetzt. Nun enteignet Wilhelm den englischen Adel und vergibt dessen Ländereien als Lehen an normannische Edelleute. Diese „Anglo-Normannen“ stützen als schwer bewaffnete Ritter nun die englische Krone.

1155

Der in der Nähe von London geborene Papst Hadrian IV. überträgt dem im Jahr zuvor gekrönten König Heinrich II. von England die Lehnshoheit über Irland. Da die weltliche Macht von Gott gegeben sei, sieht sich der Papst dazu berechtigt; er selbst erhofft sich so größeren Einfluss auf die weitgehend unabhängige irische Kirche. Doch Heinrich II. setzt den Anspruch auf die Nachbarinsel vorerst nicht durch, weil die Herrschaft in seinen Kernlanden – der Normandie und England – noch nicht vollkommen gesichert ist.

1166

Lesen Sie dazu die Geschichte ab S. 22

Im Kampf lokaler Fürsten um die Vormacht über Irland verliert Dermot MacMurrough, der Herrscher von Leinster, eine wichtige Schlacht und wird von der Insel vertrieben. Daraufhin sichert er sich in England die Unterstützung Heinrichs II., den er im Gegenzug als Lehnsherrn anerkennt. Anschließend wirbt er in dessen Reich anglo-normannische Söldner an, mit deren Hilfe er Leinster zurückerobert. Ab 1170 lassen sich dort viele Anglo-Normannen nieder und bringen in den folgenden Jahren weite Teile Ostirlands unter ihre Kontrolle. Einer von ihnen – der Earl Richard FitzGilbert, genannt Strongbow – heiratet Eva, eine Tochter Dermots.

1171

Als Dermot MacMurrough im Frühjahr stirbt, lässt sich Strongbow zu dessen Nachfolger proklamieren. Das ist ein Traditionsbruch, gegen den sich zahlreiche Adelige mit Unterstützung von Dermots altem Rivalen, dem Herrscher von Connacht, zur Wehr setzen. Doch die Truppen des Anglo-Normannen schlagen die keltischen Gegner.

Lesen Sie dazu die Geschichte ab S. 22

Obwohl Strongbow Heinrich II. seine Treue versichert, setzt der König mit einer großen Armee im Spätsommer nach Irland über, um seine Macht zu demonstrieren – im Gepäck die päpstliche Besitzurkunde von 1155. Sein Heer ist so gewaltig, dass fast alle irischen Fürsten die Oberhoheit des Engländers kampflos anerkennen; damit ist die Insel de facto zur englischen Kolonie geworden.

Anschließend ordnet Heinrich II. die Verhältnisse auf der Insel neu: Strongbow übereignet er Leinster als Lehen, und die Region um Dublin erklärt er zum Besitz der englischen Krone. In den folgenden gut 50 Jahren bringen die Engländer drei Viertel des Landes durch Bestechung und Waffengewalt unter ihre Kontrolle.

1210

Englands neuer König Johann I. setzt eine ihm verantwortliche Regierung in Irland ein, um die dort weitgehend unabhängig herrschenden Kolonisten zu entmachten. Zudem lässt er in den englisch beherrschten Regionen Städte und Grafschaften gründen, in denen er loyale Untertanen ansiedelt.

1297

Unter König Eduard I. dürfen Irlands anglo-normannische Bischöfe, Äbte und Adelige erstmals ein Parlament wählen, in dem ab 1300 auch wohlhabende Bürger vertreten sind. Im Gegenzug sichern die Abgeordneten dem Monarchen finanzielle Unterstützung für einen Krieg zu, den er gegen Schottland führt. Zwar hat die Kammer fortan grundsätzlich das Recht, Gesetze zu erlassen, doch ist ihr das englische Parlament übergeordnet: Gegen Regelungen, die in Westminster für Irland beschlossen werden, besteht kein Vetorecht; nur über Steuern wird in Dublin entschieden.

1315

Schottlands Herrscher Robert I. the Bruce beauftragt seinen Bruder Eduard mit der Eroberung Irlands. Der nimmt Ulster und Connacht sowie weite Teile Leinsters ein. Doch 1318 scheitert die Invasion, als der Feldherr bei einer Schlacht in Leinster getötet wird.

1361

Englands König Eduard III. schickt seinen Sohn Lionel mit einer Streitmacht nach Irland – weil sich englische Siedler beklagen, dass alteingesessene Adelige sie unterdrückten und nicht gegen Übergriffe von Iren schützten. Mittlerweile leben drei unterschiedliche Bevölkerungsgruppen auf dem Eiland:

- zum einen königstreue englische Neusiedler;
- zum anderen keltische Iren, die teils britische Gepflogenheiten angenommen haben;
- und schließlich die Nachfahren der Anglo-Normannen, deren Sitten sich deutlich von den englischen unterscheiden.

Diese „Anglo-Iren" haben zahlreiche keltische Bräuche übernommen – etwa die Tauschwirtschaft –, vielfach in irische Familien eingeheiratet sowie eine Vorliebe für die gälische Sprache entwickelt. Und anders, als es ihre Pflicht als englische Untertanen ist, folgen sie Lionels Befehlen nicht, sondern üben sich in „diversen Meinungsverschiedenheiten und Debatten", wie er klagt.

1366

Unter Vorsitz Lionels beschließt das Inselparlament das „Statut von Kilkenny": Künftig ist es Mitgliedern englischer Familien untersagt, in irische Clans einzuheiraten. Zudem darf in den Regionen, in denen mehrheitlich Engländer leben, kein Gälisch gesprochen werden. Doch auch diese Verbote machen die Anglo-Iren nicht zu loyalen Untertanen.

1494

Das englische Einflussgebiet ist in den Jahrzehnten zuvor auf einen Küstenstreifen um

GEORGE BERNARD SHAW
1856–1950
Von beißendem Witz sind die gesellschaftskritischen Theaterstücke, etwa „Pygmalion", die dem in Dublin Geborenen 1925 den Nobelpreis für Literatur eintragen

Dublin geschrumpft. Da diese Region immer wieder von irischen Clanführern und Fürsten angegriffen wird, bauen die englischen Siedler einen Schutzwall.

1533

Der römisch-deutsche Kaiser Karl V. aus dem Haus Habsburg sendet Emissäre an den Hof eines anglo-irischen Grafen, um zu prüfen, ob der englische König Heinrich VIII. von Irland aus gestürzt werden könne, weil er eine neue, „anglikanische" Kirche gegründet hat. Denn Karl sieht sich als Schutzherr des katholischen Glaubens. Zwar bleibt ein Angriff auf Britannien aus, dennoch beschließt Heinrich VIII., die englische Herrschaft in Irland zu festigen.

1541

Heinrich VIII. erklärt Irland zur Erbmonarchie, sich zum König und obersten Kirchenherrn der Insel. Doch die Iren lehnen die von ihm begründete anglikanische Kirche ab. Als der Herrscher beginnt, Kirchengut und Ländereien von Rebellen zu konfiszieren, schließen sich katholische Geistliche, Anglo-Iren sowie keltische Iren zusammen und bekennen sich offen zur Papstkirche. Tatsächlich kann der Monarch seine Untertanen nur in Dublin und anderen Städten zur Aufgabe ihrer Konfession zwingen. Auf dem Land ist die politische Macht weitgehend zersplittert: Keltische Clanführer und anglo-irische Adelige erkennen den König zwar zumeist als

London siedelt Zehntausende *PROTESTANTEN* in Irland an – und der Konflikt der Konfessionen eskaliert

WILLIAM BUTLER YEATS
1865–1939
Der erste irische Nobelpreisträger huldigt mit mystischer Poesie seiner Heimat. Und engagiert sich ab 1922 als Politiker im irischen Freistaat

ihren Lehnsherrn an, regieren auf ihren Ländereien jedoch weitgehend unabhängig. Auch deshalb lässt der König zusätzliche Festungen auf der Insel bauen.

1559

Englands Königin Elisabeth I. stellt jede Abweichung vom anglikanischen Ritus sowie das Fernbleiben von Sonn- und Feiertagsgottesdiensten der Staatskirche unter Strafe. Zwar ist das Gesetz in den ländlichen Regionen Irlands kaum durchsetzbar, in den Städten aber sammeln königliche Häscher Bußgelder ein. Doch nach und nach setzt sie in einigen Provinzen Beamte ein, schickt Truppen in Unruheregionen, um englischem Recht auch dort Geltung zu verschaffen.

um 1580

Erstmals werden in Irland Kartoffeln angebaut, wahrscheinlich auf den Gütern des englischen Abenteurers Walter Raleigh. Die aus Südamerika stammende Frucht wird bald zum Hauptnahrungsmittel der ärmeren Bevölkerung, denn sie wächst auf den feuchten Böden der Insel weitaus besser als Getreide. Auch wegen der so verbesserten Lebensmittelversorgung nimmt die Bevölkerungszahl nun rapide zu – von knapp einer Million auf acht Millionen um 1840.

Lesen Sie dazu die Geschichte ab S. 88

1585

Fortan dürfen für das Dubliner Abgeordnetenhaus neben Anglo-Iren auch Parlamentarier keltischer Abstammung gewählt werden.

1593

Lesen Sie dazu die Geschichte ab S. 34

Grace O'Malley – eine irische Piratin, die seit fast fünf Jahrzehnten die Meere um Britannien unsicher macht – trifft Königin Elisabeth I., um ihr zu versichern, dass sie nur noch Schiffe der Feinde Englands kapern werde. Daraufhin entlässt die Monarchin den zuvor festgenommenen Sohn der Freibeuterin aus der Kerkerhaft. Grace, um 1530 als Tochter eines Clanführers geboren, ist als Piratin weitaus erfolgreicher als ihre männlichen Kollegen.

1594

Lesen Sie dazu die Geschichte auf S. 46

Weil Elisabeth I. ihren Herrschaftsanspruch auch in Ulster durchsetzen will, ruft Hugh O'Neill, der Earl von Tyrone, zum Aufstand der katholischen Inselbewohner auf. Nach einem Sieg 1598 über 4000 Besatzungssoldaten greift die Rebellion auf die ganze Insel über. Doch nach neun Kriegsjahren muss der Earl am 30. März 1603 vor der feindlichen Übermacht kapitulieren und später mit 100 Gefolgsleuten aufs Festland fliehen.

1609

Lesen Sie dazu die Geschichte auf S. 46

Jakob I., Elisabeths Nachfolger als König von England, Irland und Schottland, beginnt die Plantation of Ulster: In den folgenden Jahren siedelt die Krone in der Nordprovinz – zumeist auf dem Land der 1607 geflohenen Adeligen – rund

JAMES JOYCE

1882–1941

Der Autor des »Ulysses« spürt in vielen seiner Werke dem Leben der Dubliner nach. Er selbst lebt lange Zeit in Paris und Zürich, wo er seine letzte Ruhestätte findet

ELIZABETH BOWEN

1899–1973

Die anglo-irische Schriftstellerin lebt als Kind in einem Herrenhaus in der Grafschaft Cork: in einer untergehenden Welt, die sie 1929 in dem Roman »Der letzte September« psychologisch ausleuchtet

20 000 Engländer und 10 000 Schotten an, darunter zahlreiche radikal-protestantische Presbyterianer, denen weitere Siedler folgen werden. Bis dahin haben in Ulster rund 150 000 Menschen katholischen Glaubens gelebt. Dies ist der Ausgangspunkt des bis heute andauernden Konflikts zwischen Protestanten und Katholiken im Norden Irlands.

1613

König Jakob übereignet den Bürgern Londons die während des Neunjährigen Krieges zerstörte Stadt Derry in der Provinz Ulster. Die neuen Besitzer siedeln dort englische und schottische Bürger an, die dem Ort den Namen Londonderry geben (katholische Iren nennen die Stadt bis heute Derry).

1625

Gegen den Verzicht auf die Strafgelder für die versäumten Besuche anglikanischer Messen sowie weitere Erleichterungen für Katholiken gewährt das Dubliner Parlament dem neuen englischen König Karl I. Mittel zur Finanzierung eines Krieges gegen Spanien. Der protestantische Herrscher ist auf die katholischen Iren angewiesen, da ihm das Parlament in Westminster im Konflikt mit Madrid das Geld verweigert.

1633

Thomas Wentworth, königlich-englischer Statthalter in Irland, hebt die Zugeständnisse, die Karl I. den Katholiken gewährt hat, kraft seines Amtes auf und konfisziert weitere Ländereien. Damit schwächt er die Loyalität der Untertanen gegenüber der Krone.

1641

Unter Führung adeliger keltischer Iren beginnt in Ulster ein Aufstand gegen die englischen Besatzer. Doch bald verlieren die Anführer die Kontrolle über ihre bäuerlichen Gefolgsleute, deren Wut sich vor allem gegen die Presbyterianer richtet: Binnen weniger Wochen sterben mehr als 10 000 protestantische Siedler – getötet von Katholiken oder gestorben durch Hunger und Vertreibung.

1642

Während in England ein Streit Karls I. mit dem Parlament zum Bürgerkrieg eskaliert, gründen die irischen Aufständischen die „Konföderation von Kilkenny“, eine Art Parlament, das weite Teile der Insel unabhängig von England regiert.

1649

Lesen Sie dazu die Geschichte ab S. 48

Karl I. wird von seinen Gegnern in London hingerichtet. Bald darauf übernimmt in England der Heerführer Oliver Cromwell die Macht. Um die irischen Rebellen niederzuwerfen, zieht Cromwell im Sommer 1649 mit 12 000 Soldaten auf die Insel, lässt aus Rache für die Massaker an seinen Glaubensbrüdern die Einwohner mehrerer Städte ermorden, zerschlägt die Konföderation von Kilkenny und stellt die englische Herrschaft weitgehend wieder her. Anschließend belohnt er etwa 10 000 meist protestantische Veteranen seiner Armee mit Landbesitz.

1660

Das Parlament von Westminster erkennt Karl II., den Sohn des 1649 hingerichteten Königs, als Herrscher über England und Irland an, nachdem Cromwell 1658 gestorben und sein Sohn und Nachfolger als Regent zurückgetreten ist.

1688

König Jakob II. – der zum Katholizismus konvertierte Bruder des verstorbenen Karl II. – wird Vater eines Sohnes. Nun fürchten zahlreiche Parlamentarier das Ende der protestantischen Monarchie, zumal der Herrscher bereits zahlreiche Staatsämter an Katholiken vergeben hat.

1689

Die Abgeordneten von Westminster setzen Jakob II. ab und ernennen seine protestantische Tochter Maria und deren Ehemann, den Niederländer Wilhelm von Oranien, zum Herrscherpaar. Das Parlament in Dublin bestätigt den aus England geflohenen Jakob II. als Herrscher Irlands.

Nun will Jakob die Protestanten aus Irland vertreiben und beginnt mit der Belagerung Londonderrys. Doch noch im gleichen Jahr beginnen die Truppen Wilhelms von Oranien mit der Eroberung Irlands: Sie beenden die Belagerung der protestantischen Hochburg Londonderry und zwingen Jakob im folgenden Jahr ins Exil nach Frankreich.

1695

Lesen Sie dazu die Geschichte auf S. 61

Katholischen Iren ist fortan jeder Waffenbesitz verboten. Dies verfügt eines von zahlreichen „Penal Laws“ – Gesetzen des Parlaments in Dublin, welche die Altgläubigen diskriminieren. Bald dürfen etwa katholische Männer keine Protestantinnen mehr heiraten. Zuletzt wird den Papsttreuen 1728 das aktive Wahlrecht entzogen.

1707

England und Schottland vereinigen sich zum Königreich Großbritannien.

1720

Mit dem „Declaratory Act“ bekräftigt und erweitert das britische Abgeordnetenhaus seine legislative Vorherrschaft über Irland: Neben dem Recht, beispielsweise Straf- und Verwaltungsgesetze für das Nachbarkönigreich zu erlassen, zieht Westminster nun auch das Recht der Steuerbewilligung an sich. Gleichwohl tritt das Dubliner Parlament weiterhin zusammen, regelt etwa die Verhältnisse zwischen Großgrundbesitzern und Pächtern.

ab 1775

Als die Bewohner der 13 britischen Kolonien in Amerika beginnen, für ihre Unabhängigkeit zu kämpfen, machen sich viele katholische Iren Hoffnung auf ein souveränes Irland.

1782

Als Zugeständnis an die inzwischen erstarkte irische Unabhängigkeitsbewegung hebt das britische Parlament den Declaratory Act von 1720 auf: Künftig werden ausnahmslos alle Gesetze für das Königreich Irland von Dubliner Abgeordneten verabschiedet.

1791

Angeregt durch die Französische Revolution von 1789, gründet der irisch-katholische Nationalist Theobald Wolfe Tone die „Society of United Irishmen“, um den Briten Reformen abzutrotzen – etwa die Wiedereinführung des allgemeinen Männerwahlrechts sowie (in Kooperation mit den irischen Protestanten) die Stärkung parlamentarischer Rechte.

1793

Die katholischen Iren erhalten das 1728 genommene Wahlrecht zurück. Damit versucht London – das dem revolutionären Frankreich den Krieg erklärt hat –, sich ihre Loyalität zu sichern.

1798

Die United Irishmen beginnen mit Unterstützung aus Frankreich (das Großbritannien schwächen will) einen Aufstand gegen London. Doch die Kolonialherren sind vorbereitet: Die Hauptverschwörer werden schnell festgenommen. Weil zudem französische Truppen zu spät eingreifen, bricht der Aufstand bald zusammen. Theobald

Im Kampf gegen die Briten gründen irische *NATIONALISTEN* immer mehr Geheimbünde

Wolfe Tone, der Anführer der Irishmen, wird festgenommen. Seiner Hinrichtung entzieht er sich durch Selbstmord.

1801

Trotz irischen Widerstands wird die Union Irlands und Großbritanniens zum Vereinigten Königreich vollzogen. Doch nur Irlands protestantische Minderheit ist künftig im Parlament von Westminster vertreten: 100 (später 105) irische Abgeordnete entscheiden nun über alle Gesetzesvorhaben des Vereinigten Königreichs mit. Doch angesichts der Mehrheit von 558 englischen, schottischen und walisischen Abgeordneten können sie praktisch keine eigenen Dekrete durchsetzen.

1829

Mit dem „Catholic Emancipation Act" stellt das Parlament des Vereinigten Königreichs die Katholiken den Protestanten in Irland politisch gleich. Zudem nimmt der erste Altgläubige einen Sitz in Westminster ein. Doch die meist mittellosen Katholiken sind durch das Zensuswahlrecht unterrepräsentiert – und Frauen von Abstimmungen nach wie vor ausgeschlossen.

1845

Große Teile der irischen Kartoffelernte werden durch einen aus den USA eingeschleppten Pilz vernichtet. Auch in den folgenden drei Jahren verderben die Knollen auf den Feldern, mehr als eine Million Menschen verhungern. Nun verlassen immer mehr Iren ihre Heimat: Bis 1855 wandern rund zwei Millionen nach Nordamerika aus. Insgesamt verringert sich die Bevölkerungszahl von 8,5 Millionen vor der Hungersnot auf 3,25 Millionen um 1900.

Lesen Sie dazu die Geschichte ab S. 88

SAMUEL BECKETT
1906–1989
Mit reduzierter Sprache und Handlung will der Nobelpreisträger das Wesentliche am Menschsein herausarbeiten – etwa in »Warten auf Godot«, seinem bekanntesten Werk

1858

Irische Nationalisten gründen in Dublin die „Irish Republican Brotherhood" sowie in New York die „Fenian Movement", die eng miteinander kooperieren. Beide Geheimbünde wollen die Unabhängigkeit der keltischen Heimat militärisch durchsetzen. Sie organisieren 1865 und 1867 Aufstände, die aber erfolglos sind. Anschließend zerstreiten sich die Aktivisten unter anderem über die Frage, wo sie Anschläge verüben sollen: in Irland, England oder in Übersee.

1870

Der protestantische Anwalt Isaac Butt gründet die „Home Government Association", die eine irische Selbstverwaltung innerhalb des Vereinigten Königreichs anstrebt: Neben der Vertretung in Westminster soll ein irisches Parlament über regionale Angelegenheiten entscheiden. Zwei Gesetzesvorlagen („Home Rule Bills") der Association, die mit Unterstützung britischer Konservativer eingebracht werden, scheitern.

1905

Der Journalist Arthur Griffith gründet die Unabhängigkeits-

FLANN O'BRIEN

1911–1966

Wegen seiner labyrinthartigen Erzählweise gilt der Dubliner als Nachfolger von James Joyce. Doch erfolgreich werden O'Briens Bücher erst nach seinem Tod

bewegung „Sinn Féin“ („Wir selbst“). Die Organisation strebt anfangs weitgehende irische Selbstverwaltung an, später dann die vollkommene staatliche Trennung von Irland und Großbritannien – durch passiven Widerstand: Die Bürger sollen keine Steuern mehr zahlen, die Abgeordneten das Londoner Parlament boykottieren.

1912

Im dritten Anlauf findet das Home-Rule-Gesetz eine parlamentarische Mehrheit im Unterhaus – als Gegenleistung der Regierungspartei für die Unterstützung irischer Abgeordneter in einem Streit mit dem Oberhaus. Das Gesetz wird indes zunächst von den Lords blockiert. Doch vor allem die Protestanten im Norden lehnen das Gesetz ab: Sie fürchten, von der katholischen Mehrheit unterdrückt zu werden. Aus Opposition gegen das Home-Rule-Gesetz schließen sich in Nordirland mehrere protestantische Bürgerwehren zur „Ulster Volunteer Force“ (UVF) zusammen.

1913

Protestantische Heckenschutzen der UVF verüben zahlreiche Mordanschläge auf Andersgläubige. Im November gründen Katholiken die „Irish Volunteers“, um für das Home-Rule-Gesetz zu kämpfen.

1914

Kurz nach Beginn des Weltkriegs reist Roger Casement, ein Vertreter der Irish Volunteers, nach Deutschland, um für Unterstützung eines Aufstands gegen England zu werben. Im gleichen Jahr liefert ein Hamburger Waffenhändler Gewehre an die protestantischen „Ulster Volunteers“ – auf Vermittlung eines ehemaligen britischen Offiziers.

Lesen Sie dazu die Geschichte ab S. 112

1916

Die Anführer der Irish Republican Brotherhood wollen mit radikalen Kämpfern der Irish Volunteers am Ostersonntag einen Aufstand gegen die Briten wagen. Doch kurz zuvor bringt die englische Marine einen Frachter auf, der 20 000 Gewehre an die Aufständischen liefern sollte, die die deutsche Armeeführung nach Verhandlungen mit Casement zur Verfügung gestellt hat. Zwar ist die Rebellion damit de facto bereits gescheitert. Dennoch besetzen am Ostermontag 1000 Männer und Frauen unter der Führung der Brotherhood-Rebellen Patrick Pearse und Tom Clarke öffentliche Gebäude in Dublin und proklamieren eine provisorische irische Regierung. Doch nach einer Woche müssen die Aufständischen vor der britischen Übermacht kapitulieren.

Zahlreiche Anführer werden wegen Hochverrats zum Tode verurteilt, darunter Casement, Pearse und Clarke. Während sich die Irish Volunteers von der Niederlage nicht mehr erholen, wird Sinn Féin, deren Führung sich an dem Osteraufstand nicht beteiligt hat, zur wichtigsten Organisation des Unabhängigkeitskampfes.

1918

Bei den Wahlen zum Londoner Unterhaus kandidieren aus taktischen Gründen auch Vertreter der antibritischen Sinn Féin – und gewinnen 73 der 105 irischen Mandate. Bis dahin hatten die Befürworter einer Selbstverwaltung, wie sie das Home-Rule-Gesetz vorsieht, die Mehrheit.

1919

Lesen Sie dazu die Geschichte auf S. 127

Ihrem Programm entsprechend nehmen die Sinn-Féin-Abgeordneten ihre Parlamentssitze nicht ein, sondern bilden ein Dáil Eireann („Irische Versammlung“) genanntes provisorisches Parlament in Dublin, rufen die Unabhängigkeit aus und wählen im April Éamon de Valera zum Regierungschef Irlands. Zugleich gründen Aktivisten der Sinn Féin als Nachfolgerin der zerschlagenen Irish Volunteers die „Irish Republican Army“ (IRA). Ende Januar beginnt sie mit dem Mord an zwei Schutzpolizisten eine Serie von Anschlägen, die sich vor allem gegen britische Zivilisten, Soldaten und Institutionen richten. Denn für einen offenen Krieg gegen die Besatzer ist die IRA zu schlecht ausgerüstet und zu schwach.

1921

Nachdem die IRA allein im Jahr zuvor 230 Menschen ermordet hat, sieht sich London zu einem Kompromiss genötigt: Irland soll sich eine eigene Verfassung geben und fortan von Dublin aus als „Freistaat" regiert werden, also eine weitreichende Souveränität genießen.

Doch sechs der neun Grafschaften der nordirischen Provinz Ulster entscheiden sich dafür, weiterhin dem Vereinigten Königreich anzugehören. Fortan ist die Grüne Insel geteilt – in den katholischen Freistaat und das britisch-protestantische „Nordirland".*

Auch der Süden aber bleibt mit Großbritannien weiterhin in vielen Fragen verbunden. So ist König Georg V. beispielsweise weiterhin Irlands Staatsoberhaupt, dem die Dubliner Volksvertreter Treue schwören müssen. Zudem unterhalten die Briten künftig Flottenstützpunkte an der irischen Küste. Viele Katholiken sehen in dem Kompromiss daher einen Verrat an ihrem Ideal einer irischen Nation.

1922

Lesen Sie dazu die Geschichte auf S. 126

Zerstritten über den Kompromiss mit Großbritannien, tritt Sinn Féin bei den Wahlen zum irischen Parlament mit zwei Listen an: Die Vertreter von Sinn Féin Pro-Treaty erringen 58 Sitze, die von Sinn Féin Anti-Treaty 36. Insgesamt kommen die Befürworter des Vertrags auf 92 Mandate, die Gegner auf 36. Die IRA wird nun zum Kern der regulären Armee des Freistaats Irland. Doch manche IRA-Kämpfer („Irregulars"), die mit dem Erreichten unzufrieden sind und die Briten auch aus Ulster vertreiben wollen, stürzen das Land in einen Bürgerkrieg.

BRENDAN BEHAN

1923–1964

Der ehemalige IRA-Aktivist schreibt auf Englisch und Gälisch. Sein außergewöhnliches Talent für rasante Dialoge prägt seine Dramen und Romane

1923

Mit Waffenhilfe der Briten und zahlreichen Freiwilligen zwingen irische Regierungstruppen die IRA-Kämpfer der Irregulars im Frühjahr zur Waffenruhe. Wohl 2000 Iren sind während der Wirren ums Leben gekommen, 12 000 Irregulars werden inhaftiert, zahlreiche Protestanten haben den Süden während der Kämpfe verlassen

1939

Im Zweiten Weltkrieg bleibt Irland neutral. Doch IRA-Männer helfen der deutschen Wehrmacht unter anderem bei Vorbereitungen zu einer geplanten Invasion in England und Irland und verüben Anschläge in England.

1949

Irland löst alle noch verbliebenen Verbindungen zur britischen Krone und erklärt sich zur unabhängigen Republik – 778 Jahre nach der Landung Heinrichs II.

1966

Attentäter der Ulster Volunteer Force erschießen einen Katholiken in Nordirlands Hauptstadt Belfast. Die seit dem Ende des Ersten Weltkriegs inaktive Terrorgruppe hat sich reaktiviert – angeblich um Krieg gegen die (illegale und kaum noch agierende) IRA zu führen. Tatsächlich ermorden die UVF-Kämpfer aber zunächst unschuldige Bürger.

1967

Nordirische Katholiken gründen die Bürgerrechtsorganisation „Northern Ireland Civil Rights Association" (NICRA), um unter anderem gleiches Stimmrecht bei Kommunalwahlen sowie Chancengleichheit auf dem Arbeitsmarkt und bei der Vergabe von Sozialwohnungen einzufordern.

1968

Nordirlands Innenminister verbietet einen Protestzug der NICRA durch Londonderry. Als die Katholiken dennoch demonstrieren, treibt sie die Polizei mit äußerster Brutalität auseinander.

1969

Lesen Sie dazu die Geschichten ab S. 144 und S. 158

Anlässlich des 280. Jahrestags des Siegs Wilhelms von Oranien über die papsttreuen Belagerer Londonderrys demonstrieren Protestanten vor einem katholischen Viertel der Stadt. Die daraufhin ausbrechenden Straßenschlachten kann erst die zwei Tage später eintreffende britische Armee beenden. Nach weiteren Unruhen in Belfast

* Nordirland wird auch Ulster genannt, obwohl es mit der historischen Provinz nicht identisch ist. Diesem Sprachgebrauch schließt sich GEO*EPOCHE* an.

und Londonderry schickt London zusätzliche Truppen, die in den Städten katholische von protestantischen Wohnvierteln trennen – anfangs durch Stacheldraht, später mit meterhohen Mauern. Nun reorganisiert sich auch die IRA, um für den Anschluss an die Republik zu kämpfen. Finanziell unterstützt wird sie unter anderem von irischstämmigen Amerikanern.

1970

Protestantische und katholische Terrorgruppen verüben mehr als 150 Bombenanschläge, im Jahr darauf sogar mehr als 1000. Insgesamt kommen in diesen 24 Monaten 208 Menschen ums Leben.

1972

Soldaten erschießen am letzten Januarsonntag 13 katholische Teilnehmer einer Demonstration in Londonderry – nach Angaben der Armee angeblich bewaffnete Gewalttäter. Doch ein offizieller Bericht kommt später zu dem Schluss, die Opfer des „Bloody Sunday“ seien unbewaffnet gewesen.

Lesen Sie dazu die Geschichten ab S. 144 und S. 158

1973

Irland und das Vereinigte Königreich treten der Europäischen Gemeinschaft bei. Vor allem die Grüne Insel profitiert vom gemeinsamen Markt und Subventionen der EG. Zudem siedeln sich bald Konzerne in der Republik an. Erskine Childers wird Staatsoberhaupt der Republik, der erste Protestant auf diesem Posten.

1979

Bei mehreren Attentaten tötet die IRA 18 britische Soldaten sowie den ehemaligen Vizekönig von Indien, Earl Mountbatten. Insgesamt explodieren in diesem Jahr 422 Bomben; 125 Menschen werden getötet.

1981

Um als politische Gefangene anerkannt zu werden, beginnen inhaftierte IRA-Aktivisten einen Hungerstreik, der für zehn Männer tödlich endet.

1983

Der Nordire Gerry Adams wird Vorsitzender von Sinn Féin. Bei den Wahlen zum britischen Parlament gewinnt er ein Mandat, das er der Parteitradition folgend nicht wahrnimmt. Adams, einst in der katholischen Bürgerrechtsbewegung aktiv, ist früh verdächtigt worden, eine IRA-Einheit zu kommandieren, und wurde daher 1972 mehrere Monate ohne Gerichtsverhandlung interniert. Nach seiner Entlassung war er angeblich ein Top-Stratege der Terrororganisation. Seit den späten 1970er Jahren erklärt er, ein militärischer Sieg der IRA sei unwahrscheinlich.

EDNA O'BRIEN
GEB. 1930
Immer wieder thematisiert die in London lebende Schriftstellerin die bigotte Enge der irischen Provinz – und die Versuche junger Katholikinnen, ihr zu entkommen

1984

Die IRA verübt einen Bombenanschlag auf eine Versammlung der in London regierenden Konservativen Partei, um Premierministerin Margaret Thatcher und ihr Kabinett zu töten. Thatcher und die Minister überleben, fünf Politiker aber sterben.

1985

Großbritannien und Irland schließen ein Abkommen, um Nordirland zu befrieden: Die Republik erkennt die britische Herrschaft im Norden an, London räumt Dublin ein Mitspracherecht in der Verwaltung der Region ein; beide Regierungen bilden eine gemeinsame Beratungskommission mit Sitz in Belfast. Doch weder die IRA noch die militanten Protestanten erkennen das Abkommen an. Seit 1969 haben Mitglieder der IRA fast 1400 und radikale Protestanten rund 700 Menschen ermordet.

ab 1990

In der Republik Irland, dem einstigen Armenhaus der Europäischen Union, siedeln sich aufgrund extrem niedriger Steuersätze und der gut ausgebildeten, englischsprachigen Bevölkerung zahlreiche internationale Konzerne an. Da die kaum staatlich regulierten Banken zudem großzügig Hypothekenkredite vergeben, boomt der Immobilienmarkt, wächst Irlands Wirtschaft rasant.

1993

Die britische und die irische Regierung bieten allen am Nordirlandkonflikt beteiligten Gruppen Friedensgespräche an – sofern sie die Gewalt beenden.

1994

Die IRA erklärt einen Waffenstillstand. Darauf verkünden militante Organisationen der Protestanten, darunter die UVF, ebenfalls einen Gewaltverzicht. Es ist der Beginn des irischen Friedensprozesses (obwohl die Waffenruhe mehrmals gebrochen wird).

1996

Lesen Sie dazu die Geschichte ab S. 132

Die letzte Magdalenen-Wäscherei schließt – eine kirchliche Einrichtung, in der vor allem ledige Mütter oft jahrelang Zwangsarbeit verrichten mussten. Das erste dieser nach Maria Magdalena benannten Heime in Irland hat eine Anglikanerin 1765 zur Unterstützung Not leidender Frauen gegründet. Später betreiben Nonnen solche Einrichtungen, in denen alleinerziehende – nach katholischem Verständnis also „sündige" – Mütter zur Strafe in kommerziellen Wäschereien schuften müssen (von 1922 bis 1996 gut 10 000 Frauen). Viele ihrer Kinder sterben: In den Magdalenen-Heimen und ähnlichen Mother and Baby Homes kommen vermutlich insgesamt mehr als 6000 Babys um. Hunderte werden, oft gegen den Willen der Mutter, von den Nonnen zur Adoption weggegeben, in vielen Fällen sogar schlicht verkauft.

SEAMUS HEANEY
1939–2013
Der Bauernsohn aus der Grafschaft Londonderry erhält 1995 als vierter Ire den Literaturnobelpreis. Inspiration für seine Verse findet er vor allem in der Natur

1998

Nach zweijährigen Verhandlungen unterzeichnen Großbritannien und Irland sowie die protestantischen und katholischen Parteien das „Karfreitagsabkommen". Dieser Friedensvertrag sieht den Verbleib Nordirlands bei Großbritannien vor, solange sich die Bürger der Region nicht in einem Referendum für die Vereinigung mit dem Süden entscheiden. Zudem soll Nordirland fortan von einer Koalitionsregierung aus Katholiken und Protestanten verwaltet werden, und Nordiren ist es gestattet, neben der britischen auch die irische Nationalität anzunehmen. Im Mai 1998 stimmen 71 Prozent der Bewohner Ulsters und 94,4 Prozent der Bürger der Republik dem Abkommen zu. Damit ist der Nordirland-Konflikt offiziell beigelegt. In den folgenden Jahren werden die Grenzbefestigungen zwischen den beiden EU-Staaten abgetragen.

2000

Eine internationale Kommission kontrolliert die Zerstörung eines großen Waffenlagers der IRA. Doch zwei Abspaltungen, die „Real IRA" und die „Continuity IRA", verüben auch künftig noch Anschläge.

2008

Irlands Immobilienmarkt bricht in der weltweiten Finanzkrise fast völlig zusammen: Die Immobilienpreise fallen, viele Hauseigentümer können weder Zinsen zahlen noch ihre Hypotheken bedienen, sodass Banken vom Konkurs bedroht sind. Um sie zu retten, verstaatlicht die Regierung Geldhäuser und kauft mit Geld aus dem Staatshaushalt Schrottkredite auf – was die Republik immer tiefer in eine Schuldenkrise treibt.

Lesen Sie dazu die Geschichte ab S. 166

2010

Irland ist überschuldet, kaum eine Bank ist noch bereit, dem Staat Kredite zu gewähren. Um die Staatspleite abzuwenden, beantragt die Regierung Hilfe aus dem „EU-Rettungsschirm": Kredite, für die andere Länder bürgen. Im Gegenzug muss sich Irland zu sparsamer Haushaltsführung verpflichten, um die Staatsschulden abzubauen.

2013

Ende des Jahres sind die Schulden Irlands so weit reduziert, dass die Regierung wieder Kredite am Geldmarkt aufnimmt und auf weitere Hilfen aus dem EU-Rettungsschirm verzichtet.

2014

Während die Wirtschaft der Euro-Staaten durchschnittlich per annum um kaum mehr als ein Prozent wächst, legt Irland in diesem Jahr um rund fünf Prozent zu – Tendenz steigend. Denn zum einen siedeln sich dank der noch immer niedrigen Unternehmensteuern wieder Konzerne an, zum anderen steigt aufgrund staatlicher Hilfen und günstiger Preise die internationale Nachfrage nach klassischen irischen Produkten: Butter, Käse und Whiskey. ◊

AUS DER REDAKTION

STOFFBILDER

Valerie Wilson & Joanne Pollock, Ulster Museum

Im Stile des berühmten Teppichs von Bayeux aus der Zeit um 1070 haben die zwei Mitarbeiterinnen des Belfaster Museums, unterstützt von zahlreichen freiwilligen Helfern, Bilder auf eine Dutzende Meter lange Stoffbahn gestickt – allesamt Szenen aus der Mittelalter-Fantasy-Serie „Game of Thrones“, die zu einem großen Teil in Nordirland gedreht worden ist. Die akribischen Handarbeiten zieren den Beitrag über den Normannenfürsten Strongbow ab Seite 22.

HEFTKONZEPT

Frank Otto & Johannes Teschner

Der stellvertretende Chefredakteur und der für diese Ausgabe verantwortliche Textredakteur ergänzten sich gut: Otto hat ein Buch über die irische Geschichte verfasst, Teschner bereiste die Insel in Vorbereitung auf das Heft und konnte so vor Ort erleben, wie sehr die Vergangenheit das irische Selbstbild noch immer prägt.

VERIFIKATION

Olaf Mischer

Der Faktenprüfer erkannte vor allem eines: Für eine mittelgroße Insel hat Irland eine überaus komplexe Geschichte.

AUTOR

Jörg-Uwe Albig

Kreuz und quer ist Albig, Autor im Team von GEO*EPOCHE*, für seine Reportage über das heutige Irland (ab Seite 166) durchs Land gefahren, hat mit Einheimischen gesprochen. Ein Ex-IRA-Kämpfer lud ihn nach dem Interview auf ein Guinness ein – in einen Club für Bürgerkriegsveteranen.

BUCHRECHERCHE

Anastasia Mattern

Mehr als 300 Fachbücher, Aufsätze, Atlanten und Bildbände hat die Literaturwissenschaftlerin als Grundlage für die Arbeit am Heft beschafft.

um 1850

Kartoffelfäule

DER GROSSE HUN

ARMUT IST IN IRLAND allgegenwärtig. Viele Bauernfamilien können sich nur Hütten aus Lehm und Stroh leisten, leben mitunter – wie hier zu sehen – sogar in Notbehausungen aus Torf. Doch der Kartoffelanbau garantiert ihnen immerhin eine auskömmliche Ernährung. Solange die Ernten gut sind

Es ist die wohl folgenreichste Katastrophe der irischen Geschichte – ausgelöst durch die unsichtbaren Sporen des Kartoffelpilzes. Die Hungersnot, die Irland Mitte des 19. Jahrhunderts heimsucht, verheert das Land, traumatisiert es und führt zu tiefen Umwälzungen

TEXT: *Oliver Fischer*

Ist das der Jüngste Tag? Hat Gott beschlossen, das Ende aller Zeiten in Irland einzuläuten? Oder weshalb sonst ist das Grauen über die Insel hereingebrochen?

Hunderttausende Hektar Acker sind vernichtet. Die Knollen der Kartoffelpflanze, Hauptnahrungsmittel für Millionen Iren, haben sich im ganzen Land zu widerlich riechendem Brei verwandelt und verbreiten einen Gestank, der nur überboten wird durch die allgegenwärtigen Schwaden der Verwesung.

Frühjahr 1847: Überall liegen Tote an den Straßen. Manchen Leichen fehlt ein Bein oder ein Stück des Gesäßes, denn Hunde oder Schweine haben sie angefressen. Ratten dringen in Bauernhütten ein und nagen zuweilen die noch atmenden Körper der Sterbenden an.

Auch die Lebenden sehen schon aus wie Tote. Augenhöhlen, Rippen und Fingerknochen zeichnen sich scharf unter der fahlen Haut ab. Auf dem Land sieht man diese Gespenster über die Felder stolpern und halb irre vor Hunger in der Erde nach Nahrung wühlen. In den Städten stehen sie zu Hunderten vor den Suppenküchen an – und infizieren sich gegenseitig mit Typhus und Pocken.

Einer der düstersten Flecken inmitten dieser Apokalypse ist Strokestown, eine Siedlung mit 12 000 Einwohnern im Westen Irlands, umgeben von Äckern, Weiden und Sümpfen. Die meisten Menschen leben in einer kaum überschaubaren Zahl von Bauernhütten in der Ebene rund um die Stadt: eine Ansammlung von Slums. In den zugigen Katen, erbaut aus Lehm, Stein, Stroh und Gras, brechen immer wieder Krankheiten aus, Masern, Keuchhusten und Cholera gehen um. Schon vor der Kartoffelseuche war hier ein Elendsgebiet.

Die ohnehin geschwächten Menschen haben der Auszehrung durch den Hunger nun wenig entgegenzusetzen, und so sterben sie in Strokestown schneller als anderswo. An vielen Morgen ziehen Prozessionen von Eseln über die Feldwege zum Friedhof, auf ihren Rücken die Toten der letzten Nacht: bis zu 20 Leichen täglich, bedeckt nur mit Matten oder den eingenässten Lumpen, in denen sie verendet sind. Särge kann sich kaum jemand leisten in dieser Gegend.

Im Sommer 1847 schafft es ein Mann, dieses Elend noch zu vergrößern: der Gutsbesitzer Denis Mahon, der mit seiner Familie in einem säulenverzierten Herrenhaus am Rande von Strokestown residiert. Er ist Herr über 4450 Hektar Land, auf dem fast alle Menschen hier wohnen und arbeiten.

Und mitten in der größten Hungersnot der irischen Geschichte entscheidet Mahon, weit mehr als 1000 Pachtverträge zu kündigen und die Bewohner der Flächen nach Ablauf der Kündigungsfrist zu vertreiben – das sind etwa 8000 Menschen. Denn all diese Bauern und Landarbeiter, die auf ihren meist kleinen Äckern kaum so viel ernten, wie sie zum Leben brauchen, stehen der Sanierung seines hoch verschuldeten Gutshofs im Wege. Er will ihre winzigen Parzellen zu großen Feldern zusammenlegen und dort statt der bis dahin üblichen Kartoffeln das profitablere Getreide anbauen. Nur so, glaubt er, kann er seinen Betrieb vor dem Bankrott retten.

Immer wieder ziehen daher der Gutsverwalter und der örtliche Sheriff, begleitet von Polizisten sowie mehreren Männer durch die Ebene um Strokestown, um Hütten niederzureißen. Den Bewohnern lassen sie nur wenig Zeit, ihre paar Habseligkeiten mitzunehmen.

Barfüßige Kinder schreien, ihre Eltern flehen, doch die Männer schlagen mit Brecheisen die Hüttenwände ein – so will der Gutsherr sicherstellen, dass die Bewohner nicht wieder in ihre Behausungen zurückkehren können. Manchmal zünden die Männer dann noch die Trümmer an, feuchter Qualm wölkt auf, und das Räumkommando zieht weiter.

Binnen weniger Wochen lässt Denis Mahon auf diese Weise rund 1000 Menschen verjagen. Die Vertriebenen richten sich zum Teil notdürftig in Erdlöchern und Gräben ein, die sie mit Strohmatten abgedeckt als Behausung zurechtmachen. Die meisten Bewohner von Strokestown müssen fürchten, als Nächste in einem solchen Loch zu landen.

Die Angst und Wut der Pächter ist so groß, dass bald einige von ihnen beratschlagen, wie sie den Gutsherrn aufhalten können. Irgendwann im Herbst treffen sie sich und beschließen: Denis Mahon muss sterben.

Am Anfang der Not, die über Irland gekommen ist, steht eine neue Nutzpflanze: die Kartoffel. Spanische Seefahrer bringen sie Mitte des 16. Jahrhunderts aus Südamerika nach Europa, wo sie sich in den nächsten 200 Jahren stark verbreitet, besonders in Irland.

Denn in dem milden, feuchten Klima der Insel gedeiht sie hervorragend; schon ein halber Hektar Acker reicht aus, um mit den dort herangezogenen Kartoffeln eine Familie zu ernähren.

Die neue Pflanze verändert das Land radikal. Weitaus mehr Menschen können es sich nun leisten, zu heiraten und Kinder zu zeugen. Da Kartoffeln viele Nährstoffe enthalten, sterben weniger Mütter im Wochenbett, überstehen mehr Säuglinge das erste Lebensjahr. Die Zahl der Einwohner nimmt zu: von 500 000 im Jahr 1660 auf 8,5 Millionen um 1845. Irland ist nun eines der am dichtesten besiedelten Länder Europas.

Viele Menschen essen nichts anderes als Kartoffeln, vermengt mit Buttermilch, Fisch oder Kohl. Es sind eintönige, aber sehr nahrhafte Mahlzeiten: Ein Vergleich von Musterungslisten ergibt, dass die Iren größer gewachsen sind und gesünder als jedes andere Volk Europas.

Und doch leben viele in Armut. Denn vor allem die Menschen, die wenig haben, bekommen die meisten Kinder.

Zudem gehört auch der winzigste Acker fast nie demjenigen, der ihn bestellt. Ein Großteil des fruchtbaren Bodens der Insel ist im Besitz von Gutsherren wie Denis Mahon. Es gibt in Irland insgesamt vielleicht 8000 Großgrundbesitzer, die meisten sind Nachfahren jener protestantischen englischen Siedler, die im 17. Jahrhundert ins Land gekommen sind (siehe Seite 48). Von diesen

IM SCHATTEN des keltischen Kreuzes sind die Gemeinden in Irland über Jahrhunderte stark gewachsen. Vor allem dank der Kartoffel, die im irischen Klima besonders prächtig gedeiht (Dorfplatz auf den Aran-Inseln)

EINE BÄUERIN fegt ihren einfachen Hof. Die Landwirtschaft der Insel ist veraltet und ungerecht: Nur eine kleine Elite hält den Besitz, der Rest muss das Land teuer pachten

UM ZU SPAREN, spinnen viele Iren für den Eigenbedarf Wolle. Manche verdienen sich damit auch ein wenig Geld dazu. Doch einen eigenen Hof können sich die wenigsten leisten

landlords müssen die zumeist katholischen Iren ein Stück Acker oder Weide pachten – selber Land zu besitzen ist ihnen lange Zeit per Gesetz verboten (siehe Seite 60).

Und nur wenige Iren sind wohlhabende Hauptpächter, die in Häusern mit Schieferdächern leben und große Landflächen bewirtschaften. Die allermeisten schlagen sich als Pächter von Pächtern durch, haben oft nur sehr kleine Äcker und wohnen in strohgedeckten Hütten.

Die Hauptpächter verlangen von den Unterpächtern häufig deutlich höhere Mieten, als sie selbst an den Grundherrn zahlen – zuweilen achtmal so viel. (Viele Grundherren leben in Dublin oder in England und interessieren sich in der Regel nicht für solche Details.)

Die Hauptpächter teilen die Felder in immer kleinere Parzellen auf, um möglichst einfach mehr Einnahmen zu erzielen. Für viele Landbewohner reicht es daher gerade noch zur Selbstversorgung.

Da die Unterpächter kaum Geld haben, leisten sie ihre Abgaben durch oft mehr als 200 Arbeitstage jährlich auf den Feldern der Hauptpächter. Doch sie erledigen diesen Dienst meist wenig motiviert, was dazu beiträgt, dass ein Großteil der Höfe sehr unprofitabel arbeitet.

In Strokestown, wie in vielen anderen Orten, gibt es außerdem zahlreiche Pachtgemeinschaften: kleine Hüttensiedlungen mit etwas Land, die mehrere Familien gemeinsam und oft für Jahrzehnte vom Gutsbesitzer gemietet haben. Das Land teilen sie unter sich immer wieder neu auf, genau wie die Pacht.

Die irische Landwirtschaft ist ineffizient, ungerecht und einseitig auf Kartoffeln ausgerichtet. Doch sie kann 8,5 Millionen Menschen einigermaßen versorgen. Jedenfalls in normalen Zeiten.

Ein Schädling von bislang unbekannter Aggressivität aber erreicht Europa im Sommer 1845: der Kartoffelpilz *Phytophthora infestans*. Wahrscheinlich ist er mit einem Schiff, das infizierten Dünger geladen hatte, aus den USA nach Belgien gekommen, von dort verteilt der Wind die Sporen über Frankreich, Deutschland, die Niederlande und die Britischen Inseln. *Phytophthora infestans* zeichnet dunkle Punkte auf die Oberseite der Blätter, färbt sie dann komplett schwarz und dringt ins Erdreich vor, wo die Knollen zu stinkendem Matsch werden.

Binnen weniger Tage verwandelt die Kartoffelfäule ganze Felder in verrottete Vegetation. Forscher versuchen gerade erst, die Ursache dieser neuartigen Krankheit zu verstehen, und wissen nicht, wie man sie stoppen kann.

Ende August 1845 werden im botanischen Garten in Dublin befallene Pflanzen entdeckt. Einen Monat später bemerkt in Strokestown ein Polizist bei einem Kontrollgang auf einigen Kartoffelfeldern schwarz gefärbte Blätter und verfaulte Knollen. Er stuft den Schaden in seinem Bericht als „kaum der Beachtung wert“ ein. Mitte November aber ist klar: Die Krankheit hat in Irland ein Drittel der Ernte vernichtet, in Strokestown sind fast alle Pflanzen vermodert.

Doch die Bewohner der Gegend haben schon manches Mal einen Ernteausfall erlebt. Sie essen zunächst Kohl und anderes, was sie noch haben – und kürzen ihren wenigen Tieren, die ebenfalls Kartoffeln bekommen, das Futter,

DER ALLTAG DER BAUERN ist in jeder Hinsicht schlicht, so fertigen sie etwa primitive Schuhe aus Kuhhaut. Die Gutsherren dagegen leben im Luxus in den Metropolen oder im Ausland. Doch auch sie häufen Schulden an

DIE LANDBEVÖLKERUNG erwirtschaftet kaum Überschüsse, die sie auf dem Markt in der nächsten Stadt verkaufen könnte. Und Tiere werden vor der Krise vor allem als Lasten- und Arbeitshilfen gehalten

um selber länger durchzuhalten. Zudem kündigt der britische Premier Robert Peel Hilfe an (seit sich Großbritannien und Irland 1801 zum Vereinigten Königreich zusammengeschlossen haben, ist London für die Insel verantwortlich). Die Regierung kauft für 100 000 Pfund Mais in den USA und lässt ihn, zu Mehl gemahlen, in die irischen Städte und Dörfer transportieren.

Und sie stellt Geld für staatliche Arbeitsprogramme bereit, bei denen Arme Sumpfland trockenlegen oder Straßen ausbessern. Von ihrem kleinen Lohn, so die Idee, können sie sich dann Maismehl kaufen – nur wer zu schwach zum Arbeiten ist, bekommt es umsonst.

Dadurch will London die irische Wirtschaft langfristig modernisieren, Kleinbauern zu Lohnarbeitern machen.

Auf Wunsch der Regierung gründen Großgrundbesitzer, angesehene Bürger und Geistliche Komitees, die die Hilfe organisieren. In Strokestown übernimmt Mahon den Vorsitz dieses Gremiums.

Der fast 60-Jährige schwankt seinen Pächtern gegenüber immer wieder zwischen Güte und Härte. Die Arbeit im Hilfskomitee geht er voller Eifer an. Er bittet andere Großgrundbesitzer um Spenden, stiftet selber mehr als 200 Pfund, denn der Staat fördert Beschäftigungsprogramme nur, wenn die örtlichen Landeigentümer (die von der geleisteten Arbeit profitieren) sich an den Kosten mindestens zur Hälfte beteiligen.

An einem Tag im Sommer 1846 lässt sich Mahon von seinem Herrenhaus zum neu eingerichteten Maisdepot der Stadt fahren, verteilt dort stundenlang Mehl an die Bedürftigen. 4000 Menschen stehen nun jede Woche vor dem Depot Schlange. Sie hoffen, die Monate bis zur nächsten Kartoffelernte im Herbst zu überstehen – denn niemand kann sich erinnern, dass es je zwei große Missernten nacheinander gegeben hätte.

Doch Anfang August 1846 breiten sich erneut schwarze Flecken an den Blättern der Kartoffelpflanzen aus. Die Seuche ist nicht verschwunden – sondern noch verheerender als zuvor. Nach einer Hitzewelle, gefolgt von starkem Regen, vermehrt sich der Pilz rasant.

Niemand weiß, wie die Krankheit zu bekämpfen ist. Binnen Wochen zerstört sie fast 80 Prozent aller Kartoffeln. Trotzdem stoppt London nun – wie es zuvor bereits geplant war – die Hilfsprogramme für Irland: keine Maislieferungen mehr, keine Arbeitsprogramme.

Es ist nicht so, dass es der Regierung an Geld fehlt; Großbritannien ist die mächtigste Wirtschaftsnation der Welt. Doch viele in der britischen Hauptstadt halten die Iren für ein arbeitsscheues Volk von Müßiggängern, die man auf keinen Fall an staatliche Hilfen gewöhnen darf – ein Vorurteil, zu dem wohl auch die Trägheit beigetragen hat, mit der die Kleinbauern ihren Arbeitsdienst auf den Feldern der Hauptpächter ableisten.

Zudem folgen viele Minister der liberalen Wirtschaftslehre, nach der der Markt ein Ungleichgewicht zwischen Angebot und Nachfrage selbst reguliert.

Ihrer Ansicht nach werden bei einem zu geringen Angebot an Lebensmitteln geschäftstüchtige Kaufleute bald beginnen, Nahrung ins Land zu bringen. Dass solche Marktmechanismen bei einer derart verheerenden Hungersnot nicht greifen – oder nur langsam, sodass in der Zwischenzeit Tausende sterben –, übersehen die Anhänger der reinen Lehre.

Manchen aber ist es wohl auch gleichgültig. Denn viele Briten blicken voller Verachtung auf ihre katholischen

Nachbarn herab, die aus ihrer Sicht einem falschen Glauben anhängen. Und die auf ihren Elendsäckern immer noch rückständig wirtschaften – während in England längst Dampfmaschinen den Takt vorgeben, Fabrikschornsteine rauchen und der Aufbruch in das neue Zeitalter der Industrialisierung begonnen hat.

F

Für die Iren besonders verhängnisvoll ist die Einstellung von Charles Trevelyan, dem für die Irland-Hilfe zuständigen Staatssekretär. Der tieffromme Protestant hält die Kartoffelseuche für eine Vorsehung Gottes: Die rückständige Nachbarinsel solle sich reformieren und den Kartoffelanbau aufgeben; die ertragreiche Nutzpflanze verführe die Iren nur zu Faulheit und zu einer Landwirtschaft, die auf Selbstversorgung ausgerichtet ist.

Gegenüber Vertrauten äußert Trevelyan sogar, die Hungersnot sei eine „großartige Gelegenheit", die angebliche Überbevölkerung in Irland zu reduzieren.

Die armen Einwohner von Strokestown sind verzweifelt über die Entscheidung der Briten, ihre Unterstützung einzustellen. 22 Männer, die nun nicht mehr in einem Arbeitsprogramm Geld verdienen, schreiben einen Brief an das Hilfskomitee um Denis Mahon: „Unsere Familien leiden, und wir können ihre Schreie nach Essen nicht länger ertragen. Unsere Kartoffeln sind verrottet, und wir haben kein Getreide. Wir wollen nichts tun, was den Gesetzen Gottes oder des Staates widerspricht – es sei denn, wir sind dazu gezwungen durch Hunger."

Doch das Komitee in Strokestown kann nichts tun. In der zweiten Oktoberwoche ist das Maisdepot der Stadt leer. Einige Tage später meldet die Lokalzeitung den ersten Hungertoten.

Immer mehr Menschen stehlen nun in ihrer Not Schafe und Rinder von den Weiden der Hauptpächter. Sie brechen Scheunen auf und plündern die letzten Hafervorräte; überfallen durchreisende Geschäftsleute auf der Landstraße.

In ganz Irland wird in diesen Wochen das Verbrechen alltäglich. Aus Angst legen sich vermögende Bauern und Kaufleute Schusswaffen zu. Viele Pächter auf Mahons Landgut erklären nun, sie seien wegen der Missernte nicht in der Lage, ihre im November fällige Miete zu zahlen.

Mahon hält das für einen Vorwand und hat damit in Teilen wohl recht: Schon lange vor der Hungersnot haben zahlreiche Männer in Strokestown ihre Abgaben nicht beglichen, manche seit Jahren nicht. Die Pächter haben inzwischen bei ihm Schulden in Höhe von 13 000 Pfund (mehr als 1,5 Millionen Pfund nach heutigem Wert). Zugleich aber ist Mahon selbst mit 30 000 Pfund verschuldet und kann seine Kredite, wie viele andere Landlords auch, nur mit neu geliehenem Geld zurückzahlen.

Mahon hat das Anwesen erst vor einem Jahr geerbt. Zuvor war er neun Jahre lang kommissarischer Leiter (anstelle eines kranken Cousins), allerdings nur mit eingeschränkten Vollmachten.

Nun will er durchgreifen – mithilfe eines professionellen Gutsverwalters aus Dublin: John Ross Mahon (wohl ein entfernter Verwandter). Der 32-Jährige soll das Anwesen aus den Schulden führen.

Während John Ross Mahon damit beginnt, das Land neu vermessen und die

IM HERBST 1845 erreicht ein aggressiver Kartoffelpilz Irland. Er zerstört bald bis zu 80 Prozent der Ernte. Getreide zu pflanzen (hier ein Bauer bei der Aussaat) lohnt sich auf den meist kleinen Äckern kaum

Bewohner zählen zu lassen, reist der Gutsherr mit seiner Familie nach London. Dort will er die nächsten Monate in einem Luxushotel verbringen, die Theater und Clubs der Hauptstadt besuchen. Er pflegt den typischen Lebensstil der englischstämmigen irischen Oberschicht, der – neben dem ineffizienten Pachtsystem – dazu führt, dass die Schulden der Landlords immer weiter anwachsen.

Sein Verwalter schlägt ihm schon bald einen so simplen wie brutalen Plan zur Sanierung des Gutes vor: Mahon soll zwei Drittel der Bewohner – etwa 8000 Menschen – vertreiben, indem er den Pächtern kündigt, um die frei werdenden kleinen Äcker zu großen Parzellen zusammenzulegen. Auf ihnen soll das verbliebene Drittel der Bauern statt Kartoffeln das profitablere Getreide anbauen oder Viehzucht treiben.

Zahlreiche Großgrundbesitzer entwickeln in dieser Zeit ähnliche Pläne. Doch Denis Mahon zögert. In seinen Antwortbriefen an John Ross nennt er „das Rausschmeißen" etwas „sehr Extremes", schlägt vor, man solle doch wenigstens diejenigen verschonen, die „nichts als Kartoffeln haben" – also faktisch die große Mehrzahl der Bewohner. „Ich möchte nicht hungernde Kreaturen in die Welt hinausschicken ohne irgendeine Möglichkeit, sich zu ernähren", heißt es in einem weiteren seiner Schreiben.

Was ihn zweifeln lässt, sind wohl die Berichte, die ihn aus Irland erreichen: In diesem außergewöhnlich kalten Winter verhungern die Menschen zu Tausenden. Anfang 1847 liegen an vielen Orten Leichen am Straßenrand. Bauern entdecken ganze Familien tot in den Nachbarhütten. Hungernde drängen sich vor den Armenhäusern – doch selbst diese düsteren Anstalten, in denen die Insassen Zwangsarbeit leisten müssen, sind an vielen Orten überfüllt.

Weltweit berichten Zeitungen über das Leiden der Iren. Und die Menschen helfen. Indische Prinzen, Bürger in Sydney und Kapstadt, Cherokee-Indianer in den USA: Sie alle sammeln Geld für Irland. Dazu spenden Würdenträger wie Papst Pius IX. und der Sultan des Osmanischen Reichs. Die Große Hungersnot ist die erste Katastrophe der Geschichte, an der die ganze Welt Anteil nimmt.

Es ist wohl auch diese Aufmerksamkeit, die London dazu bringt, seine Politik etwas zu korrigieren. Suppenküchen sollen die Hungernden kostenlos versorgen: die erste Hilfsleistung der Briten, die es gratis gibt – allerdings nur bis Ende September 1847, denn die Regierung ist nach wie vor von der Angst getrieben, die Iren könnten sich zu sehr an staatliche Unterstützung gewöhnen.

Doch es braucht Zeit, bis auf der Insel genügend Kochkessel verteilt und Rationsmarken gedruckt sind, die an die Bedürftigen ausgegeben werden. Und so geht das Sterben zunächst weiter.

In seinem Londoner Luxushotel ist Denis Mahon immer noch unsicher, ob er dem Vertreibungsplan seines Verwalters zustimmen soll. Aber schon bald dringen neue Vorhaben der britischen Politiker zu ihm. Die Regierung beabsichtigt eine Gesetzesänderung (und verabschiedet sie im Juni), nach der die Iren die Kosten für die neuen Suppenküchen und alle weiteren Hilfen künftig allein zahlen sollen: über eine höhere Armensteuer. Diese Abgabe muss jeder Einwoh-

DAS SUMPFIGE LAND bringt Torf zum Bauen und Heizen hervor. Schon kleine Kinder müssen beim Abtragen des Rohstoffs helfen

VOR DER HUNGERSNOT haben die Menschen aus Kartoffeln sogar Whiskey gebrannt (u.). Durch den Pilz aber gibt es so wenig Knollen, dass die Menschen tausendfach an Unterernährung sterben

ner einer Gemeinde entrichten – es sei denn, das Land, das er bewirtschaftet, ist weniger als vier Pfund wert. Dann muss der jeweilige Landlord zahlen.

Für einen Gutsherrn wie Denis Mahon, auf dessen Ländereien Tausende Unterpächter mit ihren Familien winzige Parzellen bewirtschaften, kommt so ein großer Betrag zusammen. Mahon, ohnehin schon klamm, wäre in kurzer Zeit bankrott. Er muss sich entscheiden: Will er die Armen auf seinem Land schonen – oder das Gut erhalten, das seiner Familie seit mehr als 150 Jahren gehört?

Mitte April 1847 akzeptiert er den Plan seines Verwalters. In einem Londoner Club unterschreibt er mehr als 1000 *notices to quit*: Räumungsaufforderungen, die den Pächtern sechs Monate Zeit geben, ihre Parzellen freiwillig zu verlassen; ansonsten werden sie von Polizei und Soldaten fortgejagt.

Allerdings hat er den Pächtern zuvor noch ein Angebot gemacht: Wer freiwillig geht, dem bezahlt Mahon die Überfahrt nach Amerika. Ein attraktiver Vorschlag: Schon vor der Hungersnot sind 50 000 Iren pro Jahr ausgewandert, um der Armut auf der Insel zu entkommen.

Und so melden sich viel mehr Menschen als geplant. Nicht alle können mit, daher schärft Mahon von London aus seinem Verwalter ein, für die Überfahrt vor allem „die Ärmsten und Schlechtesten“ auszuwählen.

Die knapp 1500 Männer, Frauen und Kinder, die die Reise antreten, versteigern ihre wenigen Habseligkeiten, empfangen den Segen der Priester und machen sich Mitte Mai zu Fuß auf den Weg nach Dublin, von dort geht es über Liverpool nach Québec. Viele verlassen Strokestown voller Dankbarkeit für ihren Gutsherrn, der ihnen den Aufbruch in ein besseres Leben ermöglicht.

Doch die Reise wird zum Desaster: Mahon hat die Überfahrt bei der billigsten Schiffsagentur von Liverpool gebucht. Ein Großteil der Menschen von Strokestown fährt mit der „Virginus“, einem Frachter, der Holz nach England gebracht hat. Für die Fahrt über den Atlantik sind in den großen Laderäumen mit Planken provisorische Zwischendecks eingezogen worden. Dicht aneinandergedrängt sitzen und liegen hier jetzt die Auswanderer, ohne Tageslicht in modriger Luft, in die sich schon bald der Gestank von Exkrementen mischt.

Viele von ihnen sind bereits krank oder stark geschwächt in Strokestown aufgebrochen. Typhus und Ruhr verbreiten sich nun rasch. Trinkwasser und Nahrung reichen längst nicht für die neunwöchige Seereise – auch wenn Denis Mahon für seine Passagiere Extraportionen an Reis, Hafermehl und getrockneten Heringen hat kaufen lassen. Doch die Schiffsagentur hat wahrscheinlich die Vorräte für sich behalten.

Und so hungern viele der Menschen an Bord, die doch eigentlich dem Elend ihrer Heimat entkommen sollten.

Noch ehe die „Virginius“ Ende Juli die kanadische Küste erreicht, sind von 476 Passagieren 147 tot. Weitere 109 sterben auf einer Quarantäne-Insel.

Auf den anderen Schiffen, mit denen die Menschen von Strokestown reisen, sind die Zustände ähnlich verheerend. Von insgesamt 1500 Auswanderern aus der Stadt kommen über 700 um. Mehr als 60 Kinder erreichen Nordamerika als Waisen und werden später von Einheimischen adoptiert.

Zwar sind Auswandererschiffe in diesen Jahren generell als *coffin ships* berüchtigt, als „schwimmende Särge“. Doch das Elend auf den von Mahon gebuchten Kähnen ist beispiellos. Der Chefmediziner der Quarantäne-Insel hält in einem Bericht fest: Die Passagiere aus Strokestown seien „die kränksten, jämmerlichsten und elendsten Geschöpfe“, die er je gesehen habe.

Im Juli 1847 kehrt Denis Mahon nach acht Monaten Abwesenheit zurück nach Strokestown – und zieht schnell Wut und Zorn auf sich. Zwar haben die Einwohner noch nicht vom Leiden ihrer Nachbarn auf den Schiffen erfahren. Doch John Ross Mahon, der Gutsverwalter, marschiert seit Wochen mit seinem Räumkommando durch die Siedlungen.

Etwa 1000 Menschen hat er schon vertrieben, fast 200 Hütten zerstört. (Er hat im Auftrag von Mahon schon Ende 1846 erste richterliche Verfügungen gegen Pächter beantragt, die sich nach Ansicht des Gutsherrn besonders wider-

DOPPELTES UNGLÜCK: Mitten in der Hungersnot vertreiben viele Großgrundbesitzer ihre Pächter, um die Güter zu sanieren (Räumung im County Clare)

VIELE GUTSHERREN lassen Pachthöfe einfach niederreißen. Die Hungersnot hinterlässt ein verheertes Land und eine auf Generationen dezimierte Bevölkerung

spenstig verhalten haben; zur Warnung an alle anderen werden diese Räumungen nun vollstreckt.) Wenn der Verwalter gnädig ist, erlaubt er den Bewohnern, die Strohdächer mitzunehmen: damit sie die Erdlöcher abdecken können, in die viele von ihnen jetzt ziehen.

Noch sind erst 2500 Menschen von dem Landgut weggezogen; 8000 sollen es ja nach dem Sanierungsplan des Verwalters werden. Und so nimmt der Hass zu auf den Landlord, der nun wieder in seinem Herrenhaus am Ende der Hauptstraße residiert. Während nicht weit entfernt Hunderte Einwohner vor der im Mai eröffneten Suppenküche Schlange stehen, bewirtet er seine Gäste mit Wildfleisch und Champagner.

Ende August besucht der Gutsherr zum ersten Mal nach seiner Rückkehr eine Sitzung des Hilfskomitees. In seiner Abwesenheit hat der katholische Pfarrer von Strokestown die Geschäfte geführt. Als Mahon nun vorwurfsvolle Fragen stellt – weshalb sich das Komitee lange nicht getroffen habe; wer die Liste der Hilfeempfänger führe –, fühlt sich der Geistliche gemaßregelt: Er beschimpft Mahon als „dummen Esel" und wirft ihm vor, sich „den Winter über in London amüsiert" zu haben, während in Strokestown Menschen auf den Straßen starben.

Kurz darauf wiederholt der Pfarrer seine Vorwürfe öffentlich, in seiner Kapelle: Der Landlord, erklärt er den Gläubigen, „lässt euch den ganzen Winter über allein. Und kommt zurück und findet all seinen Besitz in Sicherheit. Doch was er euch zurückgibt, ist das Abbrennen und Zerstören eurer Häuser."

Der Widerstand gegen Mahon hat nun eine Stimme.

Die Wut auf den Gutsherrn nimmt noch weiter zu, als im September in der Stadt bekannt wird, wie sehr die Auswanderer auf der „Virginius" und den anderen Schiffen gelitten haben.

In diesen Wochen schließt London wie geplant die Suppenküchen in Irland. Rund 3000 Menschen haben in Strokestown täglich kostenlos eine Mahlzeit bekommen, im ganzen Land bis zu drei Millionen, es war die erfolgreichste Hilfsaktion der Regierung.

Nun aber ist unklar, wie die Menschen die nächsten Monate überstehen sollen. Zwar wachsen auf den Feldern endlich wieder einige gesunde Kartoffeln, was die Regierung in London als Zeichen sieht, dass die Seuche vorbei ist und sie keinerlei zusätzliche Hilfe mehr gewähren sollte. Doch es sind viel zu wenige Knollen – nur ein Drittel der früheren Menge konnte eingepflanzt werden (und in einigen Orten zerstört der Pilz auch diesmal einen Teil der Ernte).

1607 – 2018

FÜR EIN BESSERES LEBEN

Kriege und Katastrophen zwingen Iren über Jahrhunderte in die Emigration. Nie ist die Menge der Auswanderer aber größer als zur Zeit der Hungersnot ab 1845

Keine europäische Nation ist so sehr von Auswanderung geprägt wie Irland: Immer wieder fliehen Bewohner der Insel vor politischer und religiöser Verfolgung, vor Armut und Hunger.

Die erste große Auswanderungswelle ist eine Folge der irischen Niederlage im Neunjährigen Krieg gegen London: Gälische Adelige flüchten mit ihrem Anhang im Jahr 1607 auf den Kontinent, Tausende Soldaten ziehen in die Spanischen Niederlande, wo sie als Söldner dienen.

PER SCHIFF reisen Millionen Iren wie diese Frau mit ihren Töchtern in die USA – auch wenn die Überfahrt gefährlich ist

Zwei Generationen später ist es erneut ein Konflikt mit den Engländern, der die Auswanderung befeuert: Nach Oliver Cromwells verheerendem Feldzug setzen sich nach 1650 Zehntausende irische Soldaten und Offiziere nach Spanien und Frankreich ab; zudem werden Kriegsgefangene, Witwen und Waisenkinder in die Karibik deportiert, wo sie auf englischen Zucker- und Tabakplantagen arbeiten müssen. Und als das Parlament in Dublin ab 1695 strenge Gesetze erlässt, die Katholiken und protestantische Abweichler benachteiligen, wandern in den Jahrzehnten darauf Hunderttausende Katholiken, Presbyterianer und Quäker nach Nordamerika aus.

Als Folge der Großen Hungersnot ab 1845 kommt es zum gewaltigsten Exodus der irischen Geschichte. Hunderttausende ziehen in die englischen Industriestädte, arbeiten beim Eisenbahn- und Kanalbau, schuften auch in Australien oder Neuseeland. Knapp zwei Millionen suchen ihr Heil in den USA. Um 1900 lebt etwa jeder zweite in Irland Geborene außerhalb seines Heimatlandes.

Nach dem Zweiten Weltkrieg kommt es im Süden der Insel wegen der schwachen Wirtschaft zu massenhafter Emigration. Landstriche veröden, Familien zerbrechen.

Heute leben auf der Erde rund 70 Millionen Menschen mit irischen Wurzeln – gut zehnmal so viele, wie die Insel Einwohner hat. Und so feiern am St Patrick's Day die Nachfahren der Auswanderer in den Straßen von New York und Melbourne, färbt sich der Chicago River grün und erstrahlt der Tafelberg in Südafrika in der typisch irischen Farbe.

Inzwischen gibt es auch Migration in die andere Richtung: Da die Wirtschaft der Republik seit zwei Jahrzehnten mit nur kurzen Unterbrechungen wächst, wandern mittlerweile mehr Menschen nach Irland ein als aus.

Kurz darauf entscheidet Mahon, die Hütten von fast 500 weiteren Menschen zu räumen, die ihre Pacht seit Jahren nicht zahlen. Er will das Land an andere Pächter vermieten, die dort Vieh weiden lassen und Getreide anbauen sollen.

Kaum ist dieser Entschluss bekannt, verbreiten sich Gerüchte in der Stadt: In einem Pub sollen 40 Männer über ein Attentat auf Mahon debattiert haben. Manche Einwohner sollen auf der Straße von Bekannten angesprochen und gefragt worden sein, ob sie Geld für den Anschlag spenden. Anfang Oktober werde der Gutsherr sterben, so heißt es. Doch der Termin verstreicht.

Ob der Pfarrer von diesen Plänen weiß, ist nicht bekannt. Doch als er am 1. November 1847 an den Altar seiner Kapelle tritt, klagt er den Gutsherrn wieder wegen der Vertreibungen an und ruft in den voll besetzten Raum: „Mahon ist schlimmer als Cromwell – und dennoch am Leben.“ Das ist eine kaum kaschierte

Aufforderung zum Mord. Tags darauf ist Denis Mahon in einem Nachbarort und besucht eine Sitzung des zuständigen Rats für die Armenversorgung. Er weiß, wie erbittert ihn viele in Strokestown mittlerweile hassen. Seit Wochen schon verlässt er das Herrenhaus nicht mehr ohne Pistole.

Und doch ist er unvorsichtig, als er sich um 17 Uhr auf den Heimweg macht: Er entscheidet sich, seinen offenen Pferdewagen selbst zu lenken. Sein Kutscher sitzt im niedriger gelegenen Fond des Fuhrwerks, während der Gutsherr oben auf dem Kutschbock thront, schon von Weitem deutlich sichtbar, selbst an einem düsteren Novemberabend. Neben ihm nimmt ein Arzt aus Strokestown Platz, der bei der Sitzung des Rats dabei war.

Während der Wagen durch die Dunkelheit rollt, spricht Mahon über eine neue, von ihm finanzierte Suppenküche, die er gemeinsam mit dem Arzt in Strokestown eröffnen möchte – so gibt es der Mediziner später zu Protokoll.

Gegen 18 Uhr passieren sie eine jener Elendssiedlungen, die geräumt werden sollen. Mahon steuert die Kutsche einen Hügel hinunter, fährt weiter über die ebene Straße. Plötzlich ein Knall: Schrotkugeln treffen Mahon von rechts. Die Geschosse durchlöchern seine Brust, er kippt nach hinten und fällt in die Arme des Kutschers – in denen er Momente später stirbt. Der Arzt greift nach den Zügeln, bändigt die aufgeschreckten Pferde. Als er sich umschaut, sieht er in den Feldern einen zweiten Schützen, der auf ihn zielt – doch er hat Glück: Die Pistole zündet nicht. Sekunden später huscht der erste Attentäter vor dem Wagen vorbei, dann verschwinden die beiden Männer in der Dunkelheit. Der Arzt und der Kutscher fahren den Toten nach Strokestown.

Schon eine Stunde später brennen auf den Hügeln um die Stadt Freudenfeuer. Die Menschen feiern das Ende des Mannes, der über so viele von ihnen Unglück und Tod gebracht hat.

Anfang 1848 verhaftet die Polizei mehrere Männer aus der Gegend um Strokestown, darunter einen Zimmermann. Für eine Anklage gegen den Pfarrer wegen Aufrufs zum Mord reichen die Indizien nicht aus – zumal 28 Geschäftsleute aus Strokestown in einer Zeitungsanzeige die Version des Geistlichen stützen, er habe die aufrührerischen Worte nicht gesagt.

Drei der Verhafteten sind schwer an Typhus erkrankt, einer stirbt nach wenigen Wochen im Gefängnis. Schließlich werden der Zimmermann und ein weiterer Beschuldigter zum Tod durch Erhängen verurteilt und hingerichtet, ein dritter Angeklagter wird in eine Strafkolonie verbannt. Aber sind es wirklich die Täter? Die Hinterbliebenen von Denis Mahon haben Zeugen derart große Belohnungen versprochen, dass Falschaussagen nicht unwahrscheinlich sind.

Doch ganz gleich, wer die Mörder waren: Ihr Ziel erreichen sie nicht. Der neue Herr über das Landgut, Mahons Schwiegersohn, lässt allein im folgenden September weitere 1000 Menschen verjagen – und auf den Feldern verfaulen schon wieder fast alle Kartoffeln.

LITERATURTIPPS

PETER DUFFY
»The Killing of Major Denis Mahon«
Darstellung der Ereignisse in Strokestown – packend und fundiert (Harper Perennial).

CHRISTINE KINEALY
»A Death-Dealing Famine«
Ein Standardwerk zur irischen Hungersnot (Pluto Press).

Nur langsam ebbt die Kartoffelseuche in den folgenden Jahren ab. Als die Hungersnot um 1852 endet, sind mehr als eine Million Menschen gestorben und 1,5 Millionen ausgewandert. Die Katastrophe verändert Irland genauso radikal wie einst die Einführung der Kartoffel; die seit Generationen bekannte Ordnung aus Gutsherren und Pächtern beginnt sich aufzulösen. Jeder vierte Großgrundbesitzer muss während und nach der Hungersnot sein überschuldetes Landgut aufteilen und verkaufen – häufig an wohlhabende Geschäftsleute und Anwälte oder vermögende Hauptpächter, die fortan mittelgroße Farmen betreiben.

IN KÜRZE

Die Fäule des wichtigsten Agrargutes, der Kartoffel, löst Mitte des 19. Jahrhunderts im dicht besiedelten Irland eine Hungersnot aus, die weltweit Aufsehen erregt. Eliten und britische Regierung reagieren hilflos, fehlerhaft und zynisch. Mehr als eine Million Iren sterben, noch mehr verlassen die gepeinigte Heimat für immer.

Kartoffeln pflanzen sie nach den Hungerjahren kaum noch an, vielmehr wandeln sie einen großen Teil ihrer Felder um in Weiden für Schafe und Rinder.

Die Millionen Unterpächter, Kleinbauern und Landarbeiter, die bis dahin die Felder bestellt haben, werden immer weniger gebraucht. Und so verlassen auch nach der Hungersnot jedes Jahr Zehntausende auf Schiffen das Land, in der Hoffnung auf ein besseres Leben in Übersee. Bald hat jeder Ire einen Bruder oder eine Tante in Amerika – und damit gute Kontakte, die die Entscheidung zur eigenen Auswanderung erleichtern.

Bis zur Jahrhundertwende verlassen weitere drei Millionen Menschen die Insel, und so leben um 1900 etwa ebenso viele Iren im Ausland wie in der Heimat.

Ganze Landstriche auf der Insel sind weitgehend entvölkert. In Strokestown leben um 1880 nur noch gut zehn Prozent der einst 12 000 Einwohner. Anders als in vielen Orten ist es hier der Gutsherrenfamilie aber gelungen, ihren Besitz zu bewahren: Mahons Schwiegersohn kann die Ländereien bis zu seinem Tod 1893 effizient bewirtschaften.

Das Versagen und die Mitleidlosigkeit der britischen Regierung aber prägt Irland auch gut 170 Jahre später: Anders als alle anderen Länder Europas hat die Insel noch heute weniger Einwohner als 1845 – dem Jahr, als der Hunger das Eiland zu verheeren begann. ◊

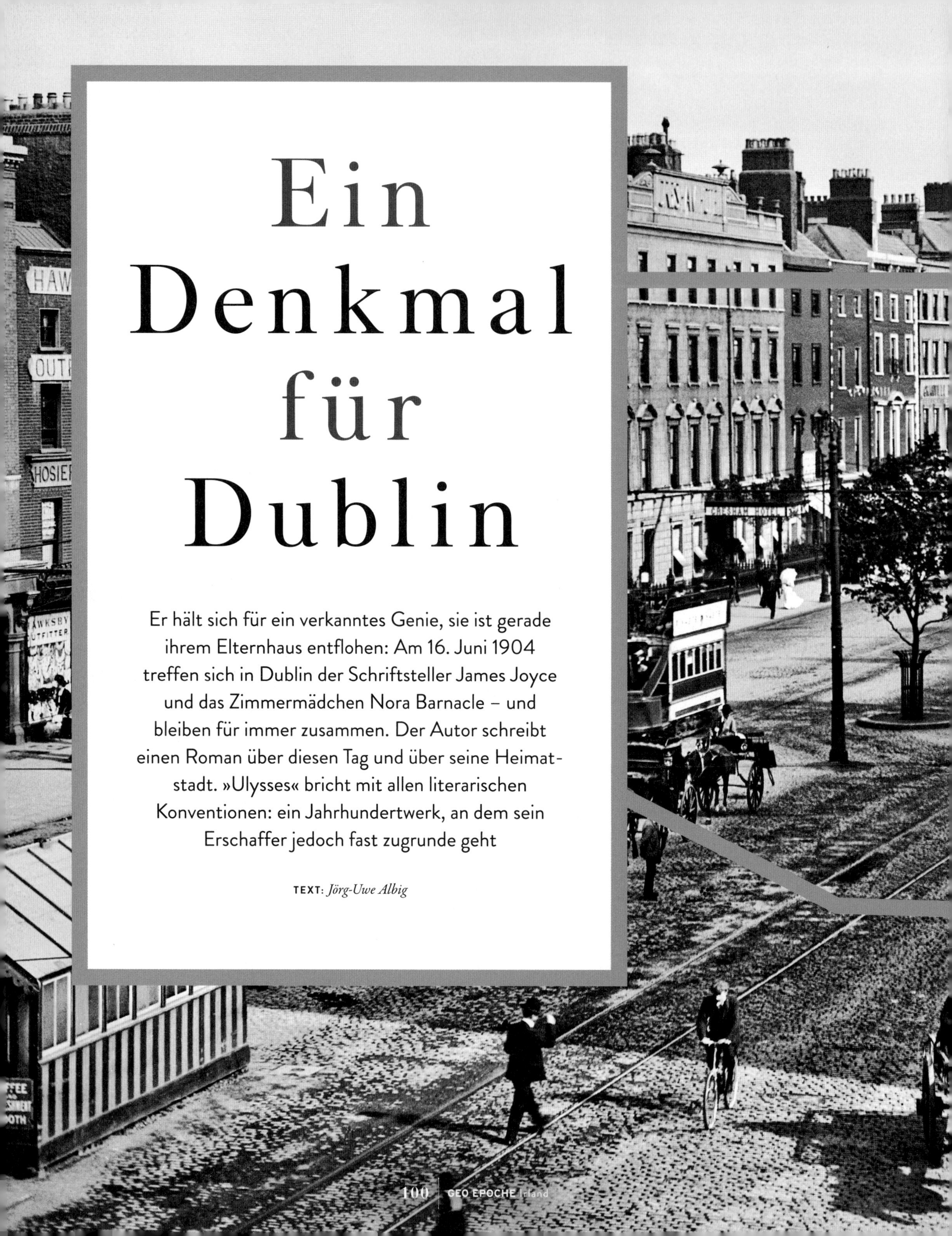

Ein Denkmal für Dublin

Er hält sich für ein verkanntes Genie, sie ist gerade ihrem Elternhaus entflohen: Am 16. Juni 1904 treffen sich in Dublin der Schriftsteller James Joyce und das Zimmermädchen Nora Barnacle – und bleiben für immer zusammen. Der Autor schreibt einen Roman über diesen Tag und über seine Heimatstadt. »Ulysses« bricht mit allen literarischen Konventionen: ein Jahrhundertwerk, an dem sein Erschaffer jedoch fast zugrunde geht

TEXT: *Jörg-Uwe Albig*

SEINE HEIMAT DUBLIN wählt Joyce wieder und wieder als Schauplatz der Werke, die er verfasst. Die Stadt – hier die Sackville Street (die heutige O'Connell Street), in der Luxus und Armut nur wenige Häuser trennen, ist ein Ort der Widersprüche. Und prägt den Autor wie keine andere – obwohl er den Großteil seines Lebens im Ausland verbringt

Vielleicht hat er schon gar nicht mehr mit ihr gerechnet. Zur ersten Verabredung ist sie nicht erschienen: Einen Brief musste er schreiben, um sie an sich zu erinnern. Doch jetzt ist sie gekommen, zum Treffpunkt an einer Ecke des Merrion Square, zwischen Dublins Nationalmuseum und dem Mütterhospital. Nora Barnacle heißt sie, stammt aus dem Provinznest Galway an Irlands Westküste, ist Angestellte in „Finn's Hotel" an Dublins South Leinster Street, rotbraunes Haar und 20 Jahre alt.

Schon bei der ersten Begegnung war James Joyce, der ehrgeizige, doch bislang kaum erfolgreiche Schriftsteller, bezaubert. In Noras Gesicht stand eine unwiderstehliche Mischung aus Unschuld und Koketterie, aus Treuherzigkeit und Spott.

Jetzt spaziert er mit ihr Richtung Hafen, und sie schlendern an den Docks entlang. Sie kommen in das Arbeiterviertel Ringsend, wo abends kein Mensch mehr auf der Straße zu sehen ist.

Und dort geschieht etwas, das Joyce nicht zu hoffen gewagt hat: Nora greift dem verblüfften Dichter in die Hose und macht ihn per Hand „zum Mann", wie er es später ausdrückt. Sie starrt ihn dabei aus „stillen, heiligenhaften Augen an".

Nora wird seine erste und letzte Liebe. Und so nachhaltig erschüttern ihn diese fünf Minuten des 16. Juni 1904, dass er den ganzen Tag zum höchsten Feiertag seines privaten Kirchenjahrs erheben wird – und zum Angelpunkt eines Buchs, wie es noch keines gegeben hat.

Noras Handstreich münzt Joyce in einen Geniestreich um. Fast 1000 Seiten wird er schreiben, um diesem einen Tag ein Denkmal zu setzen – und seiner Heimatstadt Dublin, in der ihm dieser Moment des Glücks widerfahren ist.

Zur Erinnerung an Noras unkonventionellen Zugriff wird er mit allen literarischen Konventionen brechen. Er wird ein Werk schaffen, das Legionen von Lesern Bewunderung wie Kopfzerbrechen abringt. Einen Jahrhundertroman, der als Meilenstein der Weltliteratur in die Geschichte eingeht – und als unerschöpfliches Rätselabenteuer.

Den Tag seiner seligen Verwirrung wird er mit einem Irrgarten aus Buchstaben verewigen. Er wird den Leser auf eine wuchernde Ausschweifung schicken, eine kurvenreiche Reise durch ein Dublin der Gedanken, ein Irland des Geistes. Auf eine Irrfahrt, die sich zu allem Größenwahn an einer der berühmtesten Erzählungen der Welt entlangwindet: an Homers Epos von Odysseus (den Engländer Ulysses nennen).

NORA BARNACLE wird 1904 die Geliebte des Autors, 27 Jahre später seine Ehefrau – und Vorbild für die weibliche Hauptfigur in »Ulysses«, Molly Bloom

Zehn Jahre war Odysseus unterwegs – der „Ulysses" von Joyce braucht für seine Reise ans Ende der Welt dagegen nur eine einzige Stadt. Und einen einzigen Tag: eben den 16. Juni 1904.

In diesem Konzentrat aus Raum und Zeit aber ballt sich ein Universum; ein Kosmos aus Anspielungen, Assoziationen, Abschweifungen. „Ich habe so viele Rätsel und Geduldsspiele eingebaut, dass die Professoren jahrhundertelang darüber streiten werden, was ich wohl gemeint habe", wird sein Autor sich brüsten. „Nur so sichert man sich die Unsterblichkeit."

Mehr noch: Der Roman soll auch „ein so vollständiges Bild von Dublin" zeichnen, „dass die Stadt, wenn sie eines Tages plötzlich vom Erdboden verschwände, nach meinem Buch wieder aufgebaut werden könnte".

Es ist kein Wunder, dass Joyce sein Meisterstück an den Fahrten des Über-Helden Odysseus entlangnavigiert: Denn auch der Autor, ein scheuer, schmächtiger Mann, der sich vor Schlägereien, Hunden und Gewitter fürchtet und rot wird, wenn jemand in seiner Gegenwart ein schmutziges Wort sagt, möchte ein Held sein. Ein Ketzer, der die Heuchelei der Gesellschaft anprangert – und zugleich ein Dulder, der dafür Leiden, Verrat und Einsamkeit auf sich nimmt. Ein Märtyrer, der sich kreuzigen lässt – um desto glorreicher aufzuerstehen.

„Freundlos und allein", so seine romantische Vision, möchte er kämpfen: gegen „die ganze gegenwärtige Ordnung", gegen „das Elternhaus, die anerkannten Tugenden, Klassenunterschiede und religiöse Doktrinen". Und kündigt an: „Ich werde mich gegen die Mächte der Welt zu behaupten versuchen."

Seine „große Leidenschaft" aber ist, wie sein Bruder Stanislaus bemerkt, „die grimmige Verachtung all dessen, was er den ‚Pöbel' nennt".

Er hasse „die Leute", sagt James Joyce – und vor allem die Iren, das „zurückgebliebenste Volk in ganz Europa".

Besonders seine Dubliner Mitbürger sind für ihn „die hoffnungsloseste, nutzloseste und widerspruchsvollste Rasse von Scharlatanen, der ich je auf der Insel oder dem Kontinent begegnet bin".

Womöglich hat er den Drang, allein gegen den Rest der Welt zu stehen, von seinem Vater geerbt. John Joyce, nach-

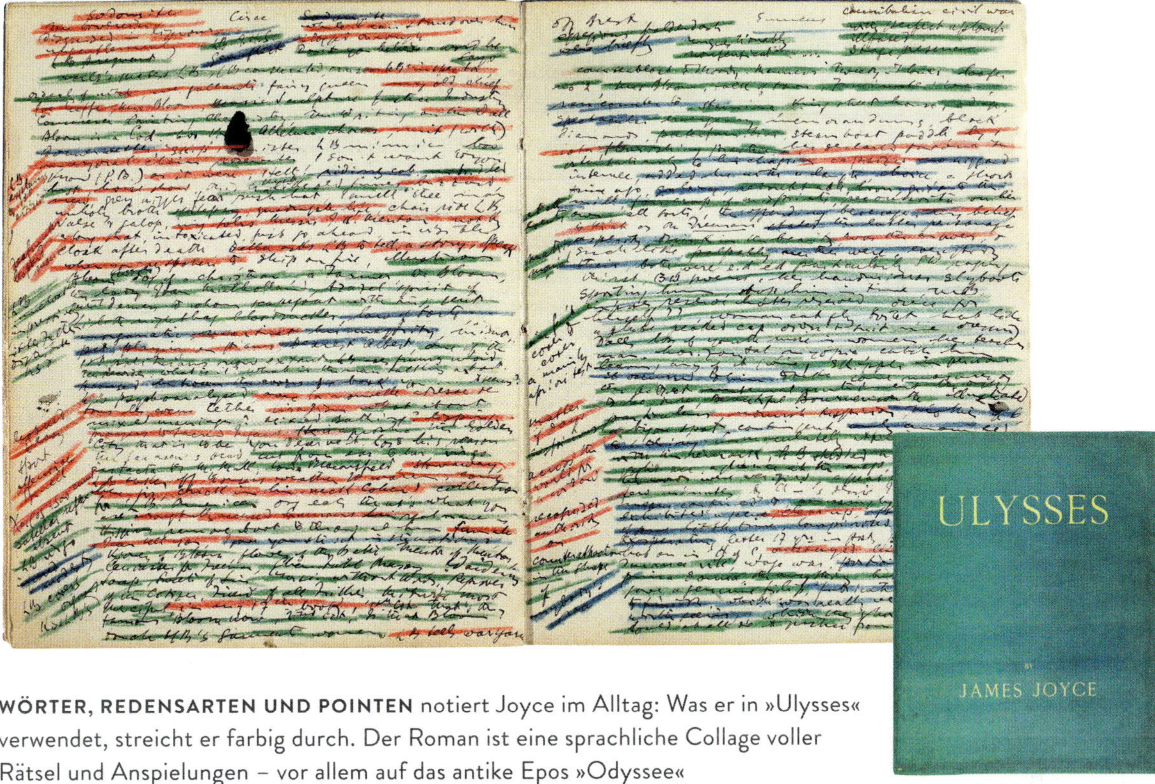

WÖRTER, REDENSARTEN UND POINTEN notiert Joyce im Alltag: Was er in »Ulysses« verwendet, streicht er farbig durch. Der Roman ist eine sprachliche Collage voller Rätsel und Anspielungen – vor allem auf das antike Epos »Odyssee«

einander Whiskeybrenner, Politiker und Steuerbeamter, ist ein charmanter Trinker und Hallodri, der binnen weniger Jahre sein Erbe durchbringt – und dabei, so wie später der Sohn, für jedes Unglück am liebsten wirklichen oder eingebildeten „Feinden" die Schuld gibt.

James, 1882 als erstes von zehn überlebenden Kindern geboren, sieht in diesem Vater den Inbegriff kraftvollen Lebens. Er selbst ist ein braver, blasser Junge mit hellblauen Augen, der früh eine Brille tragen muss. Doch er ist der Liebling seiner Eltern. Und so selbstverständlich sonnt er sich in der Rolle des Prinzen, dass alle ihn „Sunny Jim" nennen.

Auch seine Schulleistungen schmeicheln dem Stolz seines Vaters. Besessen häuft James Wissen an, liest, was ihm in die Finger kommt. Als das Geld nicht mehr für das Internat reicht, landet der Junge zeitweise auf einer Armenschule, kann sich aber den Freiplatz in einer Lehranstalt der Jesuiten erarbeiten – und verbessert das Familienbudget mit Stipendien, die er sich mit seinen guten Noten verdient. Mit 15 Jahren gewinnt er einen landesweiten Aufsatzwettbewerb.

Doch sein Sinn steht nach Höherem: „Ich will berühmt werden, solange ich noch am Leben bin."

°

UND WAS KÖNNTE IHN BESSER an dieses Ziel bringen als die Literatur? Joyce verfasst journalistische Arbeiten, bringt im Selbstverlag eine Polemik gegen den „Pöbel" heraus, schreibt Gedichte, Prosaskizzen, ein Theaterstück.

Seinen Kommilitonen am Dubliner University College, wo er moderne Sprachen studiert, zeigt er sich zunächst unnahbar: Denn der Künstler, weiß er, „mag er sich der Menge auch bedienen, sondert sich doch sorgfältig von ihr ab".

Mit dieser Arroganz wächst sein Nimbus. Und so hochgemut er die „Paralyse" seiner Mitbürger verhöhnt, so verbissen kämpft er um einen Platz in der Dubliner Literaturwelt. Spätabends klopft er bei dem Dichter George William Russell und liest ihm seine Lyrik vor. Stellt den berühmten Kollegen William Butler Yeats auf offener Straße, um ihm Selbstverfasstes zu präsentieren – und erntet nicht etwa nur Hohn über seine Eitelkeit, sondern auch Wohlwollen, Kontakte und Schreibaufträge.

Aber Joyce besteht darauf, sich als edel verkanntes Genie zu fühlen, als Ausgestoßener – der so zum Auserwählten wird: Er sieht sich für das „Martyrium" bestimmt. Und als das University College ihm eines Tages bedauernd mitteilt, es habe keinen Tutorenjob für ihn frei, nimmt Joyce die Absage als willkommene Kriegserklärung: Man fürchte wohl, argwöhnt er in einem Brief an eine Gönnerin, ihm eine Stelle zu geben, „von der aus ich mich frei aussprechen könnte".

Er kommt sich wie „ein Irrgläubiger" vor, der „aus meinem Lande vertrieben" wird. Und so reist er am 1. Dezember 1902 beleidigt nach Paris.

Natürlich ist der Abschied des jungen Joyce alles andere als eine Verbannung. In Paris hat er einen Studienplatz für Medizin, sein Vater spendiert die Reise, und der Rückweg steht ihm jederzeit offen.

Doch Paris ist ein passender Ort für den Dulder. Das Leben dort ist teuer. Immer wieder muss er Bettelbriefe an seine Eltern schreiben: „Heute habe ich 20 Stunden nichts gegessen." Zahnschmerzen durchleidet er theatralisch, weil die Behandlung zu teuer ist.

Die Nachricht vom Sterben seiner Mutter, die ihn im April 1903 erreicht, beendet sein heroisches Exil. Joyce kehrt zurück ins verhasste Irland und bekämpft die Trauer mit Vollräuschen.

Stolz erklärt er sich zum „verkommenen Genie", lässt sich in den Morgenstunden von Zechkumpanen nach Hause schleppen – und mokiert sich über seinen Bruder, der ihm Vorhaltungen macht: Der habe nur „Angst zu leben".

Immerhin findet Joyce einen Job als Hilfslehrer in einer Privatschule. Und beginnt einen autobiografischen Roman namens „Stephen der Held", in dem er seine Mitmenschen als Trottel des Zeitgeists vorführt – und sein Alter Ego Stephen Dedalus als überlegenen Genius: als von der Meute gehetztes Wild, das seiner Umwelt „Verachtung" aus „blitzendem Geweih" entgegenschleudert.

Später wird Joyce diesen Roman über seine Jugend überarbeiten und bescheidener mit „Porträt des Künstlers als junger Mann" überschreiben.

Doch auch in dieser Version ist der Held niemand anderer als Joyce selbst – ein Genie, das auszieht, um „in der Schmiede meiner Seele das ungeschaffene Gewissen meines Volkes zu schmieden".

°

DAS DUBLIN, IN DAS ER zurückkehrt, ist ein Ort der Kontraste. Kaum mehr als vier Kilometer sind es vom Westrand der Stadt bis zum östlichen Ende, dreieinhalb von Norden nach Süden. Doch auf diesem engen Raum mischen sich Brauereien und Slums, Destillen und Luxusgeschäfte, Hafenanlagen und Hotels.

Zwischen den Ruinen der Mietshäuser strahlen die eleganten Ziegelfassaden georgianischer und viktorianischer Bauten, lebt der Überfluss Tür an Tür mit

EIN ABBILD Dublins will Joyce erschaffen. Doch das Aussehen der Stadt und ihrer Straßen beschreibt er im Roman kaum – ihn interessiert vor allem das Innenleben seiner Figuren

dem Verfall, der Glanz inmitten von bitterster Armut.

Zwar verschanzen sich auch hier viele Wohlhabendere zum Wohnen in den Vororten, angenehm getrennt von den armen Bewohnern der Innenstadt – doch zur Arbeit in den Büros und Handelshäusern, zum Shopping am Vormittag, dem Spaziergang am Nachmittag oder dem abendlichen Entertainment bevölkern auch sie die City.

Sie flanieren über die Grafton Street südlich des Flusses Liffey oder die Henry Street im Norden, wo livrierte Diener die Kunden in die Läden komplimentieren und Pferdeknechte sich um die Kutschen der Käufer kümmern. Damen pirschen den Modetrends aus London, Paris und Sankt Petersburg hinterher, wie sie die erfolgreiche Lifestyle-Zeitschrift „The Lady of the House" verrät.

Sie finden beim Feinkosthändler „Findlater" diverse Sorten Aprikosen und Kakao in 21 Geschmacksrichtungen, sie fahnden nach seidenen Morgengewändern bei „Forrest & Sons", nach Hüten beim Hoflieferanten „W. Graham", nach Teppichen bei „Miller and Beatty", nach Juwelen bei „Edmond Johnson".

EINE FRAU QUERT mit einem Käfig die Grafton Street – sie hat wohl auf dem nahen Markt einen Vogel gekauft. Die Straßenecke, »Monypeny's Corner«, wird auch im Roman erwähnt

VON DEN BEWOHNERN seiner Heimatstadt erzählt Joyce bereits – wenig schmeichelhaft – in seinem ersten großen Prosawerk. Doch zunächst will kein Verlag die »Dubliners« drucken

Die Herren versorgen sich bei „E & W Seale" mit Uniformen oder bei „Coldwell and Co." mit Kolonialausrüstung, entspannen anschließend in den Clubs auf der Sackville Street, in einem der zahlreichen Theater oder bei Hammelrücken à l'Anglaise im Gourmet-Restaurant des Hotels „Metropole".

Doch gleich um die Ecke hausen die Verdammten der Stadt, die zahllosen Gelegenheitsarbeiter, Ungelernten und Unterbezahlten. Gleich hinter den herrschaftlichen Fassaden der Gardiner Street oder des Mountjoy Square ballen sich lichtlose Quartiere mit fehlenden Türen und zerbrochenen Fenstern.

Hier lebt das reichliche Drittel der Dubliner Familien, das für oft fünf und mehr Menschen nur einen einzigen Raum zur Verfügung hat. Unterernährung, mangelnde Hygiene, Alkohol und Tuberkulose treiben die Sterberate auf den höchsten Stand aller Städte Westeuropas und das Doppelte der Mortalität Londons – und lassen die Kluft zwischen den kranken Armen und den gesunden Reichen ständig wachsen.

In diesem Dublin der Gegensätze lernt Joyce im Juni 1904 Nora Barnacle kennen, und auch sie ist in vielem sein genaues Gegenteil. Sie ist keine Intellektuelle, hat mit zwölf die Schule verlassen und schert sich „einen Dreck um Kunst", wie er bald seinem Bruder anvertraut.

Doch sie hat jene „einfache Seele", die einen überhitzten Geist wie Joyce auf Normaltemperatur bringen kann: Auch andere Genies wie etwa William Blake, rechtfertigt sich James, hätten sich ja eher geistig schlichte Geliebte gesucht.

Und, wichtiger noch: Nora ist die perfekte Komplizin. Denn während James vom „gewagten Leben" bislang eher träumt, in Wirklichkeit aber noch immer vom Geld des Vaters, von Freunden und Gönnern lebt, hat Nora das Risiko bereits trainiert. Furchtlos hat sie als junge Frau ein bedrückendes Elternhaus und einen prügelnden Onkel verlassen. Und jetzt quittiert sie bei Nacht und Nebel den Dienst in „Finn's Hotel", um mit dem Dichter durchzubrennen.

Es fällt Joyce nicht leicht, ihr seine Liebe zu erklären. Eine Heirat, stellt er gleich klar, komme nicht infrage (erst 27 Jahre später wird er die Ehe mit ihr schließen). Aber er könnte sich vorstellen, mit einer wie ihr ins Ausland zu gehen – und verkleidet den Wunsch in die rhetorische Frage: „Gibt es jemanden, der mich versteht?" Nora versteht. Und sagt ja.

Am 8. Oktober, knapp vier Monate nach dem ersten Treffen, verlässt das Paar Dublin. Auf Vermittlung einer englischen Agentur will Joyce als Sprachlehrer in Zürich arbeiten. Doch die Eroberung der Welt stößt auf Hindernisse: Die versprochene Stelle an der „Berlitz School" gibt es nicht; der Schulleiter komplimentiert ihn weiter nach Triest, wo Joyce nach einigem Hin und Her an der dortigen Filiale der Schule anfängt.

Doch ausgerechnet das ferne, mediterrane, fast schon orientalische Triest, Schmelztiegel aus Italienern, Österreichern, Ungarn und Griechen, erinnert ihn mit seiner geografischen und sozialen Lage an sein verregnetes Dublin.

Und so verfasst er hier, an dem „rüdesten Ort, an dem ich je war", eine Abrechnung mit seiner verregneten Heimat:

eine Serie von Erzählungen, denen er den Titel „Dubliners" gibt.

Es sind Porträts von gelähmten Priestern und zaudernden Ehemännern, von Kleinmütigen und Ängstlichen, die sich vor Veränderung fürchten und im Stillstand eingerichtet haben – alles „in einem Stil skrupulöser Niedertracht" gehalten, so der Autor.

Doch niemand will die Geschichten drucken. Und in Triest reicht das Geld kaum zum Leben: Joyce beginnt wieder, entschlossen zu trinken, Nora fällt in depressive Zustände, so ist das Paar auch bei den Vermietern nicht mehr willkommen. Mitten in diesen Wirren bringt sie den Sohn Giorgio zur Welt.

Im Juli 1906 zieht die Familie nach Rom, wo Joyce eine besser bezahlte Stelle bei einer Bank annimmt. Doch auch hier ist das Geld so knapp, dass er im Dienst einen Frack tragen muss, um den zerschlissenen Hosenboden zu verstecken. Vor lauter Arbeit kommt er nicht mehr zum Schreiben; und Straßenräuber bringen ihn um sein letztes Geld.

Völlig verarmt kehrt die Familie nach einem Dreivierteljahr nach Triest zurück. Dort bringt Nora eine Tochter namens Lucia zur Welt. Und Joyce kann die Seinen kaum mit Zeitungsartikeln und Vorträgen in der Volkshochschule über Wasser halten. Gleichzeitig eskaliert der Alltag des ungleichen Paares immer wieder zum Krieg.

Mehr als einmal droht Nora damit, den Trinker zu verlassen. Den Versager, der es nicht schafft, eine Familie angemessen zu ernähren. Zeigt dem militanten Antikatholiken sogar ihre schärfste Waffe: „Ich gebe dir mein Wort, dass ich morgen die Kinder taufen lasse."

°

JOYCE HAT NICHT VIEL Erfahrung mit dem anderen Geschlecht. Als er in die Pubertät kam, waren die Mädchen, die er kennenlernte, meist älter als er – und reicher, denn mit seiner Familie ging es unaufhaltsam bergab. Je schüchterner Joyce wurde, desto unnahbarer und arroganter kamen ihm die Mittelstandstöchter vor. Sein Leben lang bleiben ihm Frauen ein Rätsel, Gegenstand hilfloser Verehrung und Verachtung.

„Die Frau", fasst er einmal zusammen, „ist ein Loch." Und Nora dämmert allmählich, wie sie einst seinem Kollegen Samuel Beckett verraten wird, dass ihr Mann „keine Ahnung von Frauen" hat.

Der behilft sich mit der klassischen Männerfantasie von der Frau, die zugleich Hure und Heilige ist. „In einem Moment sehe ich dich als Jungfrau oder Madonna", schreibt er an Nora, „im nächsten sehe ich dich schamlos, unverschämt, halbnackt und obszön." Ein Kippbild, das sein gesamtes Schreiben bestimmt – und den Alltag seiner Liebe.

Bisweilen verliert sich Joyce in geradezu infantile Abhängigkeit zu Nora („O könnte ich mich schmiegen in deinen Schoß wie ein Kind", schreibt er ihr, „geboren von deinem Fleisch und Blut"). Dann wieder macht er sich hart, um sich aus der Nähe zu befreien, die ihn zu verschlingen droht: „Schließlich bin ich, wie ich meine, Künstler." Immer wieder zettelt er Streit an, pocht auf blinde Loyalität: „Bist du auf meiner Seite, Nora, oder bist du heimlich gegen mich?"

Zwanghaft quält er sie – und sich – mit seiner Eifersucht. Immer wieder unterzieht er sie peinlichen Verhören: Die Frage etwa, ob sie vor der ersten Nacht mit ihm Jungfrau war, wird zur handfesten Obsession. Und der Verdacht, Nora habe im Juni 1904 auch eine Affäre mit einem seiner Kommilitonen gehabt, stürzt ihn in tiefe Verzweiflung.

Dann wieder toleriert er die Avancen, die ihr ein italienischer Gigolo macht – um noch mehr leiden und das Leid schließlich in Literatur ummünzen zu können: „Schreib's auf, verdammt, du, schreib's auf!", befiehlt er sich. „Wozu taugst du denn sonst?"

Doch noch immer will niemand seine Geschichten drucken. Kein Zweifel, argwöhnt Joyce wieder einmal, dass „gewisse Kräfte in Irland sich vorsätzlich verschworen haben, mich zum Schweigen zu bringen". Wie sonst ist es zu erklären,

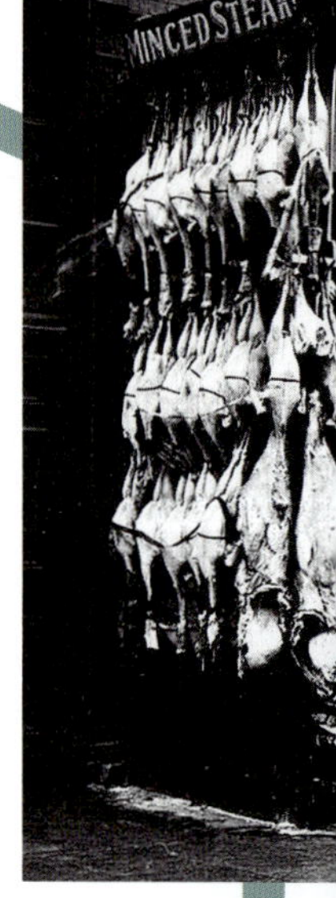

EINE METZGEREI präsentiert ihre Ware. Mahlzeiten werden um 1900 in vielen Häusern noch über offenem Feuer zubereitet; besonders in den Slums der Stadt sind Brände eine allgegenwärtige Gefahr

dass gleich acht Verlage seine „Dubliners" abgelehnt haben? Verbittert droht der Dichter der Welt mit Kunstentzug: „Warum soll ich meinen Kopf mit Schreiben belasten, wenn doch niemand publizieren will, was ich schreibe?"

Endlich, Ende 1913, willigt der Londoner Verleger Grant Richards ein, die „Dubliners" zu veröffentlichen. Und kurz vor Weihnachten erhält Joyce einen Brief, der ihn dem lange ersehnten Ruhm ein entscheidendes Stück näher bringt: Ezra Pound, amerikanischer Dichter in London sowie ehrenamtlicher Literaturscout mit glänzenden Kontakten, bittet ihn um eine Leseprobe. William Yeats, schreibt Pound, habe ihm den jungen Kollegen ans Herz gelegt. Joyce schickt die „Dubliners" und das erste Kapitel des „Porträts" – und Pound ist begeistert.

Mit einem Schlag wird Joyce so nicht nur dem umtriebigen Pound zum Begriff, sondern, dank dessen erstklassiger Vernetzung, der gesamten literarischen Avantgarde Englands. Die feministisch-sozialistische Zeitschrift „Egoist" etwa kündigt umgehend an, das „Porträt" als Vorabdruck zu bringen.

Doch der Dichter kommt nicht zur Ruhe: Als im Juli 1914 der Erste Weltkrieg ausbricht und bald auch Italien in die Kämpfe eintritt, muss sich die Fami-

EIN TABAKLADEN in der Henry Street. An alltäglichen Orten wie diesem lässt Joyce die Handlung seines Romans spielen – unter anderem auch auf einem Postamt, in einer Drogerie und einem Pub

BEI EINEM WETTRENNEN in Dublin siegt 1903 der Engländer und spätere Autofabrikant Charles Rolls (l.). Noch wird Irland als Teil des Vereinigten Königreichs von London aus regiert

lie Joyce schließlich, im Juni 1915, ins neutrale Zürich absetzen.

Die Stadt ist ein Zufluchtshafen für Kriegsmüde aus ganz Europa – und ein Treffpunkt für Revolutionäre aus Politik und Kultur wie Lenin oder die Dadaisten. Joyce aber schert sich um die Avantgarde, die nicht die seine ist, so wenig wie um den Krieg. Gegenstandslose Kunst lässt den Pionier sprachlicher Abstraktion kalt; mit dem Architektur-Erneuerer Le Corbusier wird er nur ein Gespräch über Wellensittiche zustande bringen.

Doch hier, im friedlichen Zürich, beginnt Joyce den Roman, der die Weltliteratur umwälzen – und zugleich seiner hassgeliebten Heimatstadt Dublin ein Denkmal setzen soll. Besessen sammelt er zunächst Material. Bewaffnet sich mit einem Stadtplan, trägt mit roter Tinte die Wege seiner Figuren ein. Berechnet Wegstrecken, etwa die Fahrzeit einer Kutsche vom Vizeköniglichen Palais nach Ballsbridge.

Er studiert Chroniken und Einwohnerlisten, löchert Verwandte und Bekannte, fragt Besucher nach Klatsch aus der Heimat aus. Zieht etwa Erkundigungen über den Tanzlehrer Maginni aus der North Great George's Street ein, über die königliche Pfandleiherin M'Guinness, über den Pferdedieb Pisser Duff oder die Sängerin Olive Kennedy, die im Roman Kathleen Kearney heißen wird.

Seine Tante schickt ihm Zeitungen, Magazine und Groschenromane, nennt ihm die vom Strand aus erkennbaren Baumarten hinter der Kirche Star of the Sea in Sandymount oder das Material der Treppen zur Leahy's Terrace.

Seinem Alter Ego Stephen Dedalus, der schon im „Porträt" die heroische Seite des Künstlers verkörpert hat, räumt er noch einmal die ersten drei Kapitel ein.

Doch schon in Kapitel vier schiebt sich eine zweite Figur namens Leopold Bloom in den Vordergrund – ein sanfter, ängstlicher Herr mittleren Alters, der als Anzeigenakquisiteur arbeitet und unter der Fuchtel seiner Frau Molly steht.

Bloom ist, so charakterisiert ihn Joyce, ein „linkisches Bürschchen, warmbehandschuht, mammavermummelt, halb betäubt von kraftlos geworfenen Schneebällen". Seine Unbeholfenheit und sein jüdischer Vater machen ihn zum Außenseiter. Er ist ein Hasenfuß und Grübler, der an Darmwinden leidet; ein Spanner, der beim Anblick eines Mädchens am Strand heimlich Hand an sich legt.

Doch er ist auch ein Abbild seines Erfinders – des Zweiflers und Zauderers Joyce, der ebenfalls kaum zum Titanen taugt mit seinen entzündeten Augen, mit seinem Gelenkrheumatismus, seinen Verdauungsstörungen und Neuralgien, seinen Magen- und Rückenschmerzen.

Des Pantoffelhelden, der schon seit Langem nicht mehr mit seiner Frau schläft und sich dafür in Eifersuchtsanfällen suhlt – und den der Dichter jetzt zunehmend in sich entdeckt.

In dieser Zwillingsgestalt treiben die Protagonisten des Autors durch ein akribisch vermessenes Dublin von 1904.

AM MORGEN DES 16. JUNI 1904 verlässt Stephen Dedalus seine Bleibe im Martello Tower von Sandycove – und bricht auch Leopold Bloom von seinem Haus an der Eccles Street Nummer 7 auf. Bloom kauft beim Schlachter eine Schweineniere, holt am Postamt an der Westland Row einen Brief ab, hält Einkehr in der St. Andrew's Church gleich nebenan. Erwirbt beim Drogisten „Sweny's" ein Stück Zitronenseife und erholt sich im Türkischen Bad in der South Leinster Street.

Er folgt einem Trauerzug auf dem Friedhof von Glasnevin. Er besucht die Redaktion des „Freeman's Journal" in der Prince's Street, erwägt einen Lunch im „Burton"-Restaurant und bestellt dann doch lieber ein Gorgonzola-Sandwich in Davy Byrnes Pub.

Er zieht sich in die Nationalbibliothek zurück, wo Stephen Dedalus gerade über Hamlet schwadroniert, diniert, umgaukelt von Bardamen, im „Ormond Hotel", gerät in Barney Kiernans Pub mit einem irischen Nationalisten in Streit. Begibt sich zum Besuch einer Gebärenden ins Krankenhaus, trifft dort auf Stephen Dedalus, mit dem er in „Burke's Pub" weiterzieht und dann zu Bella Cohens Bordell in der Tyrone Street.

Bloom nimmt den Zechgenossen schließlich mit nach Hause, wo seine Frau Molly zuvor ihren Liebhaber verabschiedet hat. Nach einer kurzen Plauderei in der Küche sagen auch Stephen und Leopold einander Adieu. Und so enden, ebenso versöhnlich wie unspektakulär, der Tag und die Odyssee.

Doch je mehr Raum Joyce dem Schwächling in sich einräumt, dem verzagten Träumer, desto kühner rüttelt er an den Grundfesten seines Handwerks, desto halsbrecherischer jongliert er mit Wortspielen und Lautmalereien. Der Heldenmut, den Joyce Leopold nicht mehr gönnt, tobt sich jetzt umso abenteuerlicher an der Form des Romans aus.

Die Technik des inneren Monologs etwa, für die Joyce berühmt werden wird (und die Kollegen wie der Franzose Édouard Dujardin oder der Wiener Arthur Schnitzler vor ihm erprobt haben), treibt er zum Exzess: so weit, dass die Selbstgespräche schließlich ihr Selbst verlieren und aufgehen im Wissens-Pool der gesamten Menschheit.

Die Bewusstseinsströme des „Ulysses" fließen nicht geradlinig zu Tal, sondern verzweigen sich in sämtliche Richtungen. Spülen in einem einzigen Moment den mittelalterlichen Theologen Thomas von Aquin an die Oberfläche, Shakespeares Hamlet, das Sternbild Kassiopeia und das Schaufenster des Dubliner Buchhändlers Hodges Figgis.

So lässt er etwa Stephan Dedalus am Strand von Sandymount „schwindsüchtige Häuser" sehen – und sogleich in ein Delirium der Erinnerungen fallen: an die „stille Fensternische von Marshs Bibliothek, wo du die blassenden Weissagungen des Joachim Abbas lasest. Für wen? Der hundertköpfige Pöbel im Bannkreis der Kathedrale. Ein Hasser seiner Art entsprang ihnen in den Wald des Wahns, die Mähne schäumend im Mond, die Augäpfel Sterne. Ein Houyhnhnm, rossige Nüstern. Die ovalen pferdigen Gesichter. Temple, Buck Mulligan, Foxy Campbell, Hohlwangen. Abbas, Vater, rasender Dekan, welches Vergehen denn legte Feuer in ihre Hirne? Paff!"

Die Technik der Collage – gerade erst von kubistischen Malern wie Pablo Picasso und Georges Braque erfunden – wendet Joyce auf die Sprache an. Kein Psalm ist ihm zu heilig, keine Anspielung zu entlegen, keine Zote zu schlüpfrig, um nicht als Schnipsel in seinem Material-Mix Verwendung zu finden. Er streut Zeitungsschlagzeilen als Zwischentitel in den Text, parodiert Groschenroman, Hel-

DER FORTSCHRITT verändert Dublin. So wird ab etwa 1900 die Straßenbahn statt mit Pferden elektrisch betrieben – wie hier in der von Cafés und Geschäften gesäumten Earl Street

IN DEN ÄRMEREN VIERTELN leiden viele Menschen unter Alkoholsucht oder Tuberkulose. Die Sterberate in Dublin ist höher als die jeder anderen westeuropäischen Stadt

densaga und esoterisches Raunen, äfft Sportreportagen nach, Vereinsprotokolle oder katechistische Examen.

Er zerhäckselt Redensarten, gefällt sich in Kalauern: „Lazarus, komm herfür! Und er kam herfünf." Er verhunzt Shakespeare-Zeilen und Bibelverse („Und er ging hinaus und weinte Buttermilch").

Spöttisch bringt er Stilblüten zum Blühen, skandiert rhythmische Lautmalereien („Tappblind ging tappend ein Blinder am Bordstein tapp Bordstein, hin, Taptapp um Tapp"). Und in einem einzigen Kapitel durchmisst er die Sprachgeschichte vom Altenglischen bis zum zeitgenössischen Kneipenslang.

Dabei verliert Joyce nie sein antikes Modell aus dem Blick: das Heldenepos des Odysseus, König von Ithaka. Blooms Ehefrau Molly etwa ist nicht nur heimliches Abbild der Nora Joyce, sondern auch proletarische Wiedergängerin von Homers Penelope, der Frau des Odysseus.

Der Windgott Äolus bläst bei Joyce seine heiße Luft als Zeitungsredakteur in die Welt, die Sirenen singen als Bardamen im „Ormond Hotel". Der üble Zyklop Polyphem schwadroniert als bösartiger „Bürger" in Barney Kiernans Pub über irisches Volkstum. Und die Göttin Circe, die bei Homer die Gefährten des Odysseus in Schweine verwandelt, erzwingt als Domina im Rotlichtviertel Blooms lustvolle Unterwerfung.

WOHLHABENDE Stadtbewohner besuchen zwar Flaniermeilen wie hier die Grafton Street. Doch sie wohnen vor allem in Vororten – räumlich getrennt von den Slums in der Innenstadt

In dieser Bordellszene blättert Joyce, zugleich stolzer Verächter der Psychoanalyse, einen Katalog des Unbewussten auf, wie es kaum ein Autor vor ihm gewagt hat. In Rede und Gegenrede, wie auf einer Bühne, mischen sich Obsessionen und Verdrängtes zum Stimmengewirr zeitgenössischer Neurosen – und zugleich zum Pandämonium der Seele des Dichters, dem fetischistische und sadomasochistische Gelüste sowie die Faszination menschlicher Ausscheidungen auch privat nicht fremd sind.

Und wie der Autor Joyce, der immer wieder um seine Potenz bangt, muss auch Bloom in diesem Psychodrama vor dem Urteil zittern, er sei „kein Mann mehr, nur noch ein Ding unter dem Joch".

So gehen die Helden des Romans auf Irrfahrt durch ihre eigenen Köpfe – und ihre Stadt bleibt dabei notgedrungen im Hintergrund. Denn auch wenn Joyce ein „vollständiges Bild von Dublin" versprochen hat, bemüht er sich kaum, dessen Düfte, Klänge und Stimmungen zu beschreiben, dessen Häuser, Straßen, Kneipen und Menschen.

Für das Nebeneinander von Arm und Reich, das Elend der Slums oder den Luxus, den die Wohlhabenden genießen, hat er keinen Blick. Seine Stadt ist ein Reich der Zeichen und Stimmen, der Gedanken und Erinnerungen, der Reflexionen und Halluzinationen.

Nirgendwo strömen diese Gedanken so mächtig wie im Schlusskapitel des Buchs – einem gut 70-seitigen Wortfluss, der durch die Hirnwindungen von Blooms untreuer Ehefrau wogt.

In acht end- und interpunktionslosen Sätzen lässt Molly ihr Leben und ihre Lieben Revue passieren. Sie denkt an die Qualitäten ihres Liebhabers Blazes Boylan, der „mich das 2temal hochgebracht hat in dem dass er mich hinten in

UNWEIT DES HAFENS treffen Joyce und Nora sich 1904 zu ihrer ersten Verabredung. Hier macht Nora ihn »zum Mann«, wie der Romancier später schreiben wird

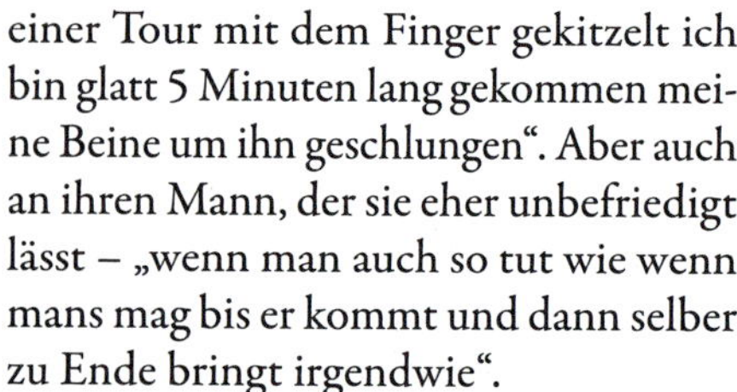

einer Tour mit dem Finger gekitzelt ich bin glatt 5 Minuten lang gekommen meine Beine um ihn geschlungen“. Aber auch an ihren Mann, der sie eher unbefriedigt lässt – „wenn man auch so tut wie wenn mans mag bis er kommt und dann selber zu Ende bringt irgendwie“.

Erst zum Schlusspunkt des Monologs erinnert sie sich doch voll Rührung an den Tag, an dem der arme Bloom einst um ihre Hand anhielt: „und dann hat er mich gefragt ob ich will ja sag ja meine Bergblume und ich hab ihm zuerst die Arme um den Hals gelegt und ihn zu mir niedergezogen dass er meine Brüste fühlen konnte wie sie dufteten ja und das Herz ging ihm wie verrückt und ich hab ja gesagt ja ich will Ja“.

°

FÜR DEN KRAFTAKT, den dieses Kompendium des Weltwissens ihm abverlangt, verausgabt sich Joyce bis zur Erschöpfung. Ruhelos forscht er Wortbedeutungen und Etymologien hinterher, vergleicht Parallelstellen bei Homer, recherchiert die Wirkung eines Gifts oder die Prügelstrafen auf Ausbildungsschiffen.

Alles hält er fest auf Notizblöcken, die er mit sich führt – und kriegt doch an manchen Schreibtagen gerade zwei Sätze aufs Papier. Bald leidet er unter einer „Art nervlicher Überanstrengung“, wie er seinem Bruder klagt, „verursacht durch die enormen Schwierigkeiten mit dem Buch, an dem ich schreibe“.

Sein Augenleiden verschlimmert sich; die Ärzte spritzen ihm Kokain direkt ins Organ. Elfmal muss Joyce unters Messer, um seinen Sehsinn zu retten.

Beim Schreiben trägt er jetzt, meist auf dem Bett ausgestreckt, eine weiße Jacke, um durch die Reflektion mehr Licht aufs Blatt zu werfen. Und der Brille hilft er nun häufig mit einer Lupe nach.

Immerhin zeigt die Welt ihm, auch dank Ezra Pounds unermüdlicher Reklame, allmählich ihren Respekt. Gönner und Institutionen unterstützen ihn mit Geld, darunter der britische Premier und selbst Noras Onkel. Eine amerikanische Millionärin aus dem Rockefeller-Clan überweist Joyce jeden Monat 1000 Franken. Und Harriet Shaw Weaver, die Herausgeberin des „Egoist“, die selbst in kargen Verhältnissen lebt, subventioniert ihn mit Summen, die sich nach und nach zu umgerechnet einer Million Euro nach heutigem Geld anhäufen.

Sie bietet Joyce auch an, das „Porträt des Künstlers als junger Mann“ in einem eigens gegründeten Verlag als Buch zu drucken. Die New Yorker Literaturzeitschrift „Little Review“ druckt ab März 1918 in Fortsetzungen die ersten Kapitel des unvollendeten „Ulysses“. Allerdings stoppen US-Behörden den Vorabdruck wegen „obszöner Inhalte“.

Im Sommer 1920 rät ihm Ezra Pound bei ihrer ersten Begegnung, nach Paris zu gehen, und trommelt dort eifrig für den Iren. Auch andere Schriftsteller wie Ernest Hemingway und F. Scott Fitzgerald bemühen sich jetzt um Joyce. Und die Amerikanerin Sylvia Beach, Inhaberin des Pariser Buchladens „Shakespeare and Company“, willigt ein, den „Ulysses“ auf eigene Faust zu veröffentlichen.

Sie kündigt eine erste Auflage von 1000 Exemplaren an – und gewinnt auf Anhieb berühmte Subskribenten wie Yeats, André Gide, Winston Churchill. „Ich bin ein Denkmal geworden“, frohlockt Joyce. Als am 2. Februar 1922, pünktlich zu seinem 40. Geburtstag, die Druckerei die ersten Exemplare ausliefert, strömen gleich zu Geschäftsbeginn literaturbegeisterte Massen in Sylvia Beachs Laden, um den mittlerweile sagenumwobenen Fetisch zu bestaunen.

Binnen drei Monaten spricht *tout Paris* über den Skandalautor. Journalisten belagern die Gesellschaften, die er besucht. Fans klingeln an seiner Tür, steigen auf Stühle, um ihn besser zu sehen. Als ein US-Gericht den „Ulysses“ vom Vorwurf der Pornografie freispricht und das Buch in den USA erscheinen kann, findet es dort binnen drei Monaten 35 000 Käufer. Das Magazin „Time“ setzt das Porträt des Dichters aufs Cover – und feiert das Buch als „eines der monumentalsten Werke der menschlichen Intelligenz“.

Das Urteil der Kollegen ist derweil gespalten. Hemingway lobt den „Ulysses“ als „ganz verflucht herrliches Buch“, und der Dichter T. S. Eliot ist so begeistert, dass er sich wünscht, er hätte es nie gelesen: Wie könne man, fragt er sich, nach „dieser immensen Ungeheuerlichkeit“ überhaupt noch schreiben? Auch F. Scott Fitzgerald fürchtet angesichts des Romans um den Sinn der eigenen Arbeit.

Virginia Woolf aber, selbst eine Pionierin der modernen Literatur, ist skeptischer. Für sie ist der „Ulysses“ nur „das Buch eines bildungsbeflissenen Arbeiters“: die „Energieverschwendung“ eines „verzweifelten Mannes“.

Nora Joyce weigert sich sogar, das Werk zu lesen. Ein Buch „mit einer dicken, scheußlichen, verheirateten Frau als Heldin“?, fragt sie spöttisch und stichelt in den nächsten Jahren immer wieder gegen das Meisterstück ihres Mannes.

Der Dichter aber treibt seinen Sturm auf die Tradition mit doppelter Kraft voran. Gleich nach Erscheinen des „Ulysses“ stürzt er sich, allmählich fast blind und ohne zwei Flaschen Weißwein pro Abend arbeitsunfähig, auf ein neues, noch waghalsigeres Projekt. „Finnegan's Wake“ wird es heißen, Finnegans Totenwache.

Und während „Ulysses“ noch klar konturierte Figuren präsentierte und den Leser mit Handlung und Chronologie bei Laune hielt, ist der neue Wurf nur noch reiner, abstrakter, körperlos flimmernder Text.

Vom freien Assoziationsstrom der Psychoanalyse, dem „automatischen Schreiben“, das die Surrealisten praktizieren, ist dieses Sprach-Gewebe dennoch Lichtjahre entfernt. Joyce setzt vielmehr auf totale Kontrolle: „Finnegan's Wake“ ist ein strukturiertes Chaos, ein sinnreich gefügtes Kaleidoskop aus Text-Splittern, ein privates Esperanto aus mehr als 40 Sprachen. Ein streng geregeltes Ratespiel mit Grammatik und Orthografie – in dem kein Buchstabe ohne höhere Bedeutung durchrutschen darf.

„Flußgefließe, schleunigst Ev' und Adam passiert, vom Strandgestreun zum Buchtgebeug“ – so beginnt der erste Satz in diesem ungeheuerlichen Buch. Und es endet, nach rund 700 Seiten, mit einem punktlosen Sprung ins offene Nichts: „Ein Weg ein samer ein letzter ein liebster entlang der“

Joyce verstrickt sich derart tief in diese Netze aus Sinn, Neben- und Übersinn, dass er den Krieg kaum bemerkt, der in Europa heranrollt. In seinem immer enger konzentrierten Blickfeld taucht die Katastrophe nur am Rand auf. Vom Aufstieg Hitlers fühlt er sich vor allem bei der Arbeit gestört, in einem Brief beschwert er sich über das Geschrei der Zeitungsjungen, die faschistische Umtriebe in Österreich vermelden.

„Ich bin an Politik nicht interessiert“, sagt er. „Das Einzige, was mich interessiert, ist Stil.“ Und als sich im Frühjahr 1939 der Krieg abzeichnet, fürchtet er nichts mehr als die Gefahr, dass nun „niemand mehr mein Buch lesen wird“.

Als „Finnegan's Wake“ im Mai 1939 endlich erscheint, findet das Werk tatsächlich nur schwache Resonanz. Kein Wunder: Die 1920er Jahre, die Zeit der waghalsigen Experimente, sind vorbei. Der Heroismus ist von der Kunst in die Politik abgewandert. Jetzt kommt er an den Fronten des Zweiten Weltkriegs zum Einsatz.

Wieder einmal fühlt Joyce sich verkannt. Als am 14. Juni 1940 die Wehrmacht in Paris einmarschiert, ist auch er gezwungen, die Realität zur Kenntnis zu nehmen, und emigriert in die Schweiz.

Die neue Zuflucht reicht ihm nur zum Sterben: Nach der Operation eines durchgebrochenen Geschwürs am Zwölffingerdarm erliegt er am 13. Januar 1941 in einem Zürcher Krankenhaus seinen Leiden (Nora bleibt in der Stadt und stirbt zehn Jahre nach ihrem Mann).

An dem „Ulysses“ arbeiten sich nun Generationen von Nachgeborenen ab – Landsleute wie Samuel Beckett, aber auch Amerikaner wie William Faulkner und John Dos Passos oder Deutsche wie Alfred Döblin oder Arno Schmidt. Und noch bis ins 21. Jahrhundert wird es seinen Einfluss auf die Literatur behalten – weniger als Vorbild, das zur Nachahmung anregt, denn als immer wieder neu wirksames Gegengift gegen jede literarische Übereinkunft: als heldenhafter Aufstand gegen die Trägheit der Sprache, ihre Konventionen, ihre Erstarrung, die den Zugriff auf die Wirklichkeit verstellt.

Und auch mehr als ein Jahrhundert nach der Odyssee des Leopold Bloom feiern die Bewohner des von Joyce so hassgeliebten Dublin mit Legionen von Joyce-Fans aus aller Welt jeden 16. Juni als „Bloomsday“.

Sie beginnen, wie der Held des „Ulysses“, den Tag mit gebratenen Nierchen, kaufen wie er beim Drogisten „Sweny's“ ein Stück Zitronenseife, bestellen im „Davy Byrne's“ ein Gorgonzola-Sandwich. Und stoßen im „Ormond Hotel“ mit einem Glas Cidre auf den Dichter an, der ihr Land so verschmäht hat – und doch nie davon loskam: „Habe ich“, hat er einmal rhetorisch gefragt, „es denn je verlassen?“ ◊

IN KÜRZE

Mit »Ulysses« verfasst James Joyce einen in der Weltliteratur einzigartigen Roman. Für jedes Kapitel findet der Autor einen eigenen Stil: Er spielt mit der Sprache, spickt sie mit Rätseln, setzt innere Monologe ein, zitiert und parodiert. Und verknüpft dabei den Mythos des Odysseus mit dem Lebensalltag seiner Protagonisten.

LITERATURTIPPS

JAMES JOYCE
»Ulysses« – kommentierte Ausgabe
Erklärende Texte entschlüsseln das Meisterwerk (Suhrkamp).

FRIEDHELM RATHJEN
»James Joyce«
Bündige, farbige und pointierte Biografie des Dichters (Rowohlt).

Als Londons Truppen in den Ersten Weltkrieg verwickelt werden, sehen radikale irische Aktivisten die Chance auf Unabhängigkeit von den verhassten Fremdherrschern. Am höchsten christlichen Fest des Jahres 1916 entfesseln sie eine Revolte, die Dublin verwüstet – und Märtyrer gebiert

BLUTIGE OSTERN

TEXT: *Ralf Berhorst*

Es ist Donnerstag, der 27. April 1916, und in Dublin herrscht Krieg. In der Sackville Street, einem Prachtboulevard der Stadt, brennt ein Häuserblock. Gegen 22 Uhr erfasst das Feuer ein Lager für Öl und Chemikalien, eine grellweiße Stichflamme schießt Dutzende Meter empor, gefolgt von einer Explosion, die Hunderte Ölfässer in die Luft katapultiert und zerbersten lässt.

In das Getöse mischen sich Gewehrschüsse und MG-Salven, die dumpfen Detonationen von Granaten und Bomben, abgefeuert von Haubitzen und schweren Kanonen. Viele Einwohner Dublins trauen sich nicht mehr vor die Tür, aus Angst, von einem Querschläger getötet zu werden.

Voller Furcht verharren Anwohner in einem Haus, das bereits in Flammen steht, bis ein Soldat ihnen mit einem Megafon zubrüllt: „Kommt raus! Kommt raus!“ Draußen fallen die Fliehenden vor einem anderen britischen Kämpfer auf die Knie und küssen ihm die Hände.

Das öffentliche Leben der irischen Kapitale ist seit Tagen erstorben. Es fahren keine Straßenbahnen, Autos oder Taxis mehr. Banken, Büros und Ämter sind geschlossen und auch die meisten Geschäfte. Die Gasversorgung ist zusammengebrochen, die Laternen bleiben aus. Nur die Gegend um die Sackville Street ist durch die lodernden Brände erhellt.

Ausgelöst haben dieses Inferno Männer und Frauen, die bis vor Kurzem fast alle noch nie eine Waffe abgefeuert haben: radikale irische Nationalisten, bereit zu sterben, um ihr Land von der britischen Fremdherrschaft zu befreien. Zu ihren Anführern zählen ein Tabakladenbesitzer, ein Schuldirektor, ein marxistischer Gewerkschaftsführer und eine geschiedene Gräfin.

Sie haben Dublins Hauptpostamt in der Sackville Street gestürmt und zwei Fahnen gehisst: ein grünes Banner mit der Aufschrift „Irische Republik“ sowie eine grün-weiß-orangefarbene Trikolore. Daneben halten die knapp 1600 Aufständischen fünf weitere große Gebäudekomplexe in der Stadt besetzt.

Doch nun haben 19 000 britische Soldaten ihre Stellungen umzingelt und die östliche Seite der Sackville Street mit Brandbomben in Flammen gesetzt. Scharfschützen geben von einem nahen Hotel aus unentwegt Feuerstöße auf die

DAILY SKETCH, WEDNESDAY, APRIL 26, 1916.

ARMED RISING IN DUBLIN: BIRRELL'S GRAVE REPORT.—See Page 3.

DAILY SKETCH.

GUARANTEED DAILY NET SALE MORE THAN 1,000,000 COPIES.

No. 2,225. LONDON, WEDNESDAY, APRIL 26, 1916. [Registered as a Newspaper.] ONE HALFPENNY.

A DAY OF BIG EVENTS: Revolt In Ireland: Anzac Day: Lowestoft Bombarded.

Dublin In Rebel Hands: Bloodshed In The Streets.

It was officially announced yesterday that rebellion had broken out in Dublin, that parts of the city were in the hands of the rebels, and that lives had been lost. This is not the first time the Irish capital has been the scene of bloodshed. This photograph recalls the ugly happenings of the strike riots some time ago.

Sir Roger Casement, the renegade.

Mr. Birrell going to the House yesterday.

While Mr. Birrell, the Irish Secretary, was telling Parliament about the revolt, it was announced that Sir Roger Casement was now in London under arrest.

Anzac Day In London: See Also Pages 6 and 7.

General Sir William Birdwood, the hero of Anzac, drove to the great commemoration service at Westminster Abbey yesterday, with his wife and daughter. He only arrived in England last week.

"God bless you!" she exclaimed, proud to shake the hand of an Anzac.

Lord Kitchener also attended the service. He walked to the Abbey.

GERMANY'S DREAM OF THE INVASION OF ENGLAND.

It was also officially announced yesterday that a German squadron had shelled Lowestoft. This picture from a German paper shows the German Fleet routing the British Navy in preparation for the invasion of England.

AN OSTERMONTAG 1916 schlagen die Rebellen um 12.00 Uhr los, obwohl die Regierung in London den Iren die lang ersehnte Selbstverwaltung bereits in Aussicht gestellt hat. Britische Zeitungen berichten von den ausbrechenden Straßenkämpfen

DAILY SKETCH, WEDNESDAY, MAY 3, 1916.

COMPULSION FOR ALL AT ONCE: THE NEW PROPOSALS.—(See Page 3.)

DAILY SKETCH.

GUARANTEED DAILY NETT SALE MORE THAN 1,000,000 COPIES.

No. 2,231. LONDON, WEDNESDAY, MAY 3, 1916. [Registered as a Newspaper.] ONE HALFPENNY.

DUBLIN IN FLAMES: Exclusive Daily Sketch Photographs Taken Under Fire.

The captors of a rebel flag. Emblazoned on the green silk are the words: "Irish Republic."

This photograph, with others on this page, was taken under fire by a *Daily Sketch* staff photographer. It shows Sackville-street as it was on Thursday night, when the rebels were in possession of the city, and the buildings in the famous thoroughfare were in flames. Silhouetted against the glare, in the background, is Nelson's Column.

Troops behind a barricade ready to repel a rebel attack.

Soldiers replying to the fire of the insurgents. While this photograph was being taken the bullets from the rebel rifles were flattening themselves against the buildings shown in the picture. One of the officers is seen directing the fire of his men.

IN GRELLEN FLAMMEN lodern bald Häuserblocks in Dublins Zentrum, wo sich die Aufständischen verschanzt haben. Die britischen Behörden werden von der Rebellion überrascht, antworten aber rasch mit immer mehr Soldaten – und mit Brandbomben

Fenster des Gebäudes ab, sodass sich die Rebellen dort nur noch geduckt zu bewegen wagen. Einer von ihnen wird dennoch von einer Kugel im Nacken getroffen. Er ist der erste Tote im Hauptquartier der Aufständischen.

Die verschanzten Rebellen wissen, dass sie den Kampf um Dublin nicht gewinnen können. Aber jede Stunde, die sie durchhalten, gilt ihnen als Triumph. Denn sie hoffen, mit ihrem Beispiel einen landesweiten Volksaufstand auszulösen, der die Insel endlich aus dem verhassten Griff der Engländer lösen soll.

Nach der Entscheidung Londons im Jahr 1801, Irland zu einem Teil des Vereinigten Königreichs zu machen, hat sich der irische Freiheitsdrang abermals verstärkt. Mehrfach haben sich im 19. Jahrhundert Aufständische gegen England erhoben, doch alle sind gescheitert.

Irland hat seit 1801 keine eigene Regierung und kein Parlament mehr. Die Gesetze für die Insel werden in Westminster gemacht. Immerhin ist die irische Bevölkerung dort über gewählte Abgeordnete vertreten. Die streiten für mehr Eigenständigkeit, für „Home Rule" – die ersehnte Selbstverwaltung Irlands. Doch 1886 und 1893 ist das Gesetz am Widerstand der Konservativen sowie der Lords im britischen Oberhaus gescheitert.

Um 1900 entstehen daraufhin zahlreiche nationalistische irische Vereine und Organisationen, große und kleine, gemäßigte und radikale. 1905 ruft der Publizist Arthur Griffith die Bewegung „Sinn Féin" („Wir selbst") ins Leben, die durch passiven Widerstand, etwa einen Boykott englischer Importwaren, mehr Autonomie für Irland erzwingen will.

Die protestantischen, meist aus England stammenden Eliten in der Nordprovinz Ulster indes empfinden die Aussicht, vom katholischen Dublin aus verwaltet zu werden, als Katastrophe und drohen, ein solches Gesetz mit allen Mitteln zu bekämpfen. 1912 gründen sie paramilitärische Verbände.

Im Gegenzug formieren sich ab 1913 die nationalistischen „Irish Volunteers", eine Art militanter Bürgerwehr, die sich per Schmuggel Tausende Gewehre besorgt und bald 180 000 Mitglieder zählt.

London zögert, sich in die explosive Situation einzumischen und gegen die Volunteers vorzugehen. Mehr noch: Um die Unzufriedenen in Irland zu besänftigen – und die Verbindung zu Dublin so letztlich zu stärken –, bestätigt der König im September 1914 schließlich doch noch ein von der liberalen Regierung unter Premier Herbert Henry Asquith gewährtes Home-Rule-Gesetz. In Kraft treten soll es aber erst nach dem gerade ausgebrochenen Krieg mit Deutschland.

Die Regelung sieht eine eigene Volksvertretung in Dublin vor, die fortan für die meisten inneren Angelegenheiten zuständig sein soll. Die Außenpolitik bleibt bei London, ebenso die Kontrolle über die Polizei sowie das Recht, Steuern zu erheben. Dennoch ist die Reform ein Erfolg für die irischen Abgeordneten.

Um einen Bürgerkrieg zu verhindern zwischen irischen Nationalisten und Protestanten, die unter Londons Führung verbleiben wollen, wird Ulster von dieser Selbstverwaltung erst einmal ausgenommen; was weiter geschehen soll, lassen die Parlamentarier offen.

Doch auch mit dieser Form der Home Rule sind die meisten Iren zufrieden – schließlich ist die Selbstverwaltung in manchen Punkten genehmigt, auch wenn sie erst später wirksam werden soll.

Die Mehrheit der irischen Bevölkerung steht im Konflikt mit Deutschland und Österreich-Ungarn denn auch zu England. Von den Irish Volunteers melden sich viele sogar freiwillig, um in der britischen Armee zu kämpfen.

Einer Minderheit besonders radikaler Nationalisten aber reicht das verwässerte Home-Rule-Gesetz nicht. Sie macht es wütend, dass junge Iren sich im Kampf für das verhasste London opfern. Ganz im Gegenteil sehen sie im Krieg die einmalige Gelegenheit, die englische Fremdherrschaft abzuschütteln.

Zu ihnen zählen vor allem die Mitglieder der „Irish Republican Brotherhood", einer 1858 gegründeten Geheimorganisation; sie wollen Englands Verwicklung auf dem Kontinent ausnutzen, um die vollständige Unabhängigkeit Irlands zu erreichen.

Die Brotherhood, rund 2000 Mann stark, ist streng hierarchisch und in kleinen Zirkeln organisiert, die nicht viel voneinander wissen. Zu ihrer Führung zählt der 56-jährige Thomas Clarke, ein überzeugter Freiheitskämpfer mit ergrautem Schnauzbart, der für die Vorbereitung eines Bombenattentats bereits 15 Jahre in einem britischen Gefängnis verbracht hat. Nun rekrutiert er in seinem Tabakladen an der Dubliner Parnell Street unentwegt neue Mitglieder.

Nur der harte KERN ist bereit

Intellektueller Kopf der Bewegung ist der 34-jährige Schuldirektor Patrick Pearse, ein Asket mit bleichem Gesicht. Weil Pearse das englische Erziehungssystem für eine „Mordmaschine" hält, die die irische Identität auslösche, hat er in Dublin eine zweisprachige Schule gegründet, in der auch auf Gälisch gelehrt wird.

Pearse ist davon überzeugt, dass jede irische Generation einen Aufstand wagen müsse – auch wenn abzusehen sei, dass er scheitern werde. Im November 1913 schreibt er in seiner eigenen separatistischen Zeitung, Blutvergießen sei „eine reinigende und heiligende Sache", viel schrecklicher sei die Sklaverei.

Gleich nach Kriegsausbruch beginnen Clarke und Pearse, nach Verbündeten für eine Rebellion gegen die Briten zu suchen. Vor allem unter den etwa 10 000 radikaleren Mitgliedern der Irish Volunteers, die den Krieg an der Seite Englands entschieden ablehnen, finden sie viele Mitstreiter und formen aus den jungen Männern durch Training nach und nach eine echte Kampftruppe.

Zudem stößt James Connolly zu ihnen, der Generalsekretär der Irischen Transport- und Arbeitergewerkschaft und Kommandant einer gut ausgebildeten Schutztruppe von mehr als 200 Männern und Frauen, die von einer sozialistischen irischen Republik träumen.

Connolly ist ein erbitterter Feind der Briten, seit bei Kämpfen mit der Polizei während eines Streiks 1913 in Dublin zwei Arbeiter getötet und Hunderte Zivilisten verletzt worden sind.

Zu seinem Gefolge zählt Gräfin Constance Markievicz, eine ebenso exzentrische wie fanatische Nationalistin, Tochter eines anglo-irischen Adeligen, die nach dem Scheitern ihrer Ehe mit einem polnischen Grafen eine irische Pfadfinderbewegung und eine Frauenorganisation ins Leben gerufen hat.

Im Januar 1916 legen die Rebellen fest, dass der Beginn der Erhebung auf Ostern fallen soll. Ein Termin, zu dem Aufmärsche der Volunteers üblich sind und der Beginn des Aufstands daher leicht zu tarnen ist.

In den folgenden Monaten fabrizieren die Rebellen überall im Land heimlich Waffen und Sprengkörper. Ihre größte Hoffnung aber zerschlägt sich: Englands Kriegsgegner Deutschland lehnt es ab, Truppen zur Unterstützung der Revolte nach Irland zu entsenden – Berlin glaubt nicht an eine erfolgreiche Invasion. Zu gefährlich scheint es, eine Armee über den von den Briten beherrschten Ärmelkanal zu verschiffen.

Lediglich eine Waffenlieferung von 20 000 Gewehren sagen die Deutschen den Iren im März 1916 zu. Doch die englische Marine fängt das Schiff mit der Lieferung am 20. April ab, nur drei Tage vor dem geplanten Aufstand. Daraufhin zieht der Anführer der Irish Volunteers seine Beistandszusage zurück. Die Erhebung, davon geht er aus, ist jetzt schon gescheitert. Er widerruft alle geheimen Marschbefehle an die Kämpfer.

Pearse, Clarke und Connolly treffen sich daraufhin am Ostersonntag mit den weiteren Mitgliedern ihres siebenköpfigen Militärrates – und beschließen, trotz allem an dem Vorhaben festzuhalten. Doch am gleichen Tag geht dies nicht mehr, dafür ist das organisatorische Chaos zu groß. Nun wollen sie am Montag losschlagen – ohne zu wissen, wie viele Kämpfer sie noch mobilisieren können.

Es kommt aber einigen der Anführer wohl auch gar nicht so sehr auf einen unmittelbaren Erfolg des Umsturzes an. Auch ein heroisches Scheitern, so ihr Kalkül, könnte zum Triumph werden, wenn es die Iren zum Widerstand inspirierte. Dafür ist etwa Pearse bereit zu sterben – als Märtyrer.

Dass viele ihrer Landsleute gar keine Revolution wollen, mit der Zusage der Home Rule zufrieden sind und im Krieg fest zu England stehen, wollen oder können die Aufrührer nicht sehen.

KAMPF UM DUBLIN April 1916

DIE AUFSTÄNDISCHEN nehmen strategisch günstige Gebäude ein, ihr wichtigster Stützpunkt wird das Hauptpostamt. Doch dem Druck der ringförmig um sie postierten Belagerer können sie nicht lange standhalten

JAMES CONNOLLY
Der marxistische Gewerkschafter wird zum militärischen Kommandeur der Rebellen

CONSTANCE MARKIEVICZ
Die nationalistische Gräfin besetzt mit den Aufrührern Dublins größten Park

THOMAS CLARKE
Der frühere Terrorist ist ein Veteran des bewaffneten Kampfes gegen London

PATRICK PEARSE
Blutvergießen sei reinigend, schreibt der Schuldirektor und geistige Kopf der Revolte

Am Abend schickt Pearse mehrere Kuriere zu den lokalen Kommandeuren der Irish Volunteers mit der Nachricht, dass es nun doch zum Umsturz kommen soll: „Wir starten die Operationen um zwölf Uhr, Montag. Befolgt eure Anweisungen."

Der für die Zivilverwaltung in Irland zuständige britische Unterstaatssekretär Sir Matthew Nathan ahnt von alldem nichts. Ein Informant bei den Volunteers hat ihm am 27. März gemeldet, von den schlecht ausgebildeten Verbänden gehe keine Gefahr aus.

Montag, 24. April 1916. Ein strahlender Frühlingstag. Über Ostern halten sich viele Gäste in der Stadt auf, um das alljährliche große Pferderennen zu besuchen, das an diesem Vormittag 20 Kilometer nordwestlich Dublins startet.

Unbemerkt von den Einwohnern, läuft der Aufstand am Morgen an. Die Kämpfer der Volunteers und der Gewerkschaftertruppe machen sich auf den Weg zu ihren Sammelpunkten; es sind anfangs aber insgesamt nur etwa 1000 Männer und Frauen, da nach dem vorausgegangenen Hin und Her viele die neuen Befehle gar nicht erhalten haben oder sie nicht ernst nehmen (im Lauf der Erhebung werden noch etwa 600 Nachzügler hinzukommen).

Seit den frühen Morgenstunden halten sich sechs Mitglieder des Militärrates der Rebellen in der Liberty Hall auf, einem zentral gelegenen zweistöckigen Gewerkschaftsbau. Patrick Pearse ist mit dem Fahrrad gekommen, er trägt einen Militärmantel, Säbel und Pistole. Thomas Clarke geht die kurze Strecke zu Fuß, er hat sich von seiner Frau mit dem Versprechen verabschiedet, sich auf keinen Fall den Briten zu ergeben. Auch Constance Markievicz ist eingetroffen, sie trägt Reithosen, grüne Wickelgamaschen und einen Schlapphut mit Straußenfeder.

Unentwegt betreten Irish Volunteers in ihren graugrünen Uniformen sowie Mitglieder der sozialistischen Gewerkschaftstruppe das Gebäude, manche füllen noch in letzter Minute einen Vorrat an Bomben mit gestohlenem Sprengstoff. Einige Männer tragen einen Patronengurt über der Schulter, sind mit Karabinern und Schrotflinten bewaffnet, andere mit Spießen und Vorschlaghämmern.

Insgesamt sind in dem Gewerkschaftsbau nun einige Hundert Kämpfer versammelt. Ihr Weg durch die Stadt zur Liberty Hall hat keine große Aufmerksamkeit erregt – Dublins Bürger sind seit Jahren an die Aufmärsche und Manöver der Volunteers gewöhnt.

Um 11.45 Uhr bläst ein Hornist das Signal, etwa 30 Uniformierte der militanten Gewerkschaftstruppe greifen sich je zwei in Konservenmilchdosen versteckte Granaten, eilen auf den Platz vor dem Gebäude und nehmen Aufstellung. Dann marschieren sie gemeinsam mit einem Dutzend zum Kampf entschlossener Frauen los. Passanten machen Witze über die vermeintlichen Luftgewehre der Uniformierten.

Ein Schuss INS HERZ: der erste Tote

Gegen zwölf Uhr erreicht der Stoßtrupp das Schloss von Dublin, den Sitz der britischen Zivilverwaltung. Als der unbewaffnete Polizist am Eingang das

THE DAILY MIRROR, Wednesday, May 3, 1916.

ARMY BILL TO-DAY FOR IMMEDIATE AND GENERAL COMPULSION

The Daily Mirror

CERTIFIED CIRCULATION LARGER THAN THAT OF ANY OTHER DAILY PICTURE PAPER

No. 3,908. | Registered at the G.P.O. as a Newspaper. | WEDNESDAY, MAY 3, 1916 | One Halfpenny.

BRITISH SOLDIERS FIRING ON THE REBELS IN DUBLIN: MACHINE GUNS IN ACTION IN THE STREETS.

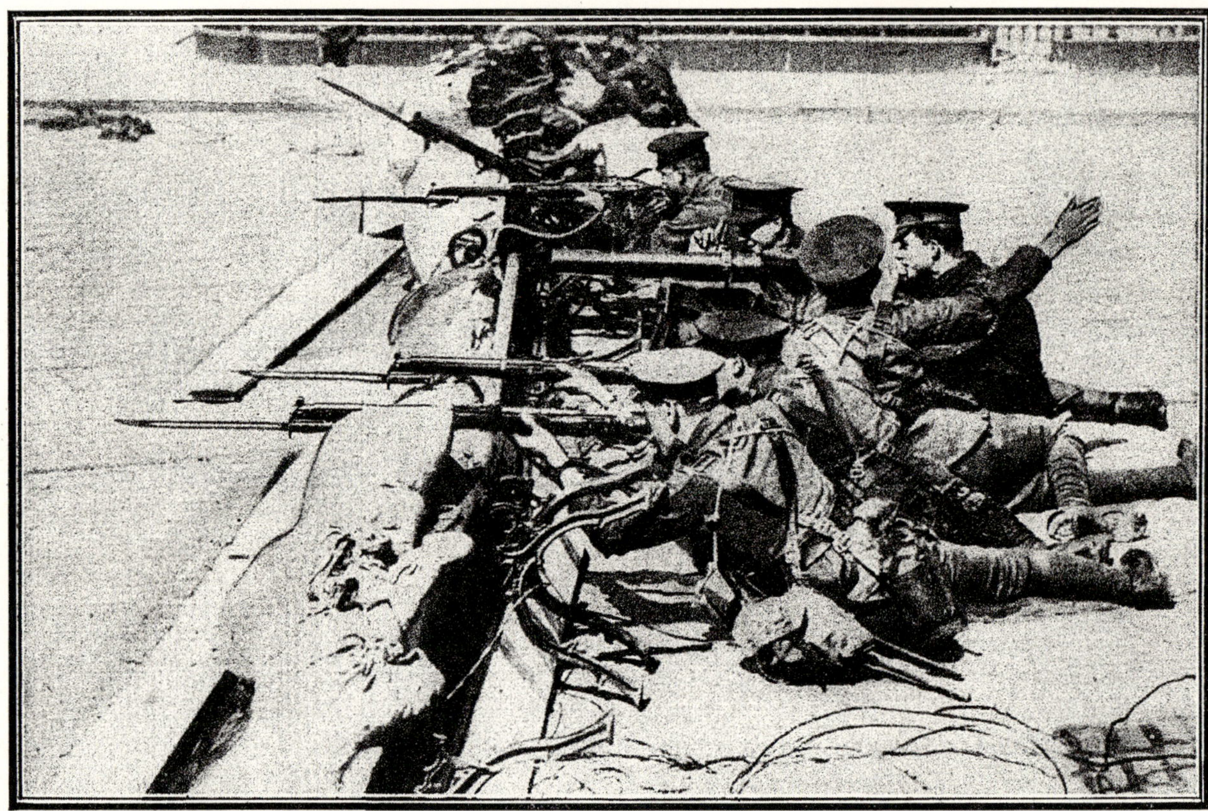

A machine gun section behind a street barricade in the South Dublin area. The photograph was taken during the actual fighting.

Mounted men in Sackville-street passing a horse lying dead in the road.

The balcony from which the first shot of the rebellion was fired.

The fighting in Dublin was enough to try the courage of seasoned troops, but the men engaged behaved with the utmost gallantry, although most of them had never been in action before. It was in the houses that the danger lay, as the snipers hid themselves within, and their chief efforts were directed against anyone in khaki. Soldiers could be seen lying behind barricades at every street corner, as in the top photograph, which was taken during the actual hostilities.—(*Daily Mirror* photographs.)

DIE REGIERUNGSTRUPPEN sind den Rebellen bald mit etwa 19 000 Mann zahlenmäßig mehr als zehnfach überlegen. Und sie besitzen auch die besseren Waffen, darunter Maschinengewehre und Granatwerfer. Nach fünf Tagen geben die irischen Kämpfer auf

Tor verschließen will, eröffnet ein Rebell das Feuer. Ins Herz getroffen, sinkt der Wachposten tot zu Boden.

Dabei haben die Männer gar nicht den Befehl, das Schloss zu besetzen, und tun es auch nicht, da sie nicht wissen, wie viele Soldaten sich dort befinden. Sie dringen aber in das gleich nebenan gelegene und an diesem Feiertag verwaiste Rathaus ein und nehmen weitere hohe Gebäude ringsum in Beschlag. Von den Dächern sollen sie eine nahe gelegene britische Kaserne und das Schloss ins Visier nehmen, wo Unterstaatssekretär Nathan gerade eine Besprechung abhält.

Von seinem Büro aus hört der Beamte die Schüsse bei der nur wenige Meter entfernten Torwache. Nathan begreift, dass er die Lage falsch eingeschätzt hat, dass gerade eine Revolte losbricht – und er nur wenige Truppen hat. Lediglich 400 einsatzbereite Soldaten halten sich an diesem Tag in Dublin auf, eigentlich zählt die Garnison der Hauptstadt 2400 Mann (und auf der ganzen Insel sind noch Tausende Soldaten stationiert). Aber viele Offiziere sind beim Pferderennen. Nathan fordert umgehend Verstärkung beim Dubliner Oberkommandierenden der britischen Truppen an – und informiert London.

Unterdessen setzen sich von mehreren Sammelpunkten in der Stadt vier Bataillone der Irish Volunteers in Marsch, wegen der chaotischen Mobilisierung zählt keine der Einheiten mehr als 250 Mann. Jede der Stellungen, zu denen sie unterwegs sind, ist so ausgewählt, dass sich von dort aus Soldaten beschießen lassen, sobald sie von den Kasernen Richtung Zentrum ausrücken.

Die Gewerkschaftstruppe besetzt zudem St Stephen's Green, Dublins größte Grünfläche, im Süden des Zentrums. Als einige Parkbesucher damit drohen, die Polizei zu rufen, verjagen die Rebellen sie mit Warnschüssen. Sie verschließen sämtliche Eingänge der mit Toren gesicherten Anlage, heben Gräben aus und errichten Barrikaden. Scharfschützen postieren sich in den umliegenden Gebäuden. Gräfin Markievicz erschießt einen unbewaffneten Polizisten, der sich weigert, den Park zu verlassen.

Ein Bataillon der Irish Volunteers unter dem Befehl des Mathematikprofessors Éamon de Valera okkupiert das weitläufige Areal einer Bäckerei im Südosten des Zentrums. Der 33-jährige de Valera, in New York als Sohn einer irischen Mutter und eines spanischen Vaters geboren und in Irland aufgewachsen, zählt zu den fähigsten Köpfen der Rebellen.

Drei weitere Einheiten besetzen die Keksfabrik „Jacob's", einen der größten Arbeitgeber der Stadt, sowie das Armenhaus in Süd-Dublin, einen riesigen Komplex mit Kliniken, Werkstätten, Höfen und Pflegeeinrichtungen – und schließlich das wuchtige Gerichtsgebäude.

> Sie rufen die **IRISCHE** Republik aus

Ein Kontingent von Irish Volunteers und Arbeiterrevolutionären, angeführt von Patrick Pearse und dem Gewerkschaftsmann James Connolly, marschiert auf Nebenstraßen zur Sackville Street. Ziel ist das nur einige Hundert Meter entfernte Hauptpostamt von Dublin, das zum Hauptquartier werden soll.

Das klassizistische Gebäude ist das imposanteste Bauwerk an der Sackville Street – und als Kommunikationszentrale zwischen Dublin und London von zentraler Bedeutung. Ein Portikus mit sechs Säulen und dem Wappen des Königs schmückt die 15 Meter hohe Fassade.

Durch den Haupteingang und ein Seitenportal erstürmen die Rebellen das auch zu Ostern geöffnete Postamt. Mit vorgehaltenen Waffen drängen sie die überraschten Kunden in der Schalterhalle sowie die Angestellten ins Freie. Sieben Wachen im obersten Stockwerk, die seit Kriegsbeginn die wichtigen Telegraphenverbindungen schützen sollen, aber aus unerklärlichen Gründen nur ungeladene Gewehre tragen, sind rasch überwältigt.

Connolly, der als einziger Rebellenführer über militärische Erfahrung verfügt, übernimmt das Kommando und schickt Scharfschützen auf das von einer Balustrade umfasste Dach. Von dort können seine Männer einen großen Teil der Sackville Street überblicken.

Die übrigen Aufständischen verschanzen sich im Erdgeschoss. Mit Gewehren schlagen sie die Fensterscheiben ein, um freies Schussfeld zu haben, sichern die Öffnungen mit Möbelstücken. Sie richten Schlaflager her und schaffen Vorräte heran. Gegen 12.30 Uhr hissen sie zwei Fahnen: die grün-weiß-orangefarbene Trikolore Irlands – seit dem 19. Jahrhundert Symbol der irischen Nationalisten – sowie ein grünes Banner mit goldener Harfe und der Inschrift „Irische Republik", genäht aus einem Bettüberwurf der Gräfin Markievicz.

Eine Viertelstunde später tritt Pearse, eskortiert von einer Wache, aus dem Gebäude. Auf der Türschwelle verliest er den Text einer Proklamation, welche die sieben Mitglieder des Militärrates der Rebellen unterschrieben haben: „Wir erklären, dass das Volk Irlands das Recht hat, Irland zu besitzen, das irische Schicksal ohne Fesseln zu kontrollieren, souverän und unverletzlich zu sein. Auf der Grundlage dieses Rechts stehend, erheben wir in Waffen und vor aller Welt

Anspruch darauf und erklären hiermit die Republik Irland zu einem souveränen, unabhängigen Staat." Zugleich ernennt sich der Militärrat zur „provisorischen Regierung" der neuen Republik – und Patrick Pearse zu deren „Präsidenten".

Es sind große Worte, doch kaum jemand hört sie. Weitgehend stumm lau-

Plünderer nutzen das CHAOS

schen einige Passanten der Ansprache, nur wenige Jubelrufe erklingen, ehe Pearse kehrtmacht und wieder im Gebäude verschwindet.

Dublins Bevölkerung verfolgt den Umsturz mit einer Kombination aus Schock, Apathie, Ungläubigkeit – oder Ablehnung. Das Home-Rule-Gesetz scheint ja beschlossen, und mitten im Krieg empfinden viele Iren den Aufstand schlicht als Verrat an ihren Landsleuten, die auf dem Kontinent kämpfen.

Vor der Keksfabrik beschimpfen Anwohnerinnen, deren Männer an der Front in Frankreich sind, die Rebellen, singen pro-britische Lieder und bewerfen die Aufständischen mit Steinen. Als ein Passant versucht, einem Volunteer die Waffe zu entreißen, wird er erschossen.

Bei St Stephen's Green brechen Wut und Panik aus, als die Rebellen einen Mann töten, der trotz mehrerer Warnschüsse seinen beschlagnahmten Lieferwagen von einer Barrikade wegfahren will.

Ab 14 Uhr lässt der Polizeichef Dublins – nach Londoner Vorbild: unbewaffnete – Polizisten von den Straßen abziehen. Das spricht sich schnell herum, und so machen sich nun Plünderer auf den Weg zur Sackville Street und stürmen dort die teuren Läden, die ihre Besitzer geschlossen und verlassen haben.

Auf dem Gehweg probieren Frauen in Lumpen Pelzmäntel und Federhüte an, schlüpfen in elegante Damenschuhe. Kinder posieren mit Zylindern. Ein Zeitungsverkäufer trägt eine goldene Armbanduhr zur Schau, Diebe bestehlen sich gegenseitig, Mütter mit Kinderwagen, beladen mit Raubgut, ziehen ab.

Unterdessen kommen ab 16.15 Uhr an einem Bahnhof im Westen der Stadt die ersten angeforderten britischen Verstärkungen mit Zügen aus dem Landesinneren an: 1600 Mann. Das Oberkommando lässt zuerst das Dubliner Schloss mit 300 Soldaten sichern sowie wichtige Bahnstationen besetzen.

London will mehr als 10 000 Mann Verstärkung aus England schicken – und die Revolte mit militärischer Übermacht niederschlagen.

Dienstag, 25. April 1916. Im Parkgelände St Stephen's Green können die Rebellen ihre Stellung nicht länger halten, denn die Briten beschießen sie seit dem Morgen von einem Hotel aus mit einem Maschinengewehr. Am Vormittag stürmen Londons Soldaten mit aufgesetzten Bajonetten das Rathaus, nachdem es die ganze Nacht über heftig attackiert wurde. Vier Rebellen sterben, die übrigen ergeben sich im Lauf des Tages.

Im Hauptpostamt dagegen herrscht noch Ruhe. Wachen an den Fenstern lösen sich ab, Frauen versorgen die Männer in der Kantine des ersten Stocks mit Frühstück, reichlich Proviant haben die Besetzer in umliegenden Geschäften beschlagnahmt. Thomas Clarke achtet allerdings peinlich darauf, dass sie keinen Tropfen Alkohol trinken.

Kuriere bringen Berichte von den anderen Stützpunkten. Um 9.30 Uhr veröffentlicht Patrick Pearse ein Bulletin, in dem es heißt, in „schweren und anhaltenden Kämpfen" hätten die Briten die weitaus größeren Verluste erlitten. Das gesamte Stadtzentrum sei in der Hand der neuen Regierung und die Bevölkerung Dublins zum überwältigenden Teil auf ihrer Seite. Nichts davon stimmt.

Am Nachmittag erklimmt Pearse einen Tisch auf der Sackville Street und verliest ein Manifest. Die Rebellen hielten in Dublin ihre Positionen, und das ganze Land erhebe sich zu ihrer Unterstützung: „Irlands Freiheit ist, mit Gottes Hilfe, nur noch wenige Tage entfernt."

Tatsächlich sympathisieren wohl nur die Menschen in den ärmeren Dubliner Vierteln mit den Rebellen, und außerhalb der Hauptstadt hat sich fast niemand dem Aufstand angeschlossen; nur in Galway verwüsten Männer einige Polizeiwachen, nördlich von Dublin versuchen Volunteers erfolglos, eine Eisenbahnbrücke zu sprengen.

Dennoch sind die Rebellen euphorisch. Sie glauben noch immer, dass die Iren ihrem Beispiel folgen werden – wenn nicht gleich, dann später, wenn man auf ihren Heldentod zurückblicken wird.

Am Nachmittag verhängen die Briten das Kriegsrecht über Dublin (und dehnen den Ausnahmezustand am folgenden Tag auf ganz Irland aus). Von 19.30 bis 5.30 Uhr darf nun niemand mehr auf die Straße. Bis Mitternacht gelingt es dem britischen Kommandanten mit seinen inzwischen auf mehr als 4000 Mann verstärkten Truppen, einen Kordon durch das Gebiet der Rebellen im Zentrum der Stadt zu schlagen und ihre Stellungen so voneinander zu isolieren.

Mittwoch, 26. April 1916. Am Vormittag bestreichen britische Scharfschüt-

THE SINN FEIN RISING AS IT AFFECTED PROPERTY

The damage to property is estimated at £2,000,000. One hundred and seventy-nine buildings were destroyed by flame and shell, the area that suffered most being Lower Sackville Street, where the General Post Office stood. It was the rebels' central stronghold, and was entirely burnt out.

A BARRICADE AT THE FOUR COURTS

RESCUING VALUABLES FROM THE SMOKING RUINS

A BARRICADE MADE OF MOTORS

FROM THE TOP OF THE NELSON COLUMN: BOTH SIDES OF SACKVILLE STREET, SHOWING THE BURNT-OUT IMPERIAL HOTEL AND POST OFFICE

THE CENTRE OF THE DEVASTATED AREA: A CORNER OF SACKVILLE STREET AND EDEN QUAY, VIEWED FROM O'CONNELL BRIDGE

EINEM KRIEGSGEBIET gleicht die Innenstadt nach den Kämpfen. Ausgebrannt ist die Post, das Hauptquartier der Rebellen (Mitte rechts), in Ruinen liegen aber auch etliche Wohnhäuser. Unter den Opfern sind viele Zivilisten, die zwischen die Fronten geraten sind

THE DAILY MIRROR, Friday, May 5, 1916.

GERMANS ADMIT FRENCH SUCCESS IN MORT HOMME FIGHT

The Daily Mirror

CERTIFIED CIRCULATION LARGER THAN THAT OF ANY OTHER DAILY PICTURE PAPER

No. 3,910. Registered at the G.P.O. as a Newspaper. FRIDAY, MAY 5, 1916. One Halfpenny.

ROUNDING UP THE REBELS AT DUBLIN: MANY BOYS AMONG THOSE WHO HAVE BEEN MADE PRISONERS.

Prisoners, of whom about 3,000 are now in custody, being marched through the streets under military escort. Many of them were mere boys.

Searching a cart. Ammunition could very easily have been hidden under the straw.

Soldiers stop priests in order to examine their papers.

Armoured car in which money was taken to the bank.

According to one report, the mobilised "Dublin Division" of the rebel army on Easter Monday was 15,000. Of this number many escaped in civilian clothes, while others made their way into the provinces. The streets are now resuming their normal appearance, though the ruins tell their tale, and people are flocking in from the country to collect souvenirs. Many of them walked miles in order to reach the capital and see things for themselves.—(*Daily Mirror* photographs.)

DER KAPITULATION folgt die Bestrafung: Aufständische werden inhaftiert, die Anführer nach kurzem Prozess hingerichtet. Viele Iren sehen die Revolte zwar kritisch – doch das äußerst harte Vorgehen der Briten lässt die Stimmung zugunsten der Rebellen kippen

zen vom Dach des nahen Trinity College die Sackville Street. Sie zielen auf Außenposten der Rebellen, die auch das „Imperial"-Hotel, einen Schießpulverladen sowie einen Juwelier besetzt halten.

Zudem eröffnet ein Kanonenboot vom Liffey aus das Feuer aufs Zentrum. Artilleriegranaten explodieren inmitten der Metropole – es sind Kriegsszenen, wie sie bis dahin noch keine Stadt des Vereinigten Königreichs erlebt hat.

Das Hauptpostamt können die Briten aus ihren Stellungen noch nicht direkt unter Feuer nehmen. Doch die Detonationen von Granaten in der Nähe lassen das Gebäude immer wieder erbeben und Putz von den Wänden rieseln.

Vom Dach aus versuchen die Schützen der Rebellen, die Artilleriestellungen der Briten zu treffen.

Inzwischen sind 12 000 Soldaten aus England eingetroffen, doch beim

Unbeteiligte STERBEN im Kugelhagel

Marsch ins Stadtzentrum sind die vorrückenden Angreifer zunächst im Nachteil gegenüber den gut verschanzten Verteidigern und erleiden größere Verluste.

Sowohl die eilig zusammengezogenen jungen Rekruten als auch die Rebellen haben wenig Erfahrung im Umgang mit Waffen, immer wieder fügen die Männer sich oder Kameraden schwere Verletzungen zu. Ein Rebell lässt eine Handgranate in seiner Hand explodieren, ein anderer jagt sich selbst mit dem entsicherten Gewehr eine Kugel in den Fuß.

Und bei ihren Schusswechseln töten die gegnerischen Schützen oft unbeteiligte Passanten, auch Kinder (die Bewohner der Innenstadt müssen sich Lebensmittel besorgen, nicht alle können tagsüber, wenn die nächtliche Ausgangssperre endet, in ihren Wohnungen ausharren).

Viele Einwohner fliehen aus den Kampfzonen, Alte und Gebrechliche sind jedoch oft zu schwach, um ihre Häuser zu verlassen. Längst sind Kohle, Gemüse, Brot und Mehl knapp, die Preise für Eier, Butter und Milch steigen. Vor den wenigen Läden, die noch öffnen, bilden sich rasch lange Schlangen.

Erst gegen 18 Uhr flauen die Schusswechsel ab. Doch in der Nacht sind wieder Gewehrfeuer und die dumpfen Detonationen von Granaten zu hören.

Donnerstag, 27. April. Im Hauptpostamt sind bislang nur wenige Mann leicht verwundet worden. James Connolly erwartet einen Sturmangriff der britischen Infanterie – und einen heroischen Endkampf Mann gegen Mann.

Der überzeugte Marxist glaubt nicht, dass die Briten das gesamte Zentrum Dublins in Schutt und Asche legen und so Eigentum der herrschenden bürgerlichen Klasse zerstören werden, nur um einen Aufstand niederzuschlagen.

Auch er ist bereit, für die Freiheit zu sterben, denn „ohne Blutvergießen gibt es keine Erlösung", verkündet er.

Auf dem Rückweg von einem Außenposten, den er inspiziert hat, wird er von einem britischen Scharfschützen getroffen. Das Projektil zertrümmert den Schienbeinknochen. Ein Arzt versorgt die Wunde und setzt Morphiumspritzen.

LITERATURTIPPS

CHARLES TOWNSHEND
»Easter 1916. The Irish Rebellion«
Souveräne Gesamtdarstellung (Penguin Books).

MICHAEL FOY U. A.
»The Easter Rising«
Dicht geschildert anhand von zahlreichen Augenzeugenberichten (The History Press).

Die Männer an seiner Seite fühlen sich für ein blutiges Finale gewappnet. „Niemand von uns erwartete Gnade, aber wir waren entschlossen, unsere Leben teuer zu verkaufen und uns bis zur letzten Patrone zu verteidigen", berichtet einer der Kämpfer später.

Doch das britische Oberkommando plant keine verlustreichen Frontalangriffe, sondern verfolgt eine andere Strategie. Besetzte Häuser attackieren die Soldaten nicht zu Fuß, sondern fahren an sie heran mit teilweise gepanzerten Lkw, auf denen Monteure alte Dampfkessel von Lokomotiven befestigt haben. Darin ist Platz für bis zu 20 Kämpfer, die direkt von den Fahrzeugen aus in die Hauseingänge stürmen.

Für das Zentrum wählen die Briten ein anderes Vorgehen: Am Nachmittag beschießen sie mit Artillerie das Dach des Hauptpostamts, und an der Rückseite des Gebäudes rücken Truppen vor. Vor allem aber setzen sie am Abend die Gebäude gegenüber des Hauptpostamts mit Brandbomben in Flammen, um die Rebellen zur Aufgabe zu zwingen, lösen so auch die Explosion des Öllagers aus.

Die Besetzer der Hauptpost überschütten ihre Barrikaden an den Fenstern mit Wasser, damit sie nicht Feuer fangen. Sofort verdampft es und verbrüht Gesichter und Hände. Doch sie haben Glück: Das Inferno, das die Briten entfesselt haben, erfasst ihr Quartier nicht.

Freitag, 28. April. Überall auf der östlichen Seite der Sackville Street schwelen Feuer, von den Gebäuden stehen nur noch die Mauern. Rauchschwaden steigen auf. Immer wieder stürzen Dächer oder Wände krachend ein.

Die Briten haben jetzt rund 19 000 Soldaten im Stadtzentrum zusammengezogen. Seit Tagesanbruch beschießen sie auch die westliche Seite des Boulevards mit Brandbomben. Es ist klar, dass sie die Rebellen ausräuchern wollen – es wird keinen heroischen Endkampf geben, kein Ringen Mann gegen Mann.

Pearse, Clarke und Connolly sowie die anderen Anführer beschließen, sich nicht bei lebendigem Leib verbrennen zu lassen. Sie wollen das Postamt rechtzeitig evakuieren. Connolly, der von einem rollenden Krankenbett aus kommandiert, richtet noch einmal ein trotziges Kommuniqué an seine Mitstreiter: Die britische Armee, die sich damit brüste, die deutschen Linien an der Marne erstürmt zu haben, wage es nicht, die Stellungen der Rebellen direkt zu attackieren.

Gegen zwölf Uhr entzündet eine Brandbombe eine obere Ecke des Postamtes. Das Feuer breitet sich aus, eine Stunde später stürzen Teile des Daches ein. Pearse befiehlt seinen Scharfschützen, sich nach unten zurückzuziehen.

Um 15 Uhr schlägt eine Brandgranate ein, nach heftigem Beschuss brechen überall im Gebäude Brände aus. Mit Wasserschläuchen, Feuerlöschern und Eimern kämpfen die Rebellen gegen die Flammen an, doch es ist aussichtslos.

Um 19 Uhr wütet das Feuer im Fahrstuhlschacht und in Lüftungsschächten, eine Stunde später verlassen 320 Kämpfer das Postamt durch einen Seitenausgang. Pearse geht als einer der Letzten. Auch Clarke, eigentlich entschlossen, in dem Gebäude zu sterben, schließt sich der Evakuierung an.

Draußen werden die Rebellen mit Maschinengewehren und Granaten beschossen. Panik und Konfusion brechen unter die Fliehenden aus. Nach wenigen Metern retten sie sich in ein Wohnhaus in der nahe gelegenen Moore Street. Die Bewohner haben ihre Tür abgeschlossen, doch die Kämpfer verschaffen sich gewaltsam Zutritt. Als ein Volunteer auf das Schloss feuert, tötet die Kugel die 15-jährige Tochter des Hausbesitzers. In dem Gebäude, von dem aus die Rebellen durch das Einschlagen der Zwischenwände in die Nachbarhäuser vordringen, verbringen sie die Nacht unter heftigem Beschuss, der erst um drei Uhr endet.

Samstag, 29. April. Am Morgen liegen in der Moore Street etliche Leichen, darunter sind auch Zivilisten, die zwischen die feindlichen Linien geraten waren. Pearse hat selbst in den ersten Stunden des Tages beobachtet, wie die Briten auf eine Gruppe von Frauen feuerten, die aus der umkämpften Straße fliehen wollten.

Aus Verlierern werden HELDEN

Ein Mann stirbt im Kugelhagel, als er mit einer weißen Fahne in der Hand aus seinem brennenden Haus rennen will. Eine Familie, die ihre Wohnung verlässt, aus Angst, sie würde Feuer fangen, beschießen die Briten ebenfalls. Der Vater erliegt seinen Verwundungen. Die unerfahrenen Soldaten feuern auf alles, was sich bewegt, und die Offiziere betrachten offenbar jeden Bürger, der nicht vor den Rebellen geflohen ist, als legitimes Opfer.

Pearse, Clarke und Connolly beraten sich erneut. Sollen sie mit ihren Männern eine letzte, selbstmörderische Attacke auf die britische Barrikade am Ende der Straße unternehmen?

Doch dann beschließen die Anführer: Es ist genug. Dass sie selbst mit dem Leben für den Aufstand bezahlen werden, ist ihnen bewusst, doch sie hoffen, ihre verbliebenen Kämpfer zu retten und weitere Opfer unter den unbeteiligten Zivilisten zu vermeiden. Nur Thomas Clarke, der Älteste, will sich nicht ergeben, so wie er es seiner Frau versprochen hat, lässt sich aber überstimmen.

Die Rebellen schicken eine Krankenschwester vor; sie tritt aus einer Haustür in der Moore Street, schwenkt ein weißes Taschentuch an einem Stab und geht als Abgesandte des Militärrates sehr langsam auf die Barrikade der Briten zu.

Gegen 15 Uhr geht Patrick Pearse zu den Briten, liefert sich ihnen aus. Der Schuldirektor, der wohl während der gesamten Erhebung keinen Schuss abgefeuert hat, unterzeichnet in Gegenwart eines britischen Generals die Kapitulationserklärung. Eine Botin überbringt die Nachricht den Rebellen im Stadtgebiet.

Ein Militärauto fährt den verhafteten Pearse zum britischen Hauptquartier. Connolly tragen seine Männer auf einer Liege zum Dubliner Schloss, in dem seit 1914 ein provisorisches Hospital für verwundete Soldaten untergebracht ist. Die 320 Kämpfer aus der Moore Street werden zu einer Rasenfläche abgeführt (insgesamt überleben etwa 1550 Rebellen den Aufstand). Dort verbringen sie, bewacht von Soldaten, die Nacht im Freien.

Sonntag, 30. April. Als die Briten ihre Gefangenen kurz nach neun Uhr morgens zu einer Kaserne im Westen der Stadt eskortieren, beschimpfen manche Passanten sie, andere aber lächeln ihnen zu. Im Laufe des Tages ergeben sich auch die letzten Rebellen in den anderen Stellungen. Beim Parkgelände St Stephen's Green müssen englische Bewacher die Aufständischen vor dem Zorn der Menge schützen.

Dublins Zentrum ist verwüstet. Allein in der Sackville Street sind 179 Gebäude durch Feuer oder Bomben zerstört. Rund 430 Menschen sind bei den Kämpfen umgekommen, mehr als 2600 wurden verwundet – die meisten Zivilisten. 15 Polizisten und 112 britische Soldaten sind gestorben, die Aufständischen zählen 66 Tote. Und es werden noch weitere ihren Verletzungen erliegen.

In den folgenden Tagen lassen die Briten im ganzen Land nach verdächtigen „Sinn Féiners" fahnden – so nennen die Behörden jetzt pauschal Irlands aktive Nationalisten, auch wenn Arthur Griffith und seine Organisation der Revolte ferngeblieben sind.

Insgesamt 3430 Männer und 79 Frauen werden verhaftet, doch lassen die Behörden 1424 der Festgenommenen binnen Wochen wieder frei. Die meisten der restlichen Häftlinge deportieren die Briten nach England, entlassen aber auch sie nach einigen Monaten.

Schon am 2. Mai 1916 beginnen in einer Kaserne die ersten Prozesse gegen die Aufständischen. Die Briten klagen 187 Rebellen an (darunter Gräfin Markievicz als einzige Frau).

Die Verfahren vor einem Kriegsgericht sind ausnahmsweise geheim – und erstaunlich kurz: Sie dauern meist nicht länger als eine Viertelstunde. Die Anklage lautet auf „bewaffnete Rebellion" und „Krieg gegen Seine Majestät den König mit der Absicht, dem Feind zu helfen". Es gibt in solchen Verfahren keine Verteidiger, und die Beweislage gegen die Angeklagten ist oftmals dürftig.

Gleich am ersten Tag verurteilt das Tribunal Patrick Pearse und Thomas Clarke zum Tod. Clarke wird in ein Gefängnis gebracht, darf sich dort noch von seiner Frau verabschieden. Pearse empfängt in seiner Gefängniszelle von einem Geistlichen die Kommunion. Im Kerzenschein kniend, hält er ein Kreuz fest umklammert und versenkt sich ins Gebet. Am nächsten Morgen werden die zwei im Gefängnishof erschossen.

Insgesamt 15 der mindestens 88 Todesurteile lassen die Briten vollstrecken. Den verletzten James Connolly, der nicht mehr stehen kann, hieven Soldaten auf einen Stuhl und binden ihn fest, ehe sie ihn exekutieren. Constance Markievicz bricht, so ein Gerücht, vor Gericht zusammen, fleht um ihr Leben. Die Briten wandeln ihre Strafe in lebenslange Haft um; sie scheuen sich, eine Frau zu erschießen.

IN KÜRZE

Als eine Gruppe radikaler Nationalisten Ostern 1916 in Dublin revoltiert, kann sie sich nur wenig Hoffnung machen, mit nicht einmal 2000 Kämpfern tatsächlich die Unabhängigkeit zu erringen. Doch die Rebellen setzen auf die heroische Geste – und darauf, einen Stimmungswandel unter den Iren zu erzeugen. Langfristig mit Erfolg: Nach den heftigen Straßenkämpfen und der harschen Vergeltung der Briten wird das Begehren nach einem Ende der Fremdherrschaft abermals intensiver.

Denn inzwischen hat von London aus Premier Asquith interveniert, aus Sorge, ein zu drakonisches Vorgehen könnte die Stimmung in der irischen Bevölkerung kippen lassen.

Auch diplomatische Erwägungen beeinflussen möglicherweise die Prozesse: So erhält Éamon de Valera, der als Bataillonskommandeur Aufständische befehligt hatte, statt des ursprünglichen Todesurteils eine lebenslange Haftstrafe – vielleicht weil die Briten unsicher sind, ob er amerikanischer Staatsbürger ist.

Doch die landesweiten Verhaftungen Unbeteiligter erzeugen unter den Iren das Gefühl, pauschal unter Verdacht zu stehen. Auch die von den Soldaten erschossenen Zivilisten der Ostertage, aber vor allem die dubiosen Prozesse und eiligen Exekutionen der Rebellen führen dazu, dass der Hass auf die Briten wächst – und auch die irischen Parlamentarier in London bald als Kollaborateure der Besatzer gelten.

Die Sympathie für die gescheiterten Rebellen nimmt dagegen zu. Viele Iren sehen in ihnen aufrechte Landsleute, denen man im Grunde nichts Schlechtes nachsagen kann. In Dublin heften sich die Menschen Trauerflore an, zeigen öffentlich ihr Mitgefühl für die Rebellen, die in Balladen gefeiert, in Liedern besungen werden. Fotos und Texte der Hingerichteten finden sich bald in Tausenden Haushalten, ebenso verbreitet sich die Schilderung des in der Zelle betenden Patrick Pearse, wie sie der anwesende Priester beschrieb.

Und so tragen die Briten durch die kurzen Prozesse und überhasteten Exekutionen entscheidend dazu bei, dass die Männer um Pearse schließlich jenen Märtyrernimbus erlangen, den einige unter ihnen von Beginn an anstrebten.

„Tragische Würde" sei mit ihnen nach Irland zurückgekehrt, schreibt etwa die irische Schauspielerin Maud Gonne an den Schriftsteller William Butler Yeats. Als gescheiterte Helden werden die Rebellen nun zunehmend glorifiziert.

„Du musst nicht trauern", hatte sich Patrick Pearse in seinem Brief kurz vor seiner Hinrichtung von seiner Mutter verabschiedet. „Unsere Taten der letzten Woche waren die glorreichsten der irischen Geschichte. Die Nachwelt wird sich an uns erinnern, und die kommenden Generationen werden uns preisen." Bei einem Großteil seiner Landsleute wird er damit recht behalten. ◊

MICHAEL COLLINS steht an der Spitze der Irish Republican Army, die gegen die Briten kämpft. Er ist zu Zugeständnissen an London bereit. Doch das macht ihn in den Augen vieler Mitstreiter zum Verräter

DER PREIS DER FREIHEIT

Nach Jahrhunderten der Fremdherrschaft erkämpfen sich die Iren 1921 endlich einen weitgehend unabhängigen Staat. Doch dafür müssen sie den britischen Besatzern enorme Zugeständnisse machen. Der Streit um das Abkommen mit London spaltet zudem die Nation – und eskaliert zu einem blutigen Bürgerkrieg

TEXT: *Karoline Kuhla*

Die Iren sind den Kampf gewohnt. Über Jahrhunderte hinweg haben sie sich immer wieder gegen die Briten erhoben. Doch diesmal, im Jahr 1922, ist es anders, schlimmer – denn diesmal kämpfen Iren gegen Iren, Nachbarn gegen Nachbarn, Väter gegen Söhne. Und das, obwohl beide Gruppen im Grunde das gleiche Ziel haben: die Souveränität ihres Heimatlandes.

Nach dem gescheiterten Osteraufstand von 1916 (siehe Seite 112) haben die irischen Freiheitskämpfer einen neuen Weg eingeschlagen: Sie wollen die Unabhängigkeit ihres Landes mit einer engen Verknüpfung von bewaffnetem Widerstand und politischer Kampagne erringen.

So gründen sie, ohne London zu fragen, im Januar 1919 ein eigenes Parlament. Und stellen die IRA auf, die Irish Republican Army. Deren Anführer wird der 29-jährige Michael Collins, ein Vorstandsmitglied der tonangebenden Partei Sinn Féin.

In Zivil gekleidet, verüben IRA-Kämpfer Anschläge und Attentate auf britische Soldaten und Polizisten; Mehr als 600 Sicherheitskräfte werden bis 1921 getötet. Unter den Iren genießen die Attentäter großen Rückhalt und sind kaum zu fassen.

Außerstande, die Lage zu kontrollieren, lädt London schließlich Vertreter des irischen Parlaments zu Friedensverhandlungen ein – und akzeptiert sogar, dass Michael Collins mit am Tisch sitzt. Nach komplizierten, monatelangen Gesprächen einigen sich beide Seiten am 6. Dezember 1921 auf einen Vertrag. Er gewährt Irland eine eigene Regierung und ein echtes, gesetzgebendes Parlament sowie eine eigene Armee und eine selbstständige Außenpolitik.

Umgekehrt sichert das Abkommen den Briten das Nutzungsrecht für drei Marinestützpunkte in Irland zu, hält fest, dass die Endkontrolle über eine irische Verfassung bei Großbritannien liegt und der englische König das Staatsoberhaupt bleibt. Vor allem aber besiegelt es die Teilung der Insel: Der protestantische Norden wird vom Süden abgetrennt und verbleibt im Vereinigten Königreich. Irlands Freiheit kommt zu einem hohen Preis.

Als Collins den Vertrag unterzeichnet, sagt er angeblich zu einem britischen Unterhändler, er habe soeben vielleicht sein „Todesurteil unterschrieben".

Und tatsächlich: Die Unabhängigkeitskämpfer entzweien sich. Die einen, mit Collins an der Spitze, sehen den Vertrag als ersten Schritt zur vollkommenen Freiheit eines geeinten Irlands. Die anderen geißeln das Ergebnis als zu schwach, verdammen vor allem die irische Teilung. Schließlich wird nach hitzigen Debatten im irischen Parlament über den Vertrag abgestimmt. Nur knapp, mit 64 zu 57 Stimmen, nehmen die Abgeordneten ihn an.

Kurz nach dieser Entscheidung eskaliert der Konflikt, ein Bürgerkrieg bricht aus. Männer, die eben noch Seite an Seite gegen die Briten gekämpft haben, töten sich nun gegenseitig, mitunter sind Familien zerrissen.

Zur Hassfigur der Vertragsgegner wird Michael Collins. Am 22. August 1922 gerät seine Wagenkolonne in einen Hinterhalt. Statt zu fliehen, wehren sich seine Begleiter und er 30 Minuten lang mit Gewehren gegen die Angreifer. Schließlich trifft ihn eine Kugel tödlich.

Seine Seite aber obsiegt: Nach elf Monaten Bürgerkrieg und gut 2000 Toten setzen sich die Befürworter des Vertrags im April 1923 schließlich durch – auch weil die britische Regierung ihnen Waffen gesandt hat. Etwa 12 000 Vertragsgegner landen im Gefängnis.

Irland ist nun weitgehend selbstständig, aber geteilt in Nord und Süd. Daran ändert auch die neue irische Verfassung nichts, die 1937 verabschiedet wird, und ebenso wenig der „Republic of Ireland Act", mit dem Irland 1949 das britische Commonwealth verlässt und vollends unabhängig wird.

Die politische Spaltung der Insel bleibt bestehen. Sie dauert bis heute an. ◊

EINE RAUE NATUR findet Böll vor, geschundene Dörfer und viel Duldsamkeit (Cottage im County Donegal)

Das schroffe IDYLL

TEXT: *Heinrich Böll*

In den 1950er Jahren besucht der Schriftsteller Heinrich Böll Irland und spürt dessen Seele nach. Er beschreibt eine Welt, die bettelarm ist, aber auch von einer anrührend spröden Einfachheit

Als ich an Bord des Dampfers ging, sah ich, hörte und roch ich, dass ich eine Grenze überschritten hatte. Hier auf dem Dampfer war England zu Ende: hier roch es nach Torf, klang kehliges Keltisch aus Zwischendeck und Bar, hier nahm Europas soziale Ordnung andere Formen an: Armut war nicht nur „keine Schande“ mehr, sondern weder Ehre noch Schande: sie war so belanglos wie Reichtum.

MIT SEINER FAMILIE reist Böll mehrmals über den Sommer nach Irland. Später kauft er sich dort ein kleines Haus

LANGSAM SCHNAUFTE der Dampfer in den Hafen. Möwen begrüßten ihn, die graue Silhouette von Dublin wurde sichtbar, verschwand wieder: Kirchen, Denkmäler, Docks. Irische Tränen begrüßten die Heimat und die Heimkehrenden. Müde taumelte ich vom Schiff.

VOR DER KATHEDRALE stand ein Bettler; nur in südlichen Ländern gibt es sonst solche Bettler, aber im Süden scheint die Sonne: hier, nördlich des 53. Breitengrades, ist Zerlumptheit, ist Zerrissenheit etwas anderes als südlich des 30. Breitengrades; Regen fällt über die Armut, und Schmutz könnte hier selbst von einem unverbesserlichen Ästheten nicht mehr als malerisch empfunden werden; das Elend hockt hier in den Slums um St. Patrick herum, in manchen Winkeln, manchen Häusern noch so, wie Swift es 1743 gesehen haben mag.

IN DUBLIN HAT uns jemand gesagt: „Limerick ist die frommste Stadt der Welt.“ Wir hätten also nur auf den Kalender zu schauen brauchen, um zu wissen, warum die Straßen so verlassen dalagen, die Milchflaschen ungeöffnet waren, die Läden leer: Limerick war in der Kirche; donnerstags morgens gegen elf. Plötzlich, noch bevor wir das Zentrum des modernen Limerick erreicht hatten, öffneten sich die Kirchentüren, füllten sich die Straßen, wurden die Milchflaschen vor den Türen weggenommen. Es war wie eine Eroberung: die Limericker nahmen ihre Stadt ein.

DASS DER GOTTESDIENST erst beginnen kann, wenn der Pfarrer erscheint, ist einleuchtend; dass aber das Kino erst beginnt, wenn alle Priester vollzählig versammelt sind, ist für den Fremden eine Überraschung. Im Halbdunkel des Saales herrscht eine Munterkeit wie auf einem Jahrmarkt: Gespräche werden über vier Sitzreihen hinweg geführt, Witze über acht Reihen hin gebrüllt; vorne auf den billigen Plätzen vollführen die Kinder einen heiteren Lärm, wie man ihn nur aus Schulpausen kennt; Pralinen werden angeboten, Zigarettenmarken ausgetauscht, irgendwo im Dunkel ertönt das verheißungsvolle Knirschen, mit dem ein Propfen aus einer Whiskeyflasche gezogen wird; das Make-up wird erneuert, Parfüm verspritzt; jemand fängt an zu singen. Hier ist die klassenlose Gesellschaft Realität.

IN DER MITTE IRLANDS, in Athlone, zweieinhalb Schnellzugstunden hinter Dublin, wird der Zug in zwei Hälften auseinandergekoppelt, die bessere Hälfte, die den Speisewagen behält, geht nach Galway weiter, die benachteiligte Hälfte, in der wir bleiben, geht nach Westport. Vier Stunden lang noch hinter Athlone schlängelte sich der Zug zu immer kleineren Stationen durch. Dann kommt das große Wasser und dahinter New York.

DER REGEN IST HIER ABSOLUT, großartig und erschreckend. Diesen Regen schlechtes Wetter zu nennen, ist so unangemessen, wie es unangemessen ist, den brennenden Sonnenschein schönes Wetter zu nennen.

HIER WIRD GEERNTET, was Jahrhunderte der Feuchtigkeit zwischen nackten Felsen, Seen und grünen Weiden haben wachsen lassen: Torf, einziger natürlicher Reichtum eines Landes, das schon seit Jahrhunderten des Waldes beraubt ist. In großen Meilern trocknen die Klumpen hinter jedem Haus, oft wächst der Torfstapel über das Dach hinaus, und so ist eins immer gesichert: das Feuer im Kamin.

DAS LAND ist leer, durch Tod und Flucht: Friedhof auf Achill Island, wo Böll sich häufig aufhält

DAS NEUNTE KIND der Mrs. D. heißt James Patrick Pius. An dem Tag, an dem es geboren wurde, wurde Siobhan, das älteste Kind der Mrs. D, ein Mädchen, gerade siebzehn; was aus Siobhan werden soll, ist schon geplant. Sie wird die Post übernehmen: den Klappenschrank bedienen, Gespräche aus Glasgow, London, Liverpool annehmen und vermitteln, Briefmarken verkaufen, Einschreibequittungen ausschreiben und zehnmal soviel Geld auszahlen, als eingezahlt wird: Pfunde aus England, Kinderzulagen, Prämien für Gälischsprechen, Renten.

Vielleicht auch wird sie plötzlich der Koller überkommen, wenn der Wind wochenlang weht, wenn die Leute mit ihrem schrägen Gang gegen den Sturm ankämpfen, wenn der Regen wochenlang regnet, das Fernglas den Blick auf die blauen Inseln nicht freigibt und im Nebel der Rauch der Torffeuer tief hängt, dicht und bitter.

Wie es auch sein wird, sie kann hierbleiben, und das ist eine unglaubliche Chance: von ihren acht Geschwistern werden nur zwei hierbleiben können; einer kann die kleine Pension übernehmen, und ein zweiter kann dort, wenn er nicht heiratet, mithelfen; zwei Familien ernährt die Pension nicht. Die anderen werden auswandern oder irgendwo im Lande Arbeit suchen müssen; aber wo und wie viel werden sie verdienen? Sicher ist, dass von den neun Kindern fünf oder sechs werden auswandern müssen.

DIESE ABSCHIEDE AN irischen Bahnhöfen, an Bushaltestellen mitten im Moor, wenn die Tränen sich mit Regentropfen mischen und der atlantische Wind weht; der Großvater steht dabei, er kennt die Schluchten von Manhattan, kennt die New Yorker Waterfront, und er steckt dem Jungen schnell noch eine Pfundnote zu; vorsichtig

DIE IREN SIND FROMM, so Böll, aber auch nahbar, menschlich, von herber Fröhlichkeit (Wanderer auf Achill Island)

DIE MENSCHEN erdulden jedes Tagwerk und jedes noch so grauenhafte Wetter (Fischer im Westen)

hupt der Busfahrer, sehr vorsichtig, aber er, der schon Hunderte, vielleicht Tausende, die er hat aufwachsen sehen, an den Zug gefahren hat, er weiß, dass der Zug nicht wartet und dass ein vollzogener Abschied leichter zu ertragen ist als einer, der noch bevorsteht.

Acht Stunden brauchen Bus und Bahn von hier bis Dublin, und was sie aufsammeln, was in überfüllten Zügen auf den Fluren mit Pappkartons, zerbeulten Koffern oder Leinensäcken herumsteht, Mädchen, die noch den Rosenkranz um ihre Hände geschlungen halten, Jungen, in deren Taschen noch die Murmeln klingen – diese Fracht ist nur ein geringer Teil, nur wenige hundert sind es von mehr als vierzigtausend, die in jedem Jahr dieses Land verlassen: Arbeiter und Ärzte, Krankenschwestern, Hausgehilfinnen und Lehrerinnen: irische Tränen, die sich mit polnischen, italienischen mischen werden, in London, Manhattan, Cleveland, Liverpool oder Sydney.

Von den neun Kindern der Mrs. D. werden also sicher vier oder fünf auswandern müssen. Noch wird Pius vom älteren Bruder geschaukelt, während die Mutter Hummer für ihre Gäste in den großen Topf überm Torffeuer wirft; während die Zwiebeln in der Pfanne schmoren und das dampfende Brot auf dem fliesenbelegten Tisch langsam auskühlt; während die See rauscht und Siobhan mit den Augen der Vivien Leigh durchs Fernglas auf die blauen Inseln draußen blickt, Inseln, auf denen bei klarem Wetter noch die kleinen Dörfer zu erkennen sind: Häuser, Scheunen, eine Kirche, deren Turm schon eingestürzt ist. Kein Mensch wohnt mehr dort, keiner. Die Vögel nisten in Wohnstuben, Seehunde faulenzen manchmal am Kai des Hafens, kreischende Möwen schreien wie verdammte Seelen in den verlassenen Straßen.

WIR TRANKEN, UND NOCH immer standen die Uhrzeiger, wie sie schon seit drei Wochen standen: auf halb elf. Und

UMZUG EINER KIRCHENGEMEINDE: Die Religion prägt das irische Leben, jeden Tag des Alltags

sie würden noch vier Monate lang auf halb elf stehen. Halb elf ist die Polizeistunde für ländliche Kneipen in der Sommerzeit, aber die Touristen, die Fremden liberalisieren die starre Zeit. Wenn der Sommer kommt, suchen die Wirte ihren Schraubenzieher, ein paar Schrauben und fixieren die beiden Zeiger; manche auch kaufen sich Spielzeuguhren mit hölzernen Zeigern, die man festnageln kann. So steht die Zeit still, und Ströme dunklen Biers fließen den ganzen Sommer hindurch, Tag und Nacht, während die Polizisten den Schlaf der Gerechten schlafen.

»Die Hälfte IST halbverrückt«

PASSIERT EINEM IN DEUTSCHLAND etwas, versäumt man den Zug, bricht man ein Bein, macht man Pleite, so sagen wir: Schlimmer hätte es nicht kommen können; immer ist das, was passiert, gleich das Schlimmste – bei den Iren ist es fast umgekehrt: bricht man hier ein Bein, versäumt den Zug, macht man Pleite, so sagen sie: *It could be worse.* Bei uns – so scheint mir – versagen, wenn etwas passiert, Humor und Phantasie; in Irland werden sie gerade dann in Bewegung gesetzt. Jemandem, der das Bein gebrochen hat, mit Schmerzen daliegt oder im Gipsverband herumhumpelt, klarzumachen, dass es schlimmer hätte sein können, ist nicht nur tröstlich, sondern auch eine Beschäftigung, die poetische Begabung voraussetzt, leichten Sadismus nicht immer ausschließt.

Die Zwillingsschwester von *Es könnte schlimmer sein* ist die Redensart, ebenso häufig gebraucht: *I shouldn't worry* – ich würde mir keine Sorgen machen, und das bei einem Volk, das allen Grund hätte, weder bei Tag noch bei Nacht auch nur eine Minute *ohne* Sorge zu sein: vor hundert Jahren, als die große Hungersnot kam, Missernten einige Jahre hindurch, diese große nationale Katastrophe, deren Schock sich durch die Generationen bis auf heute vererbt hat: vor hundert Jahren hatte Irland wohl sieben Millionen Einwohner; so wenig Einwohner mag auch Polen damals gehabt haben, aber heute hat Polen mehr als zwanzig Millionen Einwohner und Irland derer knapp vier. Dieser Rückgang von sieben auf vier Millionen bei einem Volk, das Geburtenüberschuss hat: das bedeutet Ströme von Auswanderern.

„SAG MIR GANZ OFFEN“, sagte Padriac nach dem fünften Glas Bier, „ob Du nicht alle Iren für halbverrückt hältst?“

„Nein“, sagte ich, „ich halte nur die Hälfte aller Iren für halbverrückt.“ „Du hättest Diplomat werden sollen“, sagte Padriac und bestellte das sechste Glas Bier, „aber nun sag mir einmal wirklich offen, ob Du uns für ein glückliches Volk hältst.“ „Ich glaube“, sagte ich, „dass ihr glücklicher seid, als ihr wisst. Und wenn ihr wüsstet, wie glücklich ihr seid, würdet ihr schon einen Grund finden, unglücklich zu sein. Ihr habt viele Gründe, unglücklich zu sein, aber ihr liebt auch die Poesie des Unglücks – auf Dein Wohl.“

DER ABSCHIED FIEL SCHWER, gerade weil alles darauf hinzudeuten schien, dass er notwendig sei: das Geld war verbraucht, kalt war es geworden, und in der Pension waren die Böden so schief, dass wir kopfabwärts in unendliche Tiefe abzusinken schienen. Der Abschied fiel schwer, obwohl die raue Stimme der Wirtin am Morgen im Klirren des Tageslichts das Treibgut unserer Träume wie Gerümpel zusammenfegte, und obwohl das Tak-tak-tak-tak vom vorüberfahrenden Omnibus uns erschreckte, das Geräusch glich so täuschend dem eines Maschinengewehrs, dass es uns wie ein Vorsignal zur Revolution erschien, aber Dublin dachte nicht an Revolution, es dachte an Frühstück, an Pferderennen, Gebet und belichtetes Zelluloid.

Die letzte Stunde verbrachten wir auf dem Fußboden des Pensionszimmers, spielten Karten wie auf einem Dach. Stühle und Tisch gab es im Zimmer nicht; zwischen Gepäckstücken sitzend, die Teetassen neben uns auf dem Boden, jagten wir Herz-Bube und Pik-As durch das lange Spalier ihrer Artgenossen, umbrandet vom heiteren Lärm der Dorset Street; während die Wirtin mit Flasche, Schwermut und Morgenrock im Hinterzimmer blieb, schaute das Zimmermädchen lächelnd unserem Spiel zu. ◊

AUCH IN der Stadt Tuam gibt es eine Einrichtung für ledige Mütter. Die Kinder, die dort sterben, werden nicht auf einem Friedhof der Gemeinde (links) bestattet, sondern in einem Massengrab verscharrt

ORTE VON SCHAM UND SCHANDE

Weil sie als Sünderinnen die katholische Moral beflecken, werden ledige schwangere Frauen über Jahrzehnte in kirchliche Heime gesperrt. Dort müssen sie Zwangsarbeit verrichten und ihre Kinder an anonyme Adoptiveltern geben. Das Leid, das sie durchstehen, hinterlässt Tausende traumatisierte Seelen

»Die Schmerzen waren die Strafe. Die Buße für unsere Sünden. Wir hatten das Werk des Teufels getan.« – Joan McDermott über ihre Zeit im Heim für unverheiratete Mütter

TEXT: *Constanze Kindel*

Die Scham und das Schweigen, von jetzt an werden sie immer da sein, ein unsichtbares Gewicht. Wortlos sitzen sie im Auto, starr und stumm, der Vater vorn am Steuer, die Mutter neben ihm, Joan auf der Rückbank. 50 Kilometer Totenstille, von der Kleinstadt Mitchelstown nach Cork, draußen ein Sommertag im Süden Irlands.

An diesem Augustmorgen im Jahr 1967 verlässt Joan McDermott ihr Zuhause für immer. Sie geht als Schande der Familie, Schande der Stadt. Im Auto legt sie den Kopf in den Nacken und schaut an die Decke. Nie zuvor und nie danach, so wird sie es später berichten, habe sie sich so allein gefühlt, so absolut einsam wie auf dieser Fahrt.

Sie weiß nicht, wohin sie gebracht wird, wie es weitergeht, das alles, ihr Leben. Am Ende dieses Sommers sollte sie auf die Universität gehen. Vor ein paar Wochen hat sie die Schule abgeschlossen, am Heilig-Herz-Konvent in Roscrea.

Alle drei Kinder haben die Eltern auf Privatschulen geschickt, wie es sich gehört für Irlands wohlhabende Mittelschicht. Joan, die Älteste, ist mit zehn Jahren auf eine Klosterschule gekommen, ihr Bruder auf ein anderes Internat; nur die jüngste Schwester, ein kränkliches Kind, Liebling der Mutter, behielten die Eltern näher bei sich.

Die Geschwister sind sich fremd. Der Mutter, streng, bestimmend, eine Frau, die Gefühle nicht offen zeigt, hat sich Joan nie nahe gefühlt. Der Vater ist Abgeordneter im Parlament in Dublin.

Auch deshalb hat die Mutter jetzt diese Entscheidung getroffen: dass Joan gehen muss, sofort. Weil sie eine Gefahr ist für das Ansehen des Vaters, den ein Skandal die politische Karriere kosten könnte. Eine Gefahr für den guten Ruf der Familie, für die Moral in Mitchelstown, für andere, die sie anstecken könnte mit ihrer Verdorbenheit.

Joan ist 17 Jahre alt und im vierten Monat schwanger.

Als sie sich offenbart hat, am Abend zuvor, nannte die Mutter sie eine Hure. Joan, in ihr Zimmer geschickt, hörte die Eltern flüstern. Am Morgen ließ die Mutter sie eine kleine Tasche packen, mit Waschzeug, Nachthemd, Unterwäsche. Kein Wort darüber, was nun geschieht. So stiegen sie ins Auto.

Der Wagen erreicht den Stadtrand von Cork und rollt durch ein schmiedeeisernes Tor über eine lange Auffahrt. Rhododendren und makellose Rasenflächen bis zu einem Herrenhaus.

Weiter vorn steht ein zweites Gebäude, erhaben und kalt, schwere Eichenholztüren wie an einem französischen Schloss. Auf das Klingeln dort öffnet eine Frau in dunkler Ordenstracht.

Nonnen, denkt Joan, die Klosterschülerin. Die werden sich kümmern. Nonnen sind gütige Menschen.

Der Abschied von den Eltern ist kurz. Sprich nie wieder über das hier, nie im Leben, sagt die Mutter, dreht sich um und geht. Die Nonne schließt die Tür. Dann erklärt sie die Regeln dieses Orts: Du darfst niemandem sagen, wie du heißt und woher du kommst. Du darfst keinen Kontakt mit der Welt draußen haben. Und wenn du wegläufst, bringt die Polizei dich zurück.

Bessborough House am Rande von Cork ist ein „Mother and Baby Home“, ein Heim für alleinstehende werdende Mütter, geleitet von Ordensschwestern, unterstützt vom Staat. Es war, sagt Joan McDermott heute, ein halbes Jahrhundert später, eine Hölle.

Seit 1922 schon nehmen die Sisters of the Sacred Hearts of Jesus and Mary in Bessborough unverheiratete schwangere Frauen auf, die hier ihre Kinder zur Welt bringen. Das Heim war Vorbild für andere in ganz Irland. Was in all den Jahren hinter den verschlossenen Türen der Mother and Baby Homes geschieht, wird erst Jahrzehnte später öffentlich bekannt. Die Wahrheit über die Heime wird das ganze Land erschüttern.

Bessborough ist aufgeteilt in ein Entbindungsheim für Schwangere und Mütter mit Neugeborenen (untergebracht in streng voneinander getrennten Bereichen) sowie den Konvent nebenan, in dem die Ordensschwestern und Frauen mit älteren Kindern leben.

Die Nonne bringt Joan in einen Schlafsaal mit vier Betten. Sie muss einen blauen Kittel anziehen, den sie von jetzt an ständig tragen wird, jeden Tag, die Uniform der Sünderinnen.

ESSEN UNTER BEOBACHTUNG: Die Versorgung in den von Nonnen geführten Anstalten ist schlecht und zutiefst lieblos. Und so sterben viele Kinder an Krankheiten, Mangelernährung und Vernachlässigung

Sie sieht die Traurigkeit auf den Gesichtern der Frauen. Manche weinen den ganzen Tag. Ihre Geschichten kennt sie nicht, so wie sie ihnen ihre eigene nie erzählen wird. In Bessborough ist die Vergangenheit ausgelöscht und die Zukunft aufgeschoben, abgegeben in die Hände der Nonnen. Nicht einmal ihre wahren Namen dürfen die Frauen verraten. Joan heißt jetzt Michelle.

Sie ist hier, weil die Mutter Rat gesucht hat beim Hausarzt der Familie. Der Mediziner empfahl, Joan nach Bessborough zu schicken. Den Nachbarn, den Bekannten erzählt die Mutter, sie sei zu Verwandten nach England gegangen.

Sie ist im Heim, weil sie im Tennisclub einen Jungen kennengelernt hat, vier Jahre älter als sie, Student an der Universität in Cork, 18 Monate lang waren sie ein Paar. Als er herausfand, dass sie schwanger ist, sagte er, mach, was du willst. Sie wird ihn nie wiedersehen.

Sie ist in Bessborough, weil Aufklärung nicht vorgesehen war an ihrem katholischen Internat. Bis sie selbst schwanger wurde, wusste Joan nicht einmal, dass das überhaupt möglich ist: ein Kind bekommen, wenn man nicht verheiratet ist.

Sie hat nie gehört von diesen Heimen. Zwar kennt fast jede Familie in Irland eine Frau, die unverheiratet schwanger geworden ist. Aber niemand spricht darüber, erst recht nicht öffentlich.

M

Mit der Gründung des Freistaats im Jahr 1922 beginnt Irlands von strenggläubigen Katholiken dominierte Regierung, eine Nation nach ihren Vorstellungen zu formen – einen Gegenentwurf zur ehemaligen protestantischen Kolonialmacht Großbritannien. Das unabhängige Irland soll sich auszeichnen durch seine überlegene katholische Moral.

Die Bischöfe des Landes fordern ganz selbstverständlich ein, dass die Regierung katholische Lehren in ihre Gesetzgebung einbezieht. Die Verfassung, die 1937 in Kraft tritt, verbietet Verhütungsmittel, Scheidung, Abtreibung. Und sie räumt der katholischen Kirche eine „besondere Stellung“ ein als „Hüterin des Glaubens, zu dem sich die große Mehrheit der Bürger bekennt“.

Der tiefreligiöse Éamon de Valera, zwischen 1932 und 1973 mehrmals Premierminister und Präsident, ist ein enger Freund des Erzbischofs von Dublin, John Charles McQuaid, der 30 Jahre lang das religiöse Leben in Irland bestimmen wird. Jahrzehntelang erlässt die Republik kein Gesetz gegen den erklärten Willen der Kirche.

Frauen verdrängt der Staat schon in den Gründungsjahren mit immer neuen Bestimmungen aus dem Arbeitsleben: Sie sind ausgeschlossen von den meisten Aufgaben im öffentlichen Dienst, müssen als Lehrerin oder Beamtin mit der Heirat ihren Beruf aufgeben. In jedem Industriezweig kann die Regierung die Zahl der weiblichen Angestellten begrenzen. Ehefrauen sollen sie sein und Mütter, eine andere Berufung sieht der Staat für seine Bürgerinnen nicht vor. Mutterschaft erhebt er zum Dienst an der Nation.

Aber als Mütter erwünscht sind nur Frauen, deren Moral über jeden Zweifel erhaben ist.

Schon in den Anfangsjahren des Staates warnen Kommissionen, die das Sozialverhalten der Bevölkerung untersuchen, vor angeblich drohendem moralischem Niedergang. Die Zahl der unehelichen Geburten nimmt zu – auch weil immer mehr Männer und Frauen wegen der darbenden irischen Wirtschaft länger unverheiratet bleiben.

Viele Männer heiraten erst, wenn sie den Hof der Familie übernehmen können. Alleinstehenden Frauen bleibt die Wahl zwischen schlecht bezahlten Anstellungen, Auswanderung oder dem Eintritt in einen Konvent.

Die katholische Kirche sieht Frauen, die unverheiratet schwanger werden, als Sünderinnen an, die schwere Schuld tragen am Schicksal ihrer Kinder und eher moralischer Umerziehung als materieller Unterstützung bedürfen. Gemeinsam nehmen sich Staat und Kirche in den 1920er Jahren des Problems an.

Fortan sind die gefallenen Frauen nicht mehr, wie zuvor üblich, in den Armenhäusern unterzubringen. Stattdessen sollen eigens geschaffene Heime die ledigen Mütter aufnehmen.

Erstmalig Schwangere sind aus diesen Mother and Baby Homes rehabilitiert zu entlassen in ein nützliches, ehrbares Leben. Jene Frauen, die mehr als ein Kind unehelich gebären, schickt man in die Magdalenen-Heime, benannt nach der angeblichen biblischen Sünderin Maria Magdalena und ursprünglich gegründet als Zuflucht für Prostituierte und mittellose Frauen. Jetzt werden sie umfunktioniert zu Strafanstalten, deren Insassinnen Zwangsarbeit leisten müssen in Wäschereien, nicht selten ein Leben lang.

Zum Modell für die Mother and Baby Homes wird Bessborough House. Bald betreibt der Orden zwei weitere

Einrichtungen. Für jede Frau, jedes Kind im Heim zahlt der Staat den Nonnen einen wöchentlichen Unterhalt. Auch in anderen Mother and Baby Homes, die von Behörden der Armenfürsorge getragen werden, stellen Nonnen das Personal.

Für den Staat sind die Heime die bequeme Lösung eines sozialen Problems. Für die Orden werden sie zum lukrativen Geschäft.

D

Die Nonnen bestimmen über immer gleiche Tage. Messe, Frühstück, zugeteilte Hausarbeiten, Mittagessen, wieder Hausarbeit, eine Stunde Freizeit vor dem Schlafengehen. Während die Frauen arbeiten, gehen die Ordensschwestern auf und ab und predigen über Reue und Buße, die Sünde und das Böse, die Schlechtigkeit der Mädchen, die Schande für ihre Familien.

Mitten im Hochsommer schicken die Nonnen sie hinaus auf den Rasen vor dem Haus, auf allen vieren müssen sie kriechen und das Gras mit Scheren kürzen, hinter ihnen geht eine Schwester und spricht: Ihr macht das als Strafe. Ihr habt das Werk des Teufels getan.

Die Frauen müssen schweigen dazu, sprechen dürfen sie nur in der einen Stunde Freizeit am Tag, nicht bei der Arbeit, nicht bei den Mahlzeiten, beaufsichtigt von einer Nonne, die von einem Podest aus über den Speisesaal wacht und aus der Bibel vorliest.

Die Worte rauschen an Joan vorbei, irgendwann muss sie sich keine Mühe mehr geben, sie nicht zu hören. Und wenn die Nonnen ihr sagen, dass aus ihr nie etwas werden, dass kein Mann sie je heiraten wird, dass niemand eine gefallene Frau haben will, eine Sünderin wie sie, dann denkt sie: Ihr werdet mich nicht brechen. Sie traut sich, trotzig zu sein, aufsässig, wenigstens mit Worten.

Als sie im sechsten Monat schwanger ist, kommt der Priester ihrer Gemeinde zu Besuch. Um ihr zu sagen, dass sie eine Schande ist. Und dass sie, wenn sie Bessborough verlassen darf, nicht zurückkehren soll nach Mitchelstown.

Die Heime entziehen ihre Bewohnerinnen den Blicken der Welt. Die irische Öffentlichkeit erfährt kaum etwas über die Einrichtungen.

Aus der Sicht der Kirche ist das ganz richtig so – die Anstalten sollen die Insassinnen bewahren vor der Entdeckung ihrer Schande und den Versuchungen und schlechten Einflüssen, für die sie sich so anfällig gezeigt haben. Aber die Isolation schützt auch die Nonnen.

Schon früh beanstanden staatliche Aufseher die Zustände in den Heimen. In ihren Berichten kritisieren sie die Überfüllung, über Jahre nicht geführte Register, die schlechte medizinische Betreuung („sträflich gleichgültig"), die mangelnde Qualifikation der Nonnen für ihre Arbeit mit Schwangeren und Säuglingen. Eine Inspektorin notiert, in Slums sei die Überlebenschance eines unehelich geborenen Kindes größer als in den Häusern für unverheiratete Mütter. Viele Kinder, die dort zur Welt kommen, sterben noch vor ihrem ersten Geburtstag.

Ein Bericht führt 1935 die hohe Sterblichkeit unehelicher Kinder auf erbliche Debilität zurück, auf vorgeburtliche Ursachen, die zusammenhängen mit dem „beklagenswerten Los der unverheirateten Mutter". Solche Kinder, so behauptet der für Bessborough zuständige Arzt, seien schwach und gestört zur Welt gekommen; sie hätten keine Widerstandsfähigkeit gegenüber Krankheiten und könnten Nahrung schlechter verdauen, manche nicht einmal Muttermilch vertragen. Unabänderliche Umstände.

Die staatlichen Aufsichtsbeamten sehen das anders. „Die Rate der unehelichen Geburten zeigt eine steigende Tendenz", schreibt eine Inspektorin. „Wir können die Geburt dieser Kinder nicht verhindern. Wir sollten in der Lage sein, ihren Tod zu verhindern."

Die Kinder sterben nicht nur an Krankheiten, an Masern, Keuchhusten, Lungenentzündungen. Sie sterben auch an Unterernährung, zu Hunderten. Der Staat erlaubt aus Glaubensgründen nicht,

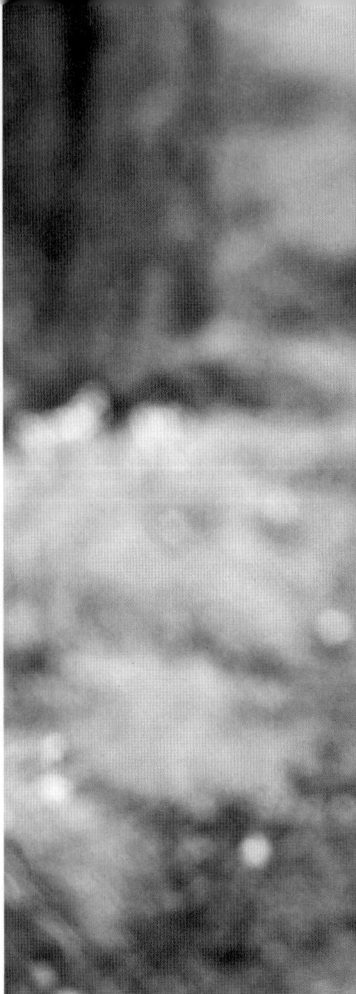

JOAN MCDERMOTT ist 17, als sie von ihren Eltern 1967 in eines der Heime gegeben wird. Dort bringt sie unter unwürdigen Bedingungen ein Kind zur Welt – das man ihr kurz darauf wegnimmt

ungewollte Kinder abzutreiben, aber er duldet ihr langsames Verhungern.

„Erbärmliche Bündel Mensch", schreibt eine Inspektorin 1943 nach einem Besuch über die Babys in Bessborough. „Dehydriert, manche ausgezehrt, und fast alle hatten Ausschlag und wunde Stellen überall am Körper, im Gesicht, an Händen und Köpfen."

Zwischen April 1943 und März 1944 werden in Bessborough 124 Kinder geboren oder mit ihren Müttern aufgenommen. Im gleichen Zeitraum sterben laut einem Bericht 102 Babys, alle jünger als zwölf Monate.

Die zuständige staatliche Stelle interveniert bei der Ordensleitung: Die hohen Sterberaten könnten sich zum Skandal entwickeln, würden sie öffentlich bekannt. Der Orden schickt eine neue Oberin nach Bessborough.

Nur selten zeigen sich die Behörden so hartnäckig. Als ein Ratsherr aus Westmeath alarmiert berichtet, die Frauen in einer der Anstalten müssten bei jedem Wetter schwerste körperliche Arbeit leisten wie in Zeiten der Sklaverei, schickt der Rat eine Delegation, die aber nichts zu beanstanden findet. Mit den Insassinnen sprechen die Gutachter nicht.

Im Jahr 1951 leben 1983 Frauen und Mädchen in den Heimen. Die meisten sind von ihren Müttern in die Obhut der Nonnen gegeben worden. Oft erfahren die Väter nicht einmal, dass die eigene Tochter schwanger ist. Wenn die Mütter sich jemandem anvertrauen, dann häufig dem Priester der Gemeinde, der meist rät, die Tochter wegzuschicken, in ein Heim.

Viele der Schwangeren sind sehr jung, manche noch Schülerinnen, einige erst 12 oder 13 Jahre alt. Doch es sind auch ältere Frauen darunter, die berufstätig sind und ein Kind versorgen könnten, aber nichts mehr fürchten als die Schande, unverheiratet Mutter zu werden. Manche sind weit über 40 Jahre alt und glaubten, sie könnten längst nicht mehr schwanger werden. Für alle gelten die gleichen Regeln. Alle sind sie für die Kirche Sünderinnen – selbst jene Frauen, die Opfer einer Vergewaltigung geworden sind.

Bessborough House verfügt über 80 Hektar Land. Die Frauen melken Kühe, pflügen Äcker, sägen Holz, waschen Wäsche, polieren die Böden. In Treibhäusern züchten sie Obst und Blumen, die der Konvent in einem Laden in der Stadt verkauft. Im Sommer muss eine Gruppe aus dem Entbindungsheim die Schlaglöcher im Asphalt der Auffahrt flicken, mit Teer, der über offenem Feuer erhitzt und mit einer Walze ausgerollt wird.

Bis zu drei Jahre lang schuften die Frauen, um die Kosten für ihre Verpflegung und Unterbringung abzuarbeiten. Wer früher gehen will, muss sich freikaufen. Gegen eine hohe Gebühr entlassen die Nonnen manche Mütter auch schon zehn Tage nach der Geburt.

Einige wenige heiraten noch in Bessborough den Vater ihres Kindes. Von den übrigen darf keine ihr Baby mitnehmen, ob nun Geld gezahlt wurde oder nicht: Die Nonnen geben die Kinder an Adoptiveltern oder in Pflegefamilien.

Weil immer mehr schwangere ledige Frauen nach England fliehen, weil sie dort in der Regel nur wenige Monate im Heim verbringen, verkürzen viele Orden in den 1960er Jahren die Aufenthaltsdauer in den Mother and Baby Homes. So wollen sie die Abwanderung verringern und verhindern, dass irische Kinder 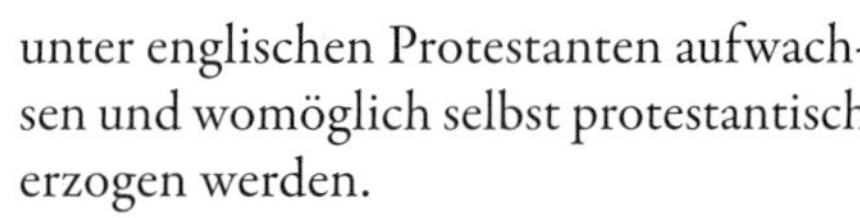unter englischen Protestanten aufwachsen und womöglich selbst protestantisch erzogen werden.

Auch Bessborough dürfen die meisten Mütter nun einige Wochen nach der Entbindung verlassen. Aber alle gehen ohne ihr Kind.

Es wird Winter, es wird Weihnachten, die Tage vergehen ohne Unterschied. An einem Tag Ende Dezember kniet Joan im Flur und poliert den Holzboden, als sie einen scharfen Schmerz spürt und sich aufsetzt. Im Vorbeigehen stößt die Nonne sie mit dem Fuß an: weitermachen.

Am Abend geht sie ins Bett, aber der Schmerz ist immer noch da, sie steht auf, geht hinaus in den Flur, lehnt an der Wand und krümmt sich. Dort findet sie die Nonne, die nachts die Aufsicht führt, und sagt, als Joan um ein Schmerzmittel bittet: Du hast das Werk des Teufels getan, jetzt leidest du eben.

Die Nonne bringt sie in einen Raum neben dem Entbindungszimmer, eine kleine Kammer mit einem Bett, Kopf- und Fußende berühren die Wände. Die Tür hat ein schmales Sichtfenster. Dann dreht sich der Schlüssel im Schloss.

Die ganze Nacht über liegt Joan eingesperrt in ihrer Zelle, allein und außer sich vor Schmerz, vor Angst, dass ihr niemand helfen wird. Kein Arzt, keine Hebamme wird die Geburt überwachen.

Um acht Uhr am nächsten Morgen schlägt sie gegen die Tür, schreit und bettelt darum, dass man sie hinauslässt, ihr irgendetwas gibt gegen die Schmerzen. Als sich die Tür öffnet, ist der Kopf des Babys schon zu sehen. Steh auf, komm raus, sagt die Nonne.

Aber sie kann nicht aufstehen, kann nicht laufen, schleppt sich irgendwie ins Entbindungszimmer, soll sich auf den Untersuchungstisch legen und schafft es nicht, fällt quer über die Liege auf den Bauch. Eine Frau, die am Tag zuvor ihr eigenes Kind geboren hat, hebt Joans rechtes Bein an, mit dem linken steht sie noch auf dem Boden, so kommt ihr Kind zur Welt, am 27. Dezember 1967, noch nicht neun Uhr morgens, ein Sohn, viereinhalb Kilo schwer. Sie nennt ihn David.

Sie wird nie von einem Arzt untersucht in den Tagen und Wochen nach der Geburt, nie gefragt, was sie nun machen will, ihr Kind behalten? Joan glaubt, sie wird eine Wahl haben, irgendwann. Bis dahin wird über die Zukunft nicht gesprochen, und sie stellt keine Fragen. Solange sie in Bessborough ist, verfügen die Nonnen über ihr Leben, so viel hat sie verstanden.

Ihr Kind darf sie nur aus dem Säuglingszimmer holen, wenn die Glocke klingelt zum Stillen, morgens, mittags, abends. Außerhalb dieser Zeiten darf sie sich ihm nicht einmal nähern, wenn sie es weinen hört. Beim Stillen müssen die Mütter mit dem Gesicht zur Wand sitzen und ihre Schultern bedecken, weil jeder Blick auf die entblößte Brust Sünde wäre.

D

David, ihr Sohn, ist siebeneinhalb Wochen alt, als sie ihn zum letzten Mal sieht, an einem Tag im Februar.

Sie sitzt auf einem Hocker zwischen all den anderen Müttern, das Gesicht zur Wand, ihr Kind an der Brust, als eine der Nonnen ins Zimmer kommt, sich über ihre Schulter beugt und das Baby aus ihren Armen reißt.

Er geht jetzt, sagt sie, dann hastet sie mit ihm aus dem Zimmer. Joan läuft hinterher, den langen, dunklen Flur entlang, bis zu der Flügeltür, die nur die Schwestern passieren dürfen. Ihr Kind verschwindet durch diese Tür, und Joan traut sich nicht weiter, steht da und hämmert mit bloßen Händen gegen das Holz.

Zwei Stunden dauert es, bis die Nonne zurückkommt, ohne ihr Baby.

Wo ist mein Sohn, fragt Joan. An Leute gegeben worden, sagt die Schwester, und Joan zerrt an ihrem Schleier, reißt das Tuch herunter, will die Nonne schlagen und hält im letzten Moment inne, weil sie sich daran erinnert, was mit

anderen Frauen geschehen ist, wie die Ordensschwestern ihren Wut und Widerstand betäubt haben mit Spritzen.

Sie weiß zwar, dass die Nonnen eigentlich nicht das Recht haben, ihr ihren Sohn zu nehmen, gegen ihren Willen, ohne ihre Unterschrift. Aber sie weiß auch, dass ihr das Gesetz hier nicht hilft.

S

Schon seit Mitte der 1940er Jahre vermitteln Ordensschwestern Kinder aus den Mother and Baby Homes zu Hunderten an Adoptiveltern vor allem in den USA. Meist werden sie als Waisen ausgegeben.

Viele Ehepaare sind selbst nie in Irland gewesen, haben die Kinder nie gesehen, ehe sie nach Amerika gebracht werden. Die Adoptiveltern treffen ihre Auswahl anhand von Briefen und Fotos, die Nonnen liefern auf Bestellung.

Oft werden die Interessenten nur oberflächlich überprüft, wenn überhaupt. Manche sind zuvor von den US-Behörden als nicht geeignet abgelehnt worden.

Als ausländische Zeitungen beginnen, über den Schwarzmarkt für irische Babys zu berichten, verabschiedet die Regierung in Dublin 1952 ein Adoptionsgesetz. Die Regeln gibt Irlands Erzbischof vor: Die neuen Eltern eines katholischen Kindes müssen praktizierende Katholiken sein und sich verpflichten, das Kind im richtigen Glauben zu erziehen. Katholische Babys dürfen nicht an protestantische Familien vermittelt werden. Zur Adoption ins Ausland dürfen künftig nur noch Kinder geschickt werden, die unehelich geboren worden sind, im Alter zwischen einem und sieben Jahren. Die Zustimmung der Mutter ist vorgeschrieben, Gebühren zu nehmen für die Vermittlung verboten.

Aber in der Praxis sind diese Auflagen leicht zu umgehen. Dokumente lassen sich mit einer einzigen Unterschrift fälschen, und niemand hindert die Nonnen daran, von den Adoptiveltern Spenden zu verlangen für den Konvent – hohe Summen, zuweilen sogar jedes Jahr, bis das angenommene Kind erwachsen ist.

Amerikaner adoptieren weiterhin Kinder, ohne je in Irland gewesen zu sein. Jungen und Mädchen werden auch in Familien vermittelt, in denen sie missbraucht oder misshandelt werden, in denen Eltern psychisch krank sind oder völlig unvorbereitet darauf, Kinder aufzunehmen, die häufig verstört sind und traumatisiert, wenn sie zu ihnen kommen.

Irlands Regierung erfährt davon aus Studien amerikanischer Sozialdienste und Medienberichten. Aber das Adoptionsverfahren bleibt weitgehend unverändert, wohl weil die Kirche ihren Einfluss geltend macht (und weil die Auslandsadoptionen die Regierung in Dublin von der Aufgabe befreien, selbst Lösungen für die Kinder zu finden).

Den Adoptivkindern nimmt der Staat das Recht, als Erwachsene ihre Geburtsurkunde einzusehen, den Namen der leiblichen Mutter zu erfahren. Das Gebot der Geheimhaltung wird 1952 Teil des Gesetzes.

Rund zwei Jahrzehnte lang sind die Adoptionen für die Orden ein lukratives Geschäft, sie bleiben es auch, als die Zahl

VERLORENER SOHN: Viele der Kinder, die in den Heimen auf die Welt kommen, werden an Adoptiveltern verkauft. Oder sie wachsen wie Waisen bei Pflegefamilien auf – so wie Peter Mulryan aus Tuam

der Vermittlungen in die USA zurückgeht. Vom Ende der 1960er Jahre an werden fast alle unehelich geborenen Kinder von Familien in Irland aufgenommen.

Noch immer behält nur eine von 100 unverheirateten Müttern ihr Kind.

J

Joans Schmerz fühlt sich an, als würde ihr Körper schreien nach ihrem Kind. Zwei Tage nachdem man ihr David weggenommen hat, kommen die Eltern, um sie abzuholen. Das Auto rollt die Auffahrt hinunter. Nach mehr als einem halben Jahr ist sie zurück in der Welt hinter dem Tor.

Als sie die Stadt hinter sich lassen, fragt Joan: Wohin gehe ich? Wir schicken dich nach England, sagt die Mutter. Zu Tante und Onkel, die in Portsmouth leben, an der englischen Südküste. Das Flugticket ist schon gekauft.

Von Bessborough bringen die Eltern Joan ohne Umwege zum Airport in Cork. Als sie sich voneinander verabschieden, haben sie noch immer kein Wort gesprochen über all das, was geschehen ist. Kein Wort über David. Als hätte es ihn nie gegeben, ihren Sohn.

Während das Flugzeug in den Himmel über Irland steigt, nimmt Joan sich vor, dass sie zurückkommen wird, um ihren Jungen zu suchen, irgendwann.

Immer wieder wird sie sich das sagen: nächstes Jahr.

Und so vergeht die Zeit.

Nach ein paar Monaten beginnt sie in London eine Ausbildung zur Krankenschwester. Nach ein paar Jahren heiratet sie, bekommt eine Tochter und einen Sohn. Sie lebt mit dem Schweigen und der Scham. Sie bewahrt ihr Geheimnis.

Fast 20 Jahre nach Bessborough steht sie eines Tages im Supermarkt mit ihren Einkäufen an der Kasse und sagt zu ihren Kindern, wir müssen gehen, sofort, weil sie fühlt, dass die Decke auf sie hinabstürzen wird.

Im Krankenhaus kann sie nicht mehr in engen Räumen arbeiten. Panikattacken, Flashbacks, sagt ein Psychologe und fragt: Unterdrücken Sie etwas? Sie wird taub auf einem Ohr, die Art Gehörverlust, die von Traumata und schwerem Stress ausgelöst wird.

Joan lässt sich scheiden. In 16 Jahren Ehe hat sie ihrem Mann und den Kindern nie etwas erzählt von Bessborough und dem Sohn, den sie verloren hat.

Sie ist 40 Jahre alt, als sie nach ihrer Scheidung ein Studium beginnt. Sozialarbeit. Sie spezialisiert sich auf Kinderschutz. Ihre jüngeren Kinder sind Teenager, als sie ihnen schließlich sagt, dass sie einen Bruder haben. Und dass sie ihn eines Tages finden wird.

Im Jahr 2000 kehrt sie nach Irland zurück und beginnt mit ihrer Suche – nun, da die ganze Welt allmählich vieles von dem erfährt, was die heilige katholische Kirche auf der Insel verbrochen hat.

Mit der Entdeckung eines Massengrabs mitten in Dublin hat 1993 die Aufarbeitung der Verbrechen begonnen – eine Aufarbeitung, die ein Vierteljahrhundert später noch immer andauert.

In dem Grab lagen die Überreste von 155 namenlosen Frauen, gestorben als Zwangsarbeiterinnen einer Magdalenen-Wäscherei. Kein Grabstein gab Auskunft über ihre Identität, ihr Alter. Diese offensichtliche Geringschätzung der Verstorbenen löste in Irland große Empörung aus.

In den folgenden Jahren sprachen ungezählte Betroffene zum ersten Mal über das, was sie in den kirchlichen Heimen und Schulen erlebt und durchlitten hatten: Zwangsarbeit, Misshandlungen, Missbrauch.

Viele Opfer hatten sich bis dahin nicht einmal ihren eigenen Familien anvertraut. Erst als die

TIPPS

MIKE MILOTTE
»Banished Babies; The Secret History of Ireland's Baby Export Business«
Die Studie beleuchtet das Geschäft mit den unehelichen Kindern (New Island).

STEPHEN FREARS U. A.
»Philomena«
Bewegender Kinofilm über Schicksale in den Mother and Baby Homes.

Medien begannen, ihre Geschichten zu erzählen, war auch der Staat bereit, ihnen zuzuhören. Immer neue Untersuchungskommissionen veröffentlichten Bericht um Bericht. Es ging um Gewalt in Einrichtungen der Kirche, um Schulen und Magdalenen-Wäschereien, doch die Mother and Baby Homes spielten in keinem eine Rolle.

Die meisten großen Heime waren da längst geschlossen, abgerissen, um Wohnsiedlungen Platz zu machen, umgewandelt in Einrichtungen für Behinderte. Sie waren mit der Zeit überflüssig geworden, da die Regierung 1973 Unterstützungszahlungen für alleinstehende Mütter eingeführt hatte und so mehr Frauen ermöglichte, ihre Kinder zu behalten.

Damit gab der Staat in jenem Jahr nicht nur den Forderungen von Frauenorganisationen nach, die sich für die Rechte der Mütter einsetzten. Er entschied sich vor allem dafür, eine Sünde der anderen vorzuziehen: Wenige Jahre zuvor hatte Großbritannien Abtreibungen legalisiert, seither ließen dort auch Frauen aus Irland Schwangerschaftsabbrüche vornehmen, zu Tausenden.

Als letztes Mother and Baby Home schließt 1998 Bessborough. Der Orden betreibt dort nun ein Zentrum für Familien und Schwangere in Krisensituationen. Im Zusammenhang mit Untersuchungen zu den Magdalenen-Wäschereien überprüft die Gesundheitsbehörde 2012 auch Register aus Bessborough: Zwischen 1934 und 1953 sind allein dort 470 Babys und Kleinkinder gestorben, so der amtliche Bericht, jedes fünfte davon an Marasmus, schwerer Unterernährung. Ein totes Kind, alle zwei Wochen, zwanzig Jahre lang.

Der Bericht, den die Behörde auch dem Gesundheits- und Kinder- und Jugendministerium zukommen lässt, erwähnt auch den Verdacht auf illegale Adoptionen. Aber er bleibt geheim.

Erst als eine Lokalhistorikerin für ein Heim im westirischen Tuam unter anderem durch Vergleiche von Sterbe- und Beisetzungsregistern nachweist, dass für fast 800 tote Kinder aus 36 Jahren kein Grab existiert, und kurz darauf viele Skelette in einer alten Abwasseranlage auf dem Gelände gefunden werden, veranlasst die Regierung 2014 eine Untersuchung der Mother and Baby Homes.

E

Es ist das Jahr, in dem Joan McDermotts Suche schließlich endet: als sie ihren Sohn wiedersieht, 46 Jahre nach ihrer Trennung.

Jahrelang hat sie geglaubt, er sei in Amerika, hat nach Hinweisen gesucht in Adoptionsforen im Internet, bis sie erfährt, bei welcher Behörde ihre Akte liegt. Ein einziges Büro bearbeitet dort Hunderte Anfragen wie ihre. Acht Jahre könnte es dauern, heißt es, bis sie eine Antwort hat.

Doch sie lässt sich nicht abfertigen. Am Ende geht es, Zufall, Schicksal, viel schneller. Eines Tages schließt sie die Haustür auf, das Telefon klingelt, und die Sozialarbeiterin sagt: Wir haben ihren Sohn gefunden! War verdammt noch mal Zeit, sagt Joan.

Der Staat will auch über ihr Wiedersehen bestimmen. Sie müssen Briefe austauschen und Fotos vor dem Treffen im Büro der Sozialarbeiterin.

WAS HINTER DEN MAUERN von Anstalten wie der Magdalen-Wäscherei in Cork geschehen ist, wird erst seit 1993 allmählich aufgearbeitet. Eine Kommission untersucht inzwischen die Untaten von Kirche und Staat

Sie sind zu unterschiedlichen Zeiten einbestellt, aber sie begegnen sich schon auf dem Parkplatz. Und gehen schließlich, ohne die Sozialarbeiterin zu informieren, einfach gemeinsam zum Lunch in ein Restaurant.

Es ist, als wäre er nur für ein paar Tage weg gewesen, so vertraut. Er sucht seit Jahren nach ihr, so wie sie nach ihm.

Die erste Frage, die er ihr stellt: Wie alt bin ich wirklich?

Vor dem Gesetz ist er nie offiziell adoptiert worden, hat Irland sein Leben lang nie verlassen, nie einen Pass beantragen können, weil es keine Urkunde gibt, die seine Geburt bestätigt. Die reiche Bauernfamilie, die ihn aufgenommen hat – Alter und Name des Jungen wurden vom Orden geändert –, spendete dem Konvent Geld. Eine Cousine der Pflegemutter war Nonne in Bessborough.

Joans Sohn (dessen Anonymität gewahrt bleiben soll) ist Bauer geworden wie sein Pflegevater. Wenn auf seinem Hof eine Kuh kalbt, dann trägt er die Geburt in ein Register ein und klammert eine Marke ans Ohr des Kalbs, so wie das Gesetz es will. Für jedes Tier seiner Herde lasse sich die Abstammung nachverfolgen, lückenlos, sagt er. Bei Kindern wie ihm nahm der Staat es nicht so genau.

Zwischen 30 000 und 35 000 Mädchen und Frauen sind vermutlich im Laufe der Zeit in den irischen Mother and Baby Homes untergebracht gewesen. Manche Schätzungen gehen sogar von 70 000 bis 80 000 Betroffenen aus. Es wurden wohl bis zu 60 000 Kinder zwangsadoptiert. Genaue Zahlen, wie viele Babys in den Einrichtungen gestorben sind, fehlen bis heute. Viele Experten gehen von mindestens 6000 Todesfällen aus.

Die staatliche Untersuchungskommission, die 2015 ihre Arbeit aufgenommen hat, überprüft derzeit neun große Heime sowie fünf kleinere Einrichtungen. Sie soll auch die erzwungenen Adoptionen untersuchen – vor allem die Umstände, unter denen mehr als 2000 Kinder an Familien in den USA vermittelt wurden, sowie den Verdacht, dass viele Adoptionen illegal abgewickelt wurden. Und Vorwürfe, Pharmaforscher hätten in den 1960er und 1970er Jahren Impfstoffe an Kindern aus Heimen getestet und Universitäten die Körper verstorbener Kinder ohne Einwilligung der Mütter für anatomische Studien genutzt.

Mit der Veröffentlichung des bereits lang schon erwarteten Berichts der Untersuchungskommission ist nun im Februar 2019 zu rechnen.

Irlands katholische Kirche hat zweifellos in den vergangenen Jahrzehnten an Macht verloren, nicht erst seit der Krise, in die sie die Skandale gestürzt haben. Aber sie kontrolliert noch immer mehr als 90 Prozent aller staatlich finanzierten Grundschulen sowie einen großen Teil der Krankenhäuser im Land.

Wie viel Einfluss auf das Denken der Menschen sie noch hat in einem Land, in dem nun gleichgeschlechtliche Ehen erlaubt sind und mehr als ein Drittel aller Kinder unehelich zur Welt kommt, wird im Frühsommer 2018 ein Volksentscheid über die Lockerung des Abtreibungsgesetzes zeigen.

Joan McDermott hat als Zeugin ausgesagt vor der Untersuchungskommission. Dass ihre Geschichte wahr ist, musste sie auf eine Bibel schwören.

Ein einziges Mal hat sie mit einem Priester gesprochen über das, was ihr angetan worden ist.

So war es damals eben, sagte er.

Ja, sagte Joan, so war es, aber war es richtig?

Der Mann der Kirche antwortete nicht. ◊

IN KÜRZE

Die katholische Kirche hat in dem 1922 gegründeten irischen Freistaat große Macht, es herrscht strenge Moral: Ledige Mütter gelten als Sünderinnen. Familien und Priester verbergen deshalb uneheliche Schwangere in kirchlichen Heimen, die für die Insassen die Hölle bedeuten. Babys sterben früh oder werden an andere Familien verkauft. Frauen erleiden schwere Traumata. Die Aufarbeitung der vielfachen Tragödie beginnt erst nach Jahrzehnten.

Fast 30 Jahre lang verheeren Gewalt und Gegengewalt das konfessionell zerrissene Nordirland: Auf Attentate militanter Katholiken folgen Rachemorde der Protestanten. Die mächtigste dieser Mordgruppen ist die Irish Republican Army, die sogar versucht, London in die Knie zu zwingen

ARMEE IM SCHATTEN

DIE IRISH REPUBLICAN ARMY (hier Kämpfer in Belfast) ist über Jahrzehnte eine der gefährlichsten Terrorgruppen der Welt, mehr als 1700 Morde hat sie zu verantworten. Ziele ihrer Anschläge sind vor allem britische Soldaten, Polizisten, Richter – und militante Protestanten

TEXT: *Reymer Klüver*

Was war das Schlimmste? Das Stöhnen der Sterbenden? Die Totenstille nach den Schüssen? Die eigenen Schmerzen? Die Kälte? Das Blut? Alan Black erinnert alles, jede einzelne der Sekunden, die sich dehnen, als seien sie Ewigkeiten.

Black ist der Einzige, der den Mordanschlag überlebt, am Abend des 5. Januar 1976 auf einer Hügelkuppe, nahe der Kreuzung von Kingsmill.

16 Männer sind sie, alle Arbeiter einer Textilfabrik in der irischen Nordprovinz Ulster. Ein Minibus soll sie nach Schichtende nach Hause bringen: fünf Katholiken und elf Protestanten.

Während der Fahrt reden sie über den Mord an den Reavey-Brüdern in der benachbarten Kleinstadt Whitecross am Abend zuvor. Eine fürchterliche Geschichte, junge Kerle, einfach erschossen zu Hause beim Fernsehen.

Jeder weiß, wer die Täter sind, protestantische Extremisten, die die Reaveys nur aus einem einzigen Grund überfallen haben: Sie waren Katholiken. Erschüttert sind sie alle im Bus, gleichgültig, welcher Konfession sie angehören.

Gerade hat ihr Wagen das Haus der Reaveys passiert, als er stoppt und vier katholische Kollegen in Whitecross aussteigen. Es ist halb sechs Uhr abends. Sie fahren weiter auf der Landstraße, plötzlich erkennt der Fahrer vor sich eine Gestalt in Armeeuniform. Sie schwenkt eine Taschenlampe auf und ab. Eine Streife? Gut möglich nach dem Mordanschlag. Er hält an.

Sofort springen etwa zehn Männer hinter den Hecken am Straßenrand hervor und umringen den Kleinbus. Sie tragen Kampfanzüge, ihre Gesichter sind geschwärzt. Alle müssen heraus, sich neben dem Bus aufstellen, die erhobenen Hände auf den Wagen gestützt.

Ein Mann fragt: „Wer ist Katholik?" Keiner rührt sich. Noch einmal fragt er, dringlicher. Die Männer neben dem einzigen Katholiken in ihrer Reihe versuchen ihn davon abzuhalten, sich zu erkennen zu geben, vorsichtig drücken sie seine Hand. Sie fürchten offenbar, dass die Killer vom Abend zuvor noch einmal zuschlagen könnten.

Ihr Kollege tritt dennoch hervor. Der Mann im Kampfanzug bellt ihn an: „Hau ab, die Straße runter, und schau dich nicht um!" Er fordert die verbliebenen elf Männer auf, die Lücke in ihrer Reihe zu schließen – und sagt dann nur noch ein Wort, eine Silbe: „Right." Das Todeskommando.

Sofort feuern die Bewaffneten. In weniger als einer Minute fallen 136 Schüsse. Einige Männer schreien noch, dann fallen die Leiber der Toten und Verwundeten übereinander.

Auf dem schwer verletzten Black liegt der jüngste der Arbeiter, ein 19-jähriger Lehrling. Er stöhnt vor Schmerz und ruft nach seiner Mutter. Einer der Schützen tritt zu den Männern, schießt kaltblütig jedem ein weiteres Mal in den Kopf. Auch auf Black feuert er, die Kugel streift aber nur den Schädel. 18 Geschosse haben ihn getroffen, doch er überlebt. Er selbst sagt später: „Ich war mir sicher, dass ich sterben würde."

Kurz nach dem Attentat meldet sich ein Anrufer bei der Polizei. Die Bluttat sei die Rache für die Erschießung der Reavey-Brüder. Verantwortlich für die Morde sei die South Armagh Republican Action Force – eine Splittergruppe der von militanten Katholiken gebildeten Irischen Republikanischen Armee.

Das Kingsmill-Massaker ist die nächste Stufe in jener Eskalation von Gewalt und Gegengewalt, von Mord und Rachemord, von Bombenanschlägen und Erschießungen, die den britisch beherrschten Norden Irlands seit Ende der 1960er Jahre heimsucht. Katholiken gehen in diesem Konflikt auf Protestanten los und umgekehrt, die britische Armee will dazwischenstehen und wird

JUGENDLICHE ROWDYS in Londonderry. Unruhen in der zweitgrößten Stadt Nordirlands sind im August 1969 der Auslöser des Konflikts

doch zur Partei. Briten und Iren nennen diese brutale Zeit *The Troubles*, „die Unruhen". Doch das ist eine merkwürdige Verharmlosung. Denn es geht um tausendfachen Mord und Totschlag, um Zehntausende versehrter Menschen und Hunderttausende verwundeter Seelen.

Das Verbrechen von Kingsmill schockiert alle Iren gleichermaßen. Vielen Katholiken galt die IRA trotz manch heftig umstrittener Gewalttat bis dahin als eine Art Schutzmacht. Nun aber nimmt das Ansehen der Guerillatruppe schweren Schaden. Ihre Brutalität entsetzt die Menschen.

Allein: Zu einem Innehalten im Blutvergießen kommt es noch lange nicht. Es wird mehr Tote geben, jahrzehntelang.

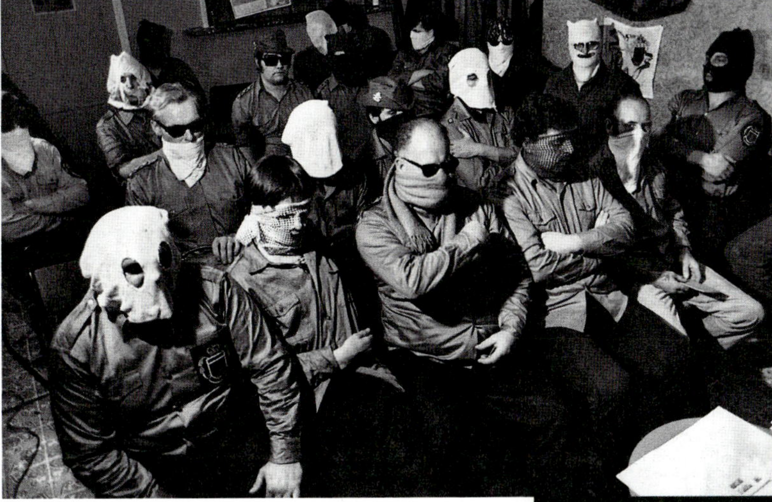

PROTESTANTISCHER TERROR: Versammlung der Kämpfer der Ulster Defence Association. Die Gruppe begeht zahlreiche Morde an Katholiken

DER KONFLIKT IN NORDIRLAND ist eine Geschichte mit vielen Anfängen. Manche Ursachen reichen rund 800 Jahre zurück, bis zur Invasion der Engländer in Irland unter Heinrich II. im Jahr 1171. Andere zur *plantation*, der massenhaften Ankunft protestantischer Siedler in Ulster zu Beginn des 17. Jahrhunderts. Wieder andere zur Teilung der Insel nach dem Irischen Unabhängigkeitskrieg 1921, als sechs von Protestanten dominierte Landkreise in der Provinz Ulster im Norden vom katholischen Rest des Landes abgetrennt wurden und als „Nordirland" im Vereinigten Königreich verblieben. Ulster ist auch schon damals mehrheitlich protestantisch, etwa ein Drit-

NORDIRLANDS POLIZISTEN sind keine unparteiischen Ordnungshüter: Die meisten von ihnen sind Protestanten, viele unterstützen insgeheim Angriffe auf Katholiken

CHRONOLOGIE DER GEWALT

Immer wieder verüben protestantische und katholische Paramilitärs blutige Anschläge. Mehr als 3000 Menschen fallen ihnen zum Opfer

BALLYSHANNON, 21.10.1969

Ein Mitglied der militanten Ulster Volunteer Force (UVF) stirbt bei der Vorbereitung eines Bombenanschlags – der erste Tote durch eine Explosion im Nordirland-Konflikt.

BELFAST, 4.12.1971

Die UVF greift ein vorwiegend von Katholiken besuchtes Lokal an und ermordet 15 Zivilisten.

tel der Bevölkerung ist katholisch. Vor allem in den größeren Orten leben beide Bevölkerungsgruppen dicht nebeneinander, allerdings meist in getrennten Stadtteilen. Doch man kann den Beginn der Troubles auch ganz präzise auf ein Datum festlegen: den 15. August 1969.

Schon Monate zuvor haben junge Katholiken in Londonderry und Belfast, den beiden großen Städten Nordirlands, zu demonstrieren begonnen. Nach dem Vorbild der amerikanischen Bürgerrechtler und der aufbegehrenden Studenten weltweit wollen sich die Katholiken die Diskriminierung durch die protestantische Bevölkerungsmehrheit nicht mehr gefallen lassen.

In Belfast ziehen die Demonstranten vor die Wachen der Royal Ulster Constabulary – denn die nordirische Polizei ist kein neutraler Hüter von Recht und Ordnung, sondern einseitig proprotestantisch. 90 Prozent der höheren Beamten gehören zur protestantischen Mehrheit.

Die Demonstranten werfen der Ordnungstruppe willkürliche Übergriffe auf die katholische Minderheit vor, durchaus zu Recht: Immer wieder gibt es Hausdurchsuchungen ohne richterliche Anordnung, Verhaftungen ohne Haftbefehl.

Nach Provokationen durch protestantische Kundgebungen werden die Proteste der Katholiken im August 1969 zu offener Randale. Die jungen Demonstranten schleudern Steine und Molotowcocktails, Autos brennen. Sogar eine Handgranate explodiert, angeblich von einem IRA-Mann geworfen.

Die Polizei reagiert mit Härte, schießt in Belfast nun scharf über die Köpfe der Randalierer hinweg. Ein Querschläger durchdringt eine Hauswand und tötet einen kleinen Jungen.

STEINE AUF EINEN PANZERWAGEN der Briten. London will zwischen den Gruppen vermitteln – und wird immer stärker in den Konflikt hineingezogen

In dem Durcheinander stürmt ein protestantischer Mob die katholischen Viertel von Belfast. 120 Häuser gehen in Flammen auf. Sieben Menschen sterben, Hunderte werden in Hospitälern behandelt. 1800 Familien müssen aus ihren Wohnungen fliehen, die meisten sind Katholiken.

Am 15. August 1969 entsendet die britische Regierung Truppen nach Nordirland. Sie sollen Frieden bringen. Viele Katholiken begrüßen die Soldaten als Retter im Chaos. Allein durch ihre Präsenz gelingt es der Armee rasch, Ruhe und Ordnung wiederherzustellen. Bald stehen 6500 Mann in der kleinen Provinz.

Um weitere Übergriffe zu vermeiden, errichten die Truppen in Belfast Stacheldrahtsperren zwischen den Wohnvierteln der Katholiken und der Protestanten. Im Lauf der Jahre werden nach und nach fast 100 Barrieren entstehen: Zäune und Mauern, manche aus Beton, andere aus Ziegelsteinen, manche mehr als sieben Meter hoch, versehen mit bewachten Checkpoints.

Sie trennen zwei Gruppen, die schon seit Langem nicht gleich behandelt werden.

DENN SEIT DER ABSPALTUNG Ulsters 1921 sind die Katholiken in Nordirland nur Bürger zweiter Klasse. Schon damals, zwischen 1920 und 1922, hat es Mord und Totschlag, Plünderungen und Vertreibungen gegeben. Mehr als 500 Menschen kamen um, 23 000 mussten aus ihren Häusern fliehen, weil sie in einem Wohngebiet lebten, das von der anderen Konfession dominiert wurde.

Nordirland gehört seit der Trennung 1921 zwar zum Vereinigten Königreich, hat aber eine eigene Regierung, die in inneren Angelegenheiten weitgehend autonom ist. Solange es in der Region ruhig bleibt, interessiert die Regierungen in London das kleine Land nicht.

Die protestantischen Unionisten (die die Verbindung mit Großbritannien erhalten wollen) setzen mit ihrer Mehrheit ein Wahlrecht durch, das die Katholiken systematisch benachteiligt. In Londonderry etwa sind die Wahlkreise so geschnitten, dass ein Kandidat in protestantischen Wohngegenden 700 Stimmen benötigt, um in den Stadtrat einzuziehen, in katholischen Bezirken hingegen mehr als doppelt so viele.

Auch in Schule und Beruf sind die Chancen ungleich verteilt: Die angesehene (und gut zahlende) Werft Harland & Wolff beschäftigt 1970 rund 10 000 Protestanten – und nur 400 Katholiken. Und in den meisten Institutionen,

ANGST IST DAS ZIEL: Immer wieder treffen Anschläge, wie hier ein Bombenattentat der IRA in Belfast, auch Zivilisten. Das ist oft gewollt – um maximalen Schrecken zu verbreiten

ob Polizei oder Verwaltung, herrschen Protestanten vor. Ausgleichende Kräfte – etwa Parteien, die sich über die Konfessionsgrenzen hinweg organisieren – gibt es kaum. Es dominieren vielmehr Gruppierungen, die ausschließlich für Protestanten offen sind oder für Katholiken.

Die protestantische Ulster Unionist Party, die seit der Abspaltung Nordirland regiert, steht loyal zur Union mit Großbritannien.

Die katholischen Nationalisten streben dagegen nach der Vereinigung mit der Republik Irland. Ihre radikalste Partei ist Sinn Féin („Wir selbst"), eine Gruppierung, die zwar bei Wahlen in beiden Landesteilen Irlands antritt, aber stets nur unter Protest und immer mit der erklärten Absicht, Mandate nicht wahrzunehmen – da Teilnahme bedeuten würde, die Teilung der Insel anzuerkennen. Gemäßigten Katholiken bleibt nur die Nationalist Party, die aber dem nordirischen Parlament ebenfalls fernbleibt.

Die IRA, 1919 als Guerillatruppe der um ihre Freiheit kämpfenden Iren entstanden, ist im Grunde der bewaffnete Arm von Sinn Féin. Als Irland 1921 seine weitgehende Unabhängigkeit erreichte, überwarfen sich etliche ihrer Kommandeure 1922 mit der ersten freien irischen Regierung, die aus ihrer Sicht nicht kompromisslos genug gegen London war, und gingen in den Untergrund.

Zweimal startete die IRA Anschlagsserien: 1939 zu Beginn des Zweiten Weltkriegs sowie Ende der 1950er Jahre. Beide Kampagnen brachen rasch erfolglos in sich zusammen, zahlreiche Kämpfer wurden festgenommen.

Jetzt, im Sommer 1969, spielt sie militärisch keine Rolle. Der Führungskader der nach Schätzungen nur noch ein paar Dutzend Aktivisten und gewaltbereiten Unterstützer beschäftigt sich vor allem mit marxistischer Theorie, hat den Kontakt zur Bevölkerung weitgehend verloren.

Die Eskalation vom August 1969 überrascht die IRA daher vollkommen. Nur wenige Kämpfer leisten dem militanten protestantischen Mob in Belfast spontan Widerstand. Viele Katholiken fühlen sich im Stich gelassen. Auf den Hauswän-

ALDERSHOT, 22. 2. 1972
Als Rache für das Vorgehen der britischen Armee in Nordirland trägt die IRA den Terror nach England: Eine Bombenattacke auf eine Kaserne fordert sieben Tote.

BELFAST, 21. 7. 1972
Die IRA lässt innerhalb von 75 Minuten 22 Bomben in der nordirischen Kapitale explodieren. Neun Menschen sterben, 130 werden zum Teil schwer verletzt.

CLAUDY, 31. 7. 1972
Mit drei Autobomben ermorden IRA-Kämpfer in der Kleinstadt im Norden Ulsters fünf Protestanten und vier Katholiken.

YORKSHIRE, 4. 2. 1974
Die IRA bringt eine Bombe in einem Bus der britischen Armee in England zur Explosion. Neun Soldaten und drei Zivilisten werden getötet.

KRIEG DER HALBWÜCHSIGEN: Die Gewalt trifft vor allem junge Menschen, jedes siebte Opfer ist sogar unter 20 (Beerdigung eines IRA-Kämpfers)

den von Belfast tauchen bald Graffiti auf mit den Worten: „IRA – I Ran Away" – die Armee, die sich aus dem Staub macht, wenn es brenzlig wird.

Das ist unerträglich für jene Aktivisten, denen die Organisation schon lange zu wenig militant ist und sich zu viel mit der Theorie und zu wenig mit der Praxis des Guerillakampfes beschäftigt. Zudem spielt die Führung der IRA mit dem Gedanken, Sinn-Féin-Abgeordnete künftig zur Mitarbeit in den Parlamenten zu ermutigen.

Es kommt zum Streit – die Truppe spaltet sich. Im Dezember 1969 gründen Dissidenten die „provisorische" IRA. Die *Provisionals* sind entschlossen, eine Blamage wie im Sommer nicht wieder zuzulassen. Steinewerfen oder Molotowcocktails sind ihnen nicht genug. Sie wollen die Wiederaufnahme des bewaffneten Kampfes – in aller Härte (die alte IRA, nun „Official IRA" genannt, bleibt bestehen. Auch ihre Leute kämpfen wieder; sie verliert aber rasch an Bedeutung).

Die Provisionals versprechen den Bewohnern katholischer Wohngebiete den Schutz vor Übergriffen protestantischer Extremisten. Und sie schwören, die „heilige Sache", die Wiedervereinigung Irlands, nicht aus den Augen zu verlieren und die Briten für immer aus Ulster zu vertreiben.

Als Gegner sehen sie Armee und Polizei. Vor allem aber bekämpfen sie die paramilitärischen Untergrundorganisationen der Unionisten: die 1966 gegründete Ulster Volunteer Force und später die Ulster Defence Association, die ein protestantisch dominiertes Nordirland erhalten wollen und willkürlich Katholiken ermorden. Sie werden von der Polizei mitunter gedeckt.

DIE PROVISIONALS SIND STRENG hierarchisch organisiert. Die Kampflinie gibt ein siebenköpfiger Armeerat vor. Die Aktivisten vor Ort sind in Brigaden, Bataillonen und Kompanien organisiert. (Ende der 1970er Jahre wird das System umgestellt auf lokale Zellen, denen nur vier Kämpfer angehören. So soll verhindert werden, dass Verhaftete zu viel Wissen preisgeben können.)

Potenzielle Mitstreiter melden sich freiwillig. Es ist ein komplizierter Prozess. Wer mitmachen will, muss jemanden aus dem Bekanntenkreis kontaktieren, von dem er annimmt, er stehe der Truppe nahe. Über Wochen wird er nichts hören, dann aber völlig überraschend zu einem Rekrutierungsgespräch einbestellt. In einem Trainingshandbuch der Provisional IRA sind die Fragen nachzulesen, die den Freiwilligen gestellt werden. Haben sie womöglich sehr romantische Vorstellungen vom Befreiungskampf? Sind sie lediglich auf Abenteuer aus? Und vor allem: Sind sie bereit zu töten – und selbst ihr Leben zu geben?

Sind die Rekrutierer mit den Antworten zufrieden, wird dem Anwärter noch eine eherne Regel eingehämmert: Jeder hat sich strikt dem Prinzip von Befehl und Gehorsam zu unterwerfen. Dann schwört der neue Kämpfer die Treue zur Irischen Republik, wie sie von den Unabhängigkeitskämpfern 1916 ausgerufen wurde.

Erstes Ziel der eben gegründeten Provisional IRA ist es, Waffen für den Kampf zu beschaffen. In Verstecken finden sich noch ein paar Pistolen und Gewehre, viele über Jahre gepflegt und einsatzbereit, aber natürlich veraltet. Aus den USA, wo irische Auswanderer die IRA mit Spenden unterstützen, beschaffen sich die Kämpfer schon bald moderne Schnellfeuerwaffen.

Ausgerechnet der britische Luxusliner „Queen Elizabeth 2" ist wichtigstes Transportmittel beim Waffenschmuggel. Irisches Kabinenpersonal versteckt die Gewehre auf dem Ozeanriesen in New York und bringt sie in Southampton von Bord. Von dort werden sie per Auto und Fähre in die Kampfzone transportiert.

Anfang 1971 ermordet die Provisional IRA erstmals einen Soldaten – ein Racheakt: Britische

Truppen haben tags zuvor einen jungen Katholiken erschossen. Fortan planen IRA-Kommandos gezielt Mordanschläge, locken Soldaten in Hinterhalte, töten bis zum Sommer ein Dutzend Armeeangehörige.

Die Briten schicken weitere Truppen, lassen Verdächtige ohne Haftbefehl internieren. Binnen sechs Monaten werden mehr als 2000 Verdächtige festgenommen, mitunter brutal misshandelt. Sie dürfen nicht schlafen, müssen stundenlang mit erhobenen Armen stehen, tagelang wird ihr Kopf mit Kapuzen verhüllt.

Belfast wird zum Schlachtfeld. IRA-Aktivisten schießen auf Soldaten und Polizisten, aber auch auf Kämpfer der Unionisten, wo immer sie eine Chance zum Töten sehen. Das kann an jeder Straßenecke sein. Wer als Fußgänger dazwischengerät, hat schlicht Pech gehabt. Innerhalb weniger Tage kommen bei Schießereien 19 Zivilisten um, bis Ende des Jahres 1971 werden es 97 sein.

MÖRDERISCHE IDOLE. Im Spiel der Kinder aus den katholischen Wohnvierteln zeigt sich die Verehrung, die IRA-Kämpfer hier genießen

Das Militär trägt nicht zur Entspannung bei. Es errichtet Checkpoints, verhängt Ausgangssperren, beleidigt Passanten. Bei Razzien werden vor allem katholische Wohngebiete oft über Tage abgeriegelt. Die Soldaten, verängstigt und verbittert durch die Mordanschläge der IRA, zertrümmern bei Hausdurchsuchungen Mobiliar, reißen Kreuze und Marienbilder von Wänden.

Gerry Adams, zu dieser Zeit mutmaßlich ein hoher Offizier der Provisional IRA und ab 1983 Vorsitzender von Sinn Féin, sagt später: „Unbeabsichtigt trieb die Armee die katholische Gemeinde in die Arme der Provisional IRA." Bald dienen mehr als 1000 Freiwillige in der Truppe.

Zum Sinnbild des rücksichtslosen britischen Vorgehens wird der „Bloody Sunday" am 30. Januar 1972 in Londonderry. Provoziert von Steine und Brandsätze werfenden und mit Eisenstangen bewaffneten Jugendlichen, eröffnen Fallschirmjäger das Feuer auf ansonsten friedliche Demonstranten. 13 Menschen sterben, weitere 14 werden zum Teil schwer verwundet.

Der blutige Sonntag verändert vieles: Selbst politisch gemäßigte Katholiken akzeptieren die IRA nun als Schutzmacht gegen die britischen Besatzer. Nach Anschlägen oder Schießereien finden Provisionals fortan wie selbstverständlich Unterstützung. Überall öffnen sich jetzt Haustüren, hinter denen Kämpfer verschwinden können. Nähern sich britische Soldaten, schlagen Frauen in katholischen Wohngebieten Mülleimerdeckel gegeneinander und warnen so die Aktivisten der IRA.

Im Frühjahr 1972 stellt die britische Regierung Nordirland wieder unter *direct rule*, erstmals seit 1921: Sie entmachtet die protestantische Regionalregierung und übernimmt selbst das Kommando über die nordirische Polizei.

Doch die Gewalt eskaliert weiter: Am 21. Juli 1972 zündet die IRA im Stadtzentrum von Belfast in nicht einmal anderthalb Stunden 22 Bomben. Das hat es bis dahin nicht gegeben. Die Militanten warnen zwar telefonisch vor den Explosionen, doch die Hinweise sind nicht präzise und kommen zu spät. Polizei und Armee haben nicht genug Zeit, um die genannten Orte zu räumen. Eine Katastrophe: Neun Menschen werden an diesem „Bloody Friday" von Bomben zerrissen, 130 Menschen zum Teil schwer verletzt.

Die protestantischen Extremisten lassen die Attentate nicht unbeantwortet: „Die IRA tötet Protestanten", erklärt die UDA. „Wir werden

BELFAST, 2. 5. 1974
Terroristen der UVF werfen eine Bombe in einen von Katholiken besuchten Pub. Sechs Menschen sterben.

DUBLIN / COUNTY MONAGHAN, 17. 5. 1974
Vier Autobomben der UVF töten 33 Passanten und ein ungeborenes Kind – die höchste Opferzahl an einem einzigen Tag während des Bürgerkriegs.

BIRMINGHAM, 21. 11. 1974
21 Menschen werden Opfer von Angriffen auf zwei Pubs, ausgeführt von IRA-Männern. Es ist der bis dahin schwerste Terroranschlag auf englischem Boden überhaupt.

KINGSMILL, COUNTY ARMAGH, 5. 1. 1976
Als Vergeltung für Morde an Katholiken am Tag zuvor erschießen IRA-Terroristen zehn Protestanten, die auf der Heimfahrt von ihrer Arbeit sind.

NORMALITÄT DER GEWALT. Offenbar unbeeindruckt von einem brennenden Bus spaziert ein Vater mit seinen Söhnen durch die Straßen von Londonderry (1979)

ViCTORY TO THE I.R.A (P)

Republikaner töten. Wenn wir keine Republikaner finden, werden wir Katholiken töten." Allein 1972 ermorden die Unionisten 81 Katholiken.

Auch London reagiert mit Härte: 22 000 Mann sind nun in Ulster stationiert. In der größten Operation der britischen Armee seit der Suezkrise 1956 besetzen die Soldaten Stadtbezirke in Belfast und Londonderry. Stillschweigend aber sucht die Regierung gleichzeitig nach einer politischen Lösung, führt sogar Geheimgespräche mit der IRA. Doch ohne Erfolg.

Insgesamt sterben im Schreckensjahr 1972 497 Menschen bei Zusammenstößen oder Anschlägen, mehr als die Hälfte von ihnen Zivilisten. Bombenattentate, Schießereien, gezielte Tötungen – der Terror ist nun Teil des Alltags, nicht nur in Nordirland: Protestantische Extremisten zünden am 17. Mai 1974 drei Autobomben in Dublin, ohne Vorwarnung. 26 Menschen kommen um. Und die IRA trägt ihren Krieg nach Großbritannien: Bei Bombenanschlägen auf zwei Pubs in Birmingham sterben 21 Menschen.

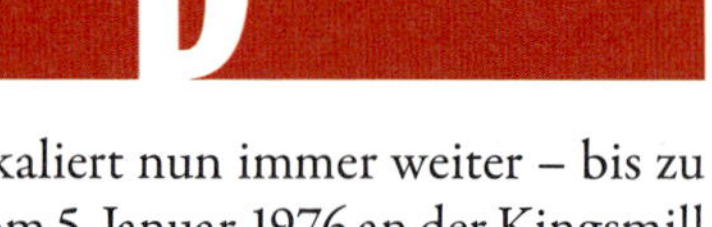

Die Gewalt eskaliert nun immer weiter – bis zu den Morden vom 5. Januar 1976 an der Kingsmill Road, die Alan Black als Einziger überlebt.

Nachdem er unter den Gewehrsalven zusammengebrochen ist, stellt er sich tot. Er zuckt selbst dann nicht, als er neben seinem Schädel die Waffe des Schützen spürt, der den Toten und Halbtoten einen Kopfschuss gibt. Anschließend zieht das Mordkommando in Ruhe ab, ohne Eile, als hätte es einen Routineeinsatz absolviert.

Black überlebt wohl nur deshalb, weil ein Ehepaar kurz danach mit dem Wagen den Tatort passiert und anhält. Das Stöhnen des Schwerverletzten macht die zwei auf Black aufmerksam. Gemeinsam beten sie und halten den stark Blutenden bei Bewusstsein, ehe ihn eine Ambulanz ins Krankenhaus bringt. Eine Notoperation rettet ihn.

Die Öffentlichkeit widert die Gewalttat an. Auch katholische Politiker verurteilen das Massaker als barbarisch und feige. Selbst irische Intellektuelle, die den Kampf der Republikaner grundsätzlich als legitim erachten, gehen auf Distanz. „Nach dieser Nacht ist die Freiheit ein Leichnam", schreibt Paul Durcan, einer der angesehensten Dichter Irlands.

Die Provisional IRA reagiert schnell auf den Imageschaden. Sie distanziert sich von dem Mordanschlag, verneint jede Beteiligung und versichert, keine derartigen Racheakte zu planen.

Das wirkt auch auf die Gegenseite. Zwar beabsichtigen militante Protestanten offenbar einen Anschlag, wollen 30 katholische Kinder in einer Schule umbringen, so berichtet später ein ehemaliger Kämpfer. Aus Angst vor der öffentlichen Entrüstung aber geben sie die Pläne auf.

Der Gewalt schwören beide Seiten dennoch nicht ab. Eine neue Generation von IRA-Anführern, zu denen Gerry Adams zählt, propagiert vielmehr einen langen Abnutzungskrieg. Adams ist zu jener Zeit ein junger Mann von Ende 20, der gerade unter dem Vorwurf der Mitgliedschaft in der IRA im Gefängnis sitzt. Er nutzt die Zeit, um in der Sinn-Féin-Zeitung „Republican News" Artikel zu veröffentlichen.

Darin entwirft er eine neue Strategie: Die IRA müsse den bewaffneten Kampf konsequent fortführen, während Sinn Féin das Ringen um die Zustimmung an der Wahlurne verstärken und sich den Katholiken als Streiterin für die irische Einheit empfehlen solle. Die Provisionals lassen sich auf den Plan ein – und Adams etabliert sich als strategischer Kopf der Republikaner.

Die IRA zögert nicht, ihre Entschlossenheit unter Beweis zu stellen. Am 22. März 1979 ermordet sie den britischen Botschafter in den Niederlanden. Fünf Monate später, am 27. August 1979, sprengt ein Kommando die Yacht von Earl Louis Mountbatten in die Luft, dem letzten Vizekönig von Indien und entfernten Cousin der Queen. Neben Mountbatten sterben drei weitere Menschen, darunter sein 14-jähriger Enkel.

Nur wenige Stunden später detonieren zwei Bomben nahe dem nordirischen Grenzort Warrenpoint, 18 Soldaten kommen ums Leben.

Die britische Regierung, nun unter der Führung von Premierministerin Margaret Thatcher, reagiert mit demonstrativer Härte. Die Kabinettschefin erscheint im Kampfanzug am Attentatsort in Warrenpoint, ordnet die Verstärkung der Polizei um weitere 1000 Mann an.

Unbeugsam bleibt Margaret Thatcher auch in einem anderen Konflikt mit der IRA. Schon seit Langem fordern die IRA-Häftlinge im nordirischen Maze-Gefängnis, als politische Gefangene anerkannt zu werden. Sie weigern sich,

STRASSENKAMPF: Nordirlands Städte (hier Londonderry) werden zu Kriegszonen. Die britischen Soldaten müssen an jeder Ecke mit einem Hinterhalt der IRA rechnen

COUNTY DOWN, 27. 8. 1979
Sprengfallen der IRA töten nahe der Grenze zur Republik Irland 18 britische Soldaten. Am gleichen Tag ermordet die Terrorgruppe einen Verwandten der Queen.

BALLYKELLY, 6. 12. 1982
Kämpfer der Irish National Liberation Party (INLA), einer besonders radikalen Abspaltung der IRA, ermorden in einer Discothek 17 Menschen.

BRIGHTON, 12. 10. 1984
Zwar entkommt die britische Premierministerin Margaret Thatcher knapp einem Anschlag der IRA auf das Tagungshotel der Konservativen. Doch fünf Parteimitglieder werden getötet.

NEWRY, 28. 2. 1985
Durch Mörserbeschuss massakriert die IRA neun nordirische Polizisten. Es ist der höchste Blutzoll der Royal Ulster Constabulary an einem Tag während des Konflikts.

Sträflingskleidung anzuziehen, weil die sie wie normale Kriminelle aussehen ließe. Stattdessen hüllen sie sich in Decken, manche schmieren über Monate Exkremente an ihre Zellenwände. Schließlich treten sie in Hungerstreik.

Bobby Sands, verurteilt wegen illegalen Waffenbesitzes, ist der Anführer der Provisionals im Gefängnis. Das Wort des erst 27-Jährigen hat Gewicht, im Gefängnis und auch außerhalb, wo er sich ebenfalls als Autor in den „Republican News“ einen Namen gemacht hat. Vom 1. März 1981 an verweigert er die Nahrungsaufnahme, andere Insassen folgen seinem Beispiel.

Zur gleichen Zeit kommt es zu einer Nachwahl für einen nordirischen Sitz im Londoner Unterhaus. Sinn Féin schlägt Sands als gemeinsamen Kandidaten aller Katholiken vor.

Ein hungerstreikender Häftling als Parlamentskandidat? Das macht den Gefangenen auf einen Schlag weltweit berühmt.

Doch Margaret Thatcher macht keine Zugeständnisse, „Verbrechen bleibt Verbrechen“, sagt sie, selbst als Sands am 40. Tag seines Hungerstreiks tatsächlich gewählt wird. Ein unschätzbarer PR-Erfolg für die IRA.

Bobby Sands weigert sich mehr als sieben Wochen lang zu essen. Er stirbt am 5. Mai 1981. Sein Tod macht ihn zum Märtyrer, gut 100 000 Trauernde folgen seinem Sarg.

Neun weitere Hungerstreikende lassen noch ihr Leben, ehe die Aktion auf Druck von Angehörigen im Herbst beendet wird. Die Häftlinge werden zwar nicht als politische Gefangene anerkannt, dürfen aber fortan Zivilkleidung tragen.

Doch der Kampf außerhalb des Gefängnisses geht weiter, allein während des Hungerstreiks ermordet die IRA 61 Menschen. Weitere Morde folgen, auch in England: So entgeht Premierministerin Margaret Thatcher 1984 in Brighton nur knapp einem Attentat, bei dem fünf Mitglieder ihrer konservativen Partei sterben.

Die IRA aber hat Probleme, ihren Kampf zu finanzieren. Die Kämpfer müssen bezahlt werden, und die Familien toter oder inhaftierter Freiwilliger brauchen Unterstützung.

Zwar haben irische Nationalisten in den USA einen Hilfsverein gegründet, der offiziell Geld zur Unterstützung der Wiedervereinigung Irlands sammelt – und unter der Hand die Waffenkäufe finanziert. Doch die Dollars aus Ame-

BRENNENDE BARRIKADE in der Belfaster Falls Road. Die Straße gleich neben der protestantischen Shankill Road (siehe Karte Seite 165) ist ein Zentrum des katholischen Widerstands

rika reichen nicht aus, ebenso wenig wie die Einkünfte aus legalen und halb legalen Geschäften: Die IRA betreibt Clubs, in denen sich Anhänger zum Bier treffen können, oder vergibt Lizenzen für Taxis in katholischen Wohngebieten.

Deshalb praktizieren die Aktivisten Schutzgelderpressung, organisieren Überfälle auf Postämter und Banken. Auch vor Kidnappings schrecken sie nicht zurück. Bis zu 1,5 Millionen Pfund kommen so jährlich zusammen.

Bald kontrolliert die IRA katholische Stadtviertel und Gemeinden wie eine Mafia: Sie wacht darüber, wer welche Geschäfte machen darf, fordert ihren Anteil. Was Recht ist, bestimmen die Provisionals. Jungen Frauen, die sich mit britischen Soldaten einlassen, drohen archaische Strafen: Greiftrupps binden sie an Laternenpfähle, scheren ihnen die Haare, gießen ihnen heißes Pech über den Kopf und streuen Federn über die schwer verbrannten Opfer.

Wer gar in den Verdacht gerät, ein Kollaborateur zu sein oder ein Informant der Briten, ist seines Lebens nicht mehr sicher. Eine „Verhöreinheit" vernimmt den Verdächtigen und fällt das Urteil, in den meisten Fällen der Tod. Berufung gibt es nicht. So entführt ein IRA-Kommando in Belfast eine alleinerziehende Mutter vor den Augen ihrer zehn Kinder, weil sie angeblich fürs britische Militär gearbeitet hat. (Die Anschuldigungen werden nie erwiesen; ihre Leiche wird erst Jahrzehnte später, 2003, gefunden.)

Die IRA-Leute geben sich als erbarmungslose Ordnungshüter. Wer als Dealer oder Einbrecher erwischt wird, bekommt Prügel. Wiederholungstätern zerschießen „Bestrafungseinheiten" die Kniescheiben, manchen zerschmettern sie das Rückgrat, die Opfer sind querschnittsgelähmt.

Häufig sterben Delinquenten bei den drakonischen Strafaktionen. Tausende müssen auf Befehl der IRA binnen Stunden aus Nordirland verschwinden. „Ausweisungen" nennt sie das.

Immer weiter verfestigt sich das Schreckensregiment der Provisionals – und es wird in Teilen auch das Ende des Bürgerkriegs überdauern.

ENDE DER 1980ER JAHRE BEGINNT, ganz vorsichtig, ein Friedensprozess. Erstes Anzeichen der Veränderung ist eine Einsicht, die Gerry Adams öffentlich formuliert: Im Nordirland-Konflikt gebe es „keine militärische Lösung". Diese Erkenntnis kommt nicht ganz freiwillig. Die Briten haben mit gezielten Tötungen von Terroristen und Festnahmen von Führungsleuten die IRA stark geschwächt.

Zudem explodiert 1987 eine IRA-Bombe vorzeitig und tötet elf unbeteiligte Menschen in einer Provinzstadt. Das Entsetzen der Öffentlichkeit trifft die Organisation ähnlich heftig wie nach dem Massaker von Kingsmill. Adams notiert, die Bewegung werde einen weiteren derartigen Anschlag nicht überstehen.

Ohnehin hat die IRA wegen ihrer Mafia-Methoden und ihres Vorgehens gegen vermeintliche Kriminelle und Kollaborateure an Unterstützung in der katholischen Bevölkerung verloren. Das schlägt sich auch in den Wahlergebnissen für Sinn Féin nieder: 1987 büßt sie bei den Unterhauswahlen deutlich an Stimmen ein. Die gemäßigten Kräfte in Nordirland, die in der Social Democratic and Labour Party organisiert sind, gewinnen dagegen immer mehr Zuspruch bei den Katholiken. Die Doppelstrategie des Gerry Adams ist gescheitert.

Und so beginnt Sinn Féin, bislang mit dem Anspruch aufgetreten, den einzig richtigen Weg für Irland zu kennen, nun das Bündnis mit der christlich-konservativen Regierung in Dublin sowie der SDLP zu suchen.

Die militanten Protestanten reagieren mit Gewalt, wie sie es immer getan haben, wenn sie eine Einigung der Streitparteien ohne ihre Beteiligung fürchteten: Ihre Angst ist, dass London einer Wiedervereinigung Irlands zustimmen könnte. Das Morden scheint kein Ende zu nehmen. Allein im Oktober 1993 fallen 27 Menschen Anschlägen beider Seiten zum Opfer; es ist der tödlichste Monat seit 1976. Aber London setzt nun auf eine Verhandlungslösung. Und auch die irische Regierung in Dublin fordert ein Ende der Gewalt. Unter dem vereinten Druck lässt sich die IRA am 31. August 1994 auf einen Waffenstillstand ein. Auch die protestantischen Kämpfer stimmen am 13. Oktober 1994 einer Waffenruhe zu.

Dennoch dauert es noch weitere vier Jahre, bis am Karfreitag 1998 von allen Parteien ein Friedensabkommen unterzeichnet wird – nach fast 30 Jahren Bürgerkrieg, 3636 Toten und mehr als 47 000 Verwundeten. Nach 16 200 Bombenanschlägen, 22 000 bewaffneten Überfällen und 2200 Brandanschlägen.

Das Abkommen schafft ein Parlament und eine Provinzregierung für Ulster, in der die protestantische Mehrheit den Regierungschef stellt, sein Stellvertreter stets ein Katholik ist. Die Regierungsposten werden nach dem Stärkeverhältnis in der neu zu wählenden Volksvertretung vergeben.

Und so wird 2007 Martin McGuinness, der einstige militärische Stabschef der Provisional IRA, zum stellvertretenden Ersten Minister Nordirlands – ausgerechnet unter dem Regierungschef Ian Paisley, einem Wortführer der protestantischen Fanatiker. Bis dahin hatten beide sich geweigert, überhaupt miteinander zu sprechen.

Zu einem wirklichen Ausgleich zwischen Katholiken und Protestanten aber kommt es auch jetzt nicht; die Mauern in den Städten sind seither an einigen Stellen sogar noch verlängert worden, um Zusammenstöße zu verhindern.

Die IRA hat das Ende ihres bewaffneten Kampfes verkündet. Manche ihrer Einheiten indes existieren weiter, zum Teil als Gangs, die sich nach wie vor mit Banküberfällen und Schmuggel finanzieren.

Und selbst 20 Jahre nach dem Karfreitagsabkommen wird in Nordirland noch immer gekämpft – inzwischen um die Erinnerung an die Troubles und deren tödlichen Auseinandersetzungen: Im Januar 2018 musste ein nordirischer Sinn-Féin-Abgeordneter zurücktreten, von seiner eigenen Partei dazu gezwungen, weil er sich über das Massaker von Kingsmill lustig gemacht hat, mehr als vier Jahrzehnte nach der Bluttat.

Die Killer von Kingsmill aber hat, trotz vieler Hinweise und Vermutungen, bis heute kein Gericht zur Rechenschaft gezogen. ◊

LITERATURTIPPS

FRANK OTTO
»Der Nordirlandkonflikt«
Kompetente Schilderung der Geschehnisse in der umkämpften Region (C. H. Beck).

DAVID MCKITTRICK U. A.
»Lost Lives«
Biografien aller 3636 Todesopfer des Nordirland-Konflikts – so beeindruckend wie bewegend (Mainstream Publishing).

IN KÜRZE

Angeregt von der US-Bürgerrechtsbewegung, beanspruchen Nordirlands Katholiken Ende der 1960er Jahre Gleichberechtigung. Doch ihre Forderungen verhallen, Demonstrationen werden von den protestantisch dominierten Sicherheitskräften niedergeknüppelt. Der Konflikt verschärft sich, Terrororganisationen wie die IRA töten mehr als 3000 Menschen. Etliche Vermittlungsversuche scheitern, erst 1998 kommt es zu einem Friedensabkommen.

LOUGHGALL, 8. 5. 1987
Acht IRA-Kämpfer werden bei dem Versuch, eine Polizeiwache zu stürmen, von Soldaten einer britischen Spezialeinheit erschossen.

ENNISKILLEN, 8. 11. 1987
Bei einer Gedenkveranstaltung zum Ersten Weltkrieg zündet die IRA eine Bombe, elf Zivilisten sterben. Das verheerende öffentliche Echo zwingt die IRA zu Verhandlungen.

GREYSTEEL, 30. 10. 1993
Terroristen der protestantischen Ulster Defence Association (UDA) metzeln acht Besucher einer Bar nieder – als Rache für ein Attentat der IRA kurz zuvor mit zehn Toten.

OMAGH, 15. 8. 1998
Die Autobombe einer Splittergruppe, die sich »wahre IRA« nennt, zerreißt 29 Menschen. Es ist der blutigste einzelne Anschlag des Konflikts – vier Monate nach Unterzeichnung des Friedensabkommens.

DIE ZERRISSENE PROVINZ

Nach jahrzehntelanger Diskriminierung wehren sich Nordirlands Katholiken 1968 mit wütenden Protesten, auf die Sicherheitskräfte und militante Protestanten mit Gewalt reagieren. Es ist der Beginn eines 30 Jahre währenden Bürgerkriegs. Augenzeugen erinnern sich

Ein kleiner Mann rannte aus einer Gasse auf die Straße. Aus der Dunkelheit erschienen fünf schwarze Gestalten. Die düsteren Straßenlichter und der Mond glitzerten auf den Silberknöpfen ihrer Uniformen. Der kleine Mann wurde zu Boden gestreckt. Der Schlagstock blitzte im Mondlicht und traf ihn mit voller Wucht seitlich am Knie. Sie traten ihn in den Rinnstein und prügelten, so kam es mir vor, ziemlich lange auf ihn ein. Namen, die ich nicht verstand, hallten wie heulender Wind durch die Nacht. „Fenier!" „Dreckskerl!"

Adrian Fox, Katholik, Belfast

Mein Dad schickte mich oft los, um Limonade zu holen, wenn er von der Arbeit zurückkam. Er wollte immer Ross's Lemonade, die es nicht in dem Laden am unteren Ende der Dover Street gab, in dem Katholiken einkauften, sondern in dem Geschäft weiter oben, über der unsichtbaren Grenze, die die Shankill-Seite von der Falls-Seite trennte. Vor diesem Laden standen immer protestantische Teenager, und hineinzugehen war ein Spießrutenlauf aus Beschimpfungen, leichten Schlägen auf den Kopf und Tritten in den Hintern. Ich glaube nicht, dass ich je Angst hatte. Aber mit meinen sechs Jahren wusste ich, wo ich hingehörte.

Robert Livingstone, Katholik, Belfast

1968 brodelte es überall. „Baut mehr Häuser!" „Gerechtigkeit!" „Bürgerrechte!" Auf unseren Straßen kam es zu Tumulten. Männer, Frauen und sogar Kinder warfen Steine und bauten Barrikaden.

*Ann McCallion, Katholikin, Londonderry**

Nach Provokationen der Protestanten brechen in Londonderry und Belfast im August 1969 Straßenschlachten aus. Über Tage liefern sich radikale Katholiken Gefechte mit der Polizei und Protestanten, die katholische Stadtviertel stürmen. Schließlich schickt London Soldaten, um die Ordnung in der Region wiederherzustellen.

Dicke schwarze Rauchwolken schwebten in den Himmel. Busse, Lastwagen, Autos und Baufahrzeuge bildeten brennende Barrikaden, und Gruppen wütender Männer waren eifrig dabei, noch mehr Material zu besorgen. Es war, als wäre Krieg ausgebrochen.

Jeffrey Glenn, Protestant, Belfast

Die halbe Straße stand in Flammen. Ich wollte fernsehen, aber Patrick, 9, ging ins Bett. Er bat mich, ihn erst spät zu wecken, weil er in die Ein-Uhr-Messe wollte. Er war Messdiener in St Mary's. Die Unruhen wurden schlimmer, es wurde geschossen. Ich überlegte, die Kinder in ein Zim-

* Londonderry wird von irischen Katholiken Derry genannt. Denn so hieß die Stadt, bis die protestantische Kolonialmacht England sie um 1613 in Londonderry umbenannt hat.

SCHLACHTFELD BELFAST: Ein kleiner Junge unterhält sich in einer Kampfpause mit einem britischen Soldaten, der hinter einem ausgebrannten Auto in Deckung gegangen ist (1971)

mer zu holen, aber bevor wir uns sammeln und auf den Boden legen konnten, blitzte draußen das Mündungsfeuer der Royal Ulster Constabulary auf. Eine Kugel streifte mich, und Patrick schien die Wand entlangzufallen. Ich dachte, er sei ohnmächtig geworden, weil er mich bluten sah, aber dann entdeckte ich das Blut an seinem Hinterkopf, und mir wurde klar, dass es sich bei dem Aufblitzen um Gewehrkugeln gehandelt und man Patrick erschossen hatte.

Neeley Rooney, Katholik, Belfast

Beide Seiten begannen, sich gegenseitig mit Steinen zu bewerfen. Einige Molotowcocktails wurden auf die ersten Häuser geworfen, und dann breitete es sich auf die gesamte Straße aus. Schüsse fielen, und ich weiß noch, dass zwei Protestanten von Schrotkugeln getroffen wurden.

William Smith, Protestant, Belfast

Unser Wohnzimmer war verbrannt, und das gesamte Erdgeschoss stand knietief unter Wasser, weil die Plünderer noch Rohre herausgerissen hatten, bevor sie gegangen waren. Alles war weg.

Robert Livingstone

1971 verüben militante Katholiken erstmals gezielte Anschläge auf die britische Armee und töten zwölf Soldaten. Daraufhin lässt London ab August 1971 Tausende ohne Haftbefehl ins Gefängnis stecken.

Wir wurden beschossen, mit Bomben beworfen und weiß Gott was noch. Überall waren Heckenschützen unterwegs. Am 9. August bekamen wir um ein Uhr nachts unsere Befehle: Die ganze Einheit sollte zehn Männer festnehmen und sechs Häuser durchsuchen. Wir sollten uns jeden schnappen, der da war. Wir sollten drei Sekunden lang an die Tür klopfen und dann hineinstürmen. Das Viertel drehte durch. Überall waren brennende Autos, brennende Reifen und Barrikaden. Und Randalierer, die uns mit Steinen und Flaschen bewarfen.

James Roderick Campbell, Zugführer in der britischen Armee, Belfast

Barrikaden brannten, um die Soldaten fernzuhalten. Auf der Straße sah ich Männer mit Gewehren herumschießen. Sie versteckten sich hinter Mauern, Müll-

ERZIEHUNG ZUM HASS: Schon die Kinder wissen, wem sie Loyalität schulden – und wer der Feind ist. Für diese katholischen Halbwüchsigen in Londonderry sind es Polizei und britische Armee (1971)

tonnen, Pfosten – was sich gerade so bot.

Margaret McCrory, Katholikin, Belfast

Molotowcocktails kamen geflogen. Bisher kannte ich Krawalle nur aus dem Fernsehen, und es war eine ziemlich beängstigende Erfahrung, plötzlich mitten in einem zu sein und alles abzubekommen. Als wir die Molotowcocktails sahen, wussten wir, dass es Zeit war, zu gehen. Wir waren nicht bewaffnet, hatten keinen Schutz. Keine Schilde. Also rannten wir schnell weg.

Michael O'Connell, Polizist, Belfast

Wir gründeten eine Bürgerwehr. Männer durften nicht dabei sein, weil man sie verhaftete, darum übernahmen das wir Frauen. Einige waren von Mitternacht bis zwei Uhr morgens unterwegs, andere von zwei bis vier Uhr morgens. Wenn Soldaten kamen, schlugen wir mit Mülltonnendeckeln und Pfeifen Alarm.

Margaret Valente, Katholikin, Belfast

Einer meiner Schützen sah sich Frauen gegenüber, die schrien und kreischten, spuckten und mit Mülltonnendeckeln trommelten. Sie näherten sich ihm, bis sie ihm fast gegenüberstanden – und verspotteten ihn die ganze Zeit. Dann griff er nach seinem Gewehr und brachte es in Schussposition. Ich ging ganz langsam zu ihm und legte ihm meine Hand auf die Schulter, während er kurz davor war, auf die Frauen zu schießen. Ich sagte: „Keine Sorge. Ist schon gut. Wir klären das." Hätte er geschossen, dann hätte die Kugel vielleicht fünf Frauen getroffen.

James Roderick Campbell

Eines Abends wurde ich von Soldaten angehalten, weil ich mit einer Tasche durch Belfast lief. Es war nur eine Sporttasche, und ich rannte zum Bus, aber es war 1971, und nach Ladenschluss waren die Straßen in der Stadt menschenleer. Sechs Gewehre waren auf mich gerichtet. Ich musste mich mit erhobenen Armen an einen Panzerwagen stellen. Ich dachte schon, sie würden das Entschärfungskommando rufen, um meine Sportsachen zu untersuchen. Dann ließen sie mich laufen, aber ich verpasste den Bus.

Jeffrey Glenn

Im Dezember 1969 kommt es in der IRA zum Bruch. Vielen Mitgliedern ist die Organisation nicht aktiv genug, sie wollen den bewaffneten Kampf noch härter führen und bilden eine neue Truppe, die „Provisional IRA". Die alte IRA, nun „Official IRA", verliert rasch an Bedeutung.

Schon als Kinder wussten wir, dass wir uns auf den Boden legen mussten, wenn wir Schüsse hörten. Die Provos und die Official IRA konnten jederzeit anfangen, sich gegenseitig zu beschießen, oder eine der beiden feuerte auf die Armee. Es bestand auch die Gefahr, dass die unionistischen B-Specials oder die UVF (Ulster Volunteer Force) im Viertel erschienen. Während alldem spielten wir in den Durchgängen und auf den Straßen, und erst wenn die Schießerei begann, unterbrachen wir das Spiel und legten uns hin.

Anne McEvoy, Katholikin, Newry

Von unserem Regiment wurden fünf Soldaten getötet und 25 schwer verletzt. Wir wussten nicht, wie wir uns in den unterschiedlichen Situationen verhalten sollten. Wichtig war vor allem, nicht überzureagieren oder zurückzuschießen, wenn man nicht wusste, wo sich der Schütze befand – damit man die Bevölkerung nicht verbitterte. Das ist das Problem mit Militär: Wenn man es in einer zivilen Mission einsetzt, kann es sein, dass es sich wie in einer Kriegssituation verhält. In der Ausbildung lernt man, das Feuer zu erwidern, wenn man beschossen wird. Aber das geht nicht, wenn Zivilisten und Kinder in der Nähe sind.

Offizier, Infanterie, Belfast

Am Sonntag, dem 30. Januar 1972, demonstrieren in Londonderry Tausende Katholiken bei einer nicht genehmigten Kundgebung. Teilnehmer werfen Steine und Brandsätze nach britischen Soldaten, die daraufhin auf den Protestzug schießen (später werden sie fälschlicherweise behaupten, sie hätten feindliches Feuer erwidert). 13 Zivilisten sterben am „Bloody Sunday", 14 werden verwundet.

Menschen aus allen Schichten nahmen an dem Marsch teil. Ich sah drei oder vier Panzerfahrzeuge in unsere Richtung rasen, gefolgt von Fußsoldaten. Ich hatte das schon oft erlebt und beschloss daher zu verschwinden, denn es spielt keine Rolle, ob man einen Priesterkragen trägt. Alle rannten und einige lachten, man nahm die Sache mit Humor, es herrschte keine Panik. Man ging davon aus, dass die Soldaten in das Viertel kommen und dann haltmachen würden. Als das Panzerfahrzeug weiterfuhr, bekamen alle Angst. Ich erinnere mich an einen lachenden Jungen. Er war sehr fröhlich. Im nächsten Moment schnappte er nach Luft, riss die Arme in die Höhe und fiel auf sein Gesicht. Da war schrecklich viel Blut. Wir zogen sein Unterhemd hoch und sahen ein großes, blutiges Loch. Er fragte mich: „Muss ich jetzt sterben?", und ich sagte: „Nein", erteilte ihm aber die letzte Ölung. Wir legten den kleinen Burschen hin. Ich kniete mich neben ihn und sagte: „Hör zu, mein Sohn, wir haben dich rausgeholt." Aber er war tot. Er war fast 17, sah aber aus wie zwölf.

Father Edward Daly, katholischer Priester, Londonderry

Es kommt mir so vor, als wäre die Armee Amok gelaufen und hätte, ohne nachzudenken, um sich geschossen. Sie erschossen Unschuldige. Diese Menschen hatten vielleicht an einem verbotenen Marsch teilgenommen, aber das rechtfertigt nicht den Aufmarsch der Truppen und den wahllosen Einsatz von scharfer Munition. Ich würde, ohne zu zögern, behaupten, dass es schierer, unverblümter Mord war.

Major Hubert O'Neill, Gerichtsmediziner, Londonderry

Viele der Jüngeren, die vor dem 30. Januar 1972 pazifistisch gesinnt waren, wurden danach ziemlich militant. Wer an diesem Tag das Geschehen mit eigenen Augen gesehen hatte, war empört und wollte sich irgendwie rächen. Viele junge Menschen, die ich später im Gefängnis besuchte, erklärten mir, dass sie sich nie mit der IRA eingelassen hätten, wenn sie nicht selbst miterlebt hätten, was am Blutigen Sonntag geschah.

Father Edward Daly

Ein älterer Mitschüler kam eines Tages auf mich zu und fragte mich, ob ich zur IRA wollte. Ich war 14 und musste nicht lange überlegen. Mein Training begann, und es stellte sich bald heraus, dass ich ein besonderes Talent für den Bombenbau hatte.

Robert McClenaghan, Katholik, Belfast

Nach dem Blutigen Sonntag wurden im ganzen Norden Schulen und Geschäfte geschlossen. In den katholischen Wohngebieten herrschte fast vollkommene Anarchie. Die Menschen hatten das Gesetz in die eigene Hand genommen und errichteten Barrikaden an strategischen Stellen, um das unerwünschte Eindringen der Briten zu verhindern.

John Delaney, Katholik, Belfast

Erst kamen die Unruhen, dann die Steine, gefolgt von Molotowcocktails und Schüssen aus dem Hinterhalt. Es wurde immer schlimmer. Soldaten erlitten Brandverletzungen, wurden bei Ausschreitungen verletzt oder von Heckenschützen beschossen.

Mick Sullivan, Major, Infanterie

Am „Blutigen Freitag" (21. Juli 1972) gingen in ganz Belfast Bomben hoch, und es gab viele Todesopfer. Ich war im Stadtzentrum angekommen, und als ich die Bedford Street erreichte, wurde der Busbahnhof Oxford Street durch eine nicht angekündigte, gewaltige Bombe zerstört. Die Körper der Opfer wurden in Stücke gerissen und mussten in Müllplastiksäcke geschaufelt werden.

Jeffrey Glenn

Man hörte Menschen schreien und weinen und stöhnen. Als Erstes fiel mir ein menschlicher Rumpf auf, der mitten auf der Straße lag. Er war als Rumpf erkennbar, weil die Kleider weggerissen waren und man sogar Teile der menschlichen Anatomie sehen konnte. Einem Opfer fehlten Arme und Beine, und ein Stück seines Körpers war durch das Gitter geflogen. Eine der grässlichsten Erinnerungen für mich war ein Kopf, der an einer Mauer hing. Ein paar Tage später fanden wir auf dem Dach eines nahe gelegenen Gebäudes einen Brustkorb samt Wirbelsäule. Wir entdeckten ihn nur, weil sich die Möwen darauf stürzten.

Polizist, Belfast

Was am Blutigen Freitag passierte, war eine Katastrophe, die weitgehend die IRA zu verschulden hatte. Sie überschätzte die Fähigkeit der Armee, an diesem Tag diese Gegend zu räumen, und so kam es zu dem Desaster. Wenn die IRA in der Stadt Bomben legte, wurde normalerweise vorher gewarnt. Meines Wissens gab es zu keiner Zeit den Versuch, Menschen durch Autobomben zu töten, weil die Familien der Bombenleger schließlich auch dort einkauften.

Brendan Hughes, IRA-Aktivist

Ich wollte herausfinden, was am Blutigen Freitag falsch gelaufen war. Ich konnte nicht glauben, dass niemandem in der Führungsriege der IRA in Belfast klar war, wie schwierig es für Polizei und Armee sein würde, auf 20 Warnungen zu reagieren, die innerhalb einer Stunde eingingen. Ich kam zu dem Schluss, dass man mögliche zivile Opfer in Kauf nahm und vielleicht sogar einplante. Mein Verdacht verstärkte sich noch, als ich versuchte nachzufragen, was falsch gelaufen war. Man weigerte sich eisern, überhaupt darüber zu reden; es wurde ausnahmsweise nicht versucht, zu entschuldigen, zu rechtfertigen, sich in Einzelheiten zu ergehen.

Maria Gatland, IRA-Mitglied

Ich fühlte mich terrorisiert. Meine Stimmung war nur noch dumpfe Verzweiflung. Wir schienen in einer Art apokalyptischen Welt zu leben, in der die schlimmsten Albträume Wirklichkeit wurden. Man konnte in keinen Bus oder Zug steigen, ohne sich zu fragen, ob man darin oder am Bahnhof in die Luft fliegen würde. Man konnte keine Straße mit geparkten Autos entlanggehen, ohne sich zu fragen, ob in einem vielleicht eine Bombe lag. Jeden Tag wurde ein beliebter Orientierungspunkt oder ein Lieblingsgeschäft ausgebombt oder niedergebrannt.

Jeffrey Glenn

In West-Belfast begegnete man täglich bekannten Republikanern und hielt sie an. Die Notstandsgesetze erlaubten es uns, sie manchmal ein bisschen zu triezen. Wir erkundigten uns, ob sie etwas über begangene Terrorakte wüssten, und fragten, ob sie uns Informationen geben könnten. Sie waren sehr umgänglich und machten keinen Ärger. Sie gaben an, wer sie waren, woher sie kamen und wohin sie gingen. Sie hatten nie etwas Belastendes bei sich, da sie nicht für ein Bagatelldelikt verhaftet werden wollten. Auf der Straße plauderten sie mit uns wie mit Freunden. Aber hätten sie die Chance gehabt, hätten sie uns umgenietet, sowie sie uns sahen.

Michael O'Connell, Polizist

Es gab mehrere Theorien darüber, wie und warum die bittere und blutige Feindschaft zwischen den beiden Flügeln der IRA begann, aber für mich war die glaubwürdigste, dass die Saat dafür in dem Sommer gelegt wurde, als der Minister für Nordirland die ersten internierten Provisionals freiließ. Zu den unheilvolleren Entwicklungen gehörte die Kennzeichnung von Häusern der Officials und ihrer Anhänger mit roten „Todeskreuzen"; dadurch konnten die Terrorkommandos der Provos ihre Ziele mühelos identifizieren. Sie warfen sich gegenseitig Bomben in ihre Bars und Clubs: Provos schleuderten Molotowcocktails in Geschäfte von Officials, und Officials auf Motorrädern fuhren an Nachtclubs der Provos vorbei und nahmen alle Gäste im Inneren unter Feuer. Arbeiter wurden gezwungen, ihre Jobs zu kündigen, Familien durch Drohanrufe eingeschüchtert, bis sie ihre Häuser verließen. Schwarze Trauerschleifen wurden an Torpfosten gebunden, Gewehrkugeln in Briefkästen geworfen. Ganz Belfast lebte in ständiger Angst. Nach Einbruch der Dunkelheit wurden Türen abgeschlossen, verriegelt und mit Möbelstücken gesichert, um Killern das Eindringen zu erschweren. Die Frauen, deren Söhne, Männer und Brüder die Zielscheiben waren, gingen auf die Straße und skandierten: „Beendet die Fehde, beendet die Fehde!"

P. J. Quinn, Protestant, Belfast

Bombenexplosionen waren zu Hause ein viel diskutiertes Thema. War es eine große in der Stadt oder eine kleine in der Nähe? Unsere Richterskala stützte sich darauf, wie heftig die Fensterscheiben bebten, auch wenn uns Angriffe auf Barrikaden der örtlichen Polizei bisweilen verwirrten. Oft waren es große Explosionen ganz in der Nähe. Nach dem gleichen Muster beurteilten wir Geschützfeuer, um zu entscheiden, ob die IRA, die Armee oder beide beteiligt waren.

John Delaney

GESETZ DER ESKALATION: Immer wieder nehmen beide Seiten erlittenes Unrecht zum Anlass für neue Gewalt; hier errichten Kinder in Londonderry aus Protest gegen britische Truppen eine Barrikade

Wir hörten ein lautes Scheppern und einen Knall. Etwas flog an uns vorbei. Überall waren Rumpfteile. Zu dem Zeitpunkt wussten wir noch nicht, was an uns vorbeiflog, aber es war ein Stück von einem Körper. Ein Fuß ohne Stiefel. Da waren nackte Oberkörper: Die Kleider und alles waren verbrannt, aber sie waren noch als Menschen erkennbar. Einer war nicht mit Blut bedeckt. Es war nur ein Brustkorb ohne Kopf. Ich konnte wochenlang nicht schlafen. Einem 13-Jährigen machte das schreckliche Angst.

Paul Sayers, Protestant, Londonderry

Mein Bruder arbeitete an dem Tag bis ein Uhr, dann kam er nach Hause. Seine beiden Freunde riefen ihn. Er ging hinaus und kam nicht mehr zurück. Um zwei Uhr gab es eine Explosion, bei der er und seine beiden Freunde umkamen. Mein armer Daddy musste ihn identifizieren. Mein Bruder war nicht allzu schlimm verstümmelt. Er hatte seine Beine, einen Arm und den halben Kopf verloren. Aber der andere Junge war völlig zerfetzt. Als sie zum Identifizieren der Leichen gingen, warf der Polizist einen schwarzen Sack auf den Tisch und sagte: „Identifizieren Sie Ihren Sohn!" Mein Daddy konnte meinen Bruder identifizieren, weil er, verglichen mit den beiden anderen, nicht so verstümmelt war.

Alice Nocher, Katholikin, Belfast

Seit Mitte der 1970er Jahre fordern die im Maze-Gefängnis bei Belfast einsitzenden IRA-Kämpfer den Status politischer Gefangener. Sie hüllen sich in Decken, statt Sträflingskleidung anzuziehen, hören auf, sich zu waschen, schmieren ihre Exkremente an die Zellenwände. Als das alles nichts nützt, treten sie in den Hungerstreik.

Ich riss ein Stück von der Matratze ab und schmierte Exkremente an die Wand. Man handelte gegen alle Verhaltensregeln, mit denen man aufgewachsen war. Man handelte gegen alles, was man über grundlegende Hygiene, Umgangsformen und dergleichen gelernt hatte. So lebte ich von 1978 bis 1981. Man wachte am Morgen buchstäblich mit Maden im Bett auf und wischte sie irgendwann nur noch weg. Ich glaube, der menschliche Geist kann sich an jede Umgebung gewöhnen.

Gerard Hodgkins, IRA-Mitglied

Man würde kaum einem Tier zumuten, unter solchen Umständen zu leben, geschweige denn einem Menschen. Etwas Ähnliches hatte ich bisher nur in den Slums von Kalkutta gesehen. Der Gestank und Schmutz in manchen Zellen, verursacht durch vergammeltes Essen und an den Wänden verschmierte Exkremente, war einfach unglaublich. Ich konnte nicht sprechen, weil ich Angst hatte, mich zu übergeben.

Kardinal Tomas O'Fiaich nach einem Besuch im Maze-Gefängnis

Vorher hatte ich allerlei Geschichten über Hungerstreiks gehört – etwa dass der quälende Hunger nach einigen Tagen aufhört, solche Sachen. Das entspricht nicht meiner Erfahrung. Sogar nach 35 bis 40 Tagen war ich in Versuchung zu essen. Ich verlor meinen Hunger erst viel später, und das war eher eine Auswirkung von Übelkeit und Folge des Nahrungsentzugs als eine Abnahme des Appetits.

Tommy McKearney, IRA-Mitglied

Die Gefangenen wollten die Kontrolle über das Gefängnis erlangen und taten dies mithilfe einer gut durchdachten Strategie: Sie versuchten, das Reglement Schritt für Schritt zu durchbrechen. Mit den von ihnen beanspruchten Privilegien wollten sie nicht die Bedingungen für die Häftlinge verbessern, sondern die Gefängnisbehörden entmachten. Neben ihrer Gewaltkampagne verfolgte die IRA mit berechnender Radikalität einen psychologischen Krieg: Man musste sich auf beiden Ebenen gegen sie zur Wehr setzen.

Margaret Thatcher, britische Premierministerin

Die Schließer kamen viermal täglich und brachten unser Essen. Das Frühstück blieb bis zum Mittag in der Zelle, das Mittagessen bis zur Teatime, Tea bis zum Abendessen und das Abendessen wieder bis zum Frühstück. Die Wärter zeichneten auf, dass nichts angerührt oder gegessen worden war. Später erfuhr ich, dass die Gefängnisbehörden das Essen mit fast wissenschaftlicher Genauigkeit abgemessen haben, um zu sehen, ob wir gegessen oder die Nahrung angerührt hatten.

Tommy McKearney

Viele können die Hungerstreiks nicht verstehen, weil sie nicht wissen, was man in den Jahren zuvor durchgemacht hat, dass man 24 Stunden am Tag allein in einer Zelle eingesperrt ist – man lebt unter diesen Bedingungen und kämpft dagegen an. Ich war zu lebenslanger Haft verurteilt, so sah also meine Zukunft aus.

Lawrence McKeown, IRA-Mitglied

Wir alle wussten, wie wichtig es war, so viel Wasser wie möglich zu trinken, und 40 Tage lang war ich in der Lage, mehrere Liter am Tag zu trinken. Ich nahm kaum einen größeren Kräfteverlust wahr. Ich konnte sicherlich nicht rennen und war müde, aber befand mich ungefähr die ersten 40 Tage in einem recht guten Zustand. Sean McKennas körperlicher Abbau dagegen alarmierte mich. Es begann bereits sehr früh, schon am zwölften oder dreizehnten Tag. Sean war da bereits nicht mehr in der Lage, die Zelle zu verlassen. Wenn er aus dem Bett aufstand, war er sehr schwach und sehr wacklig auf den Beinen und hatte Schwierigkeiten, ohne Hilfe des Pflegepersonals zu gehen.

Tommy McKearney

Sean McKenna driftete immer wieder ins Koma und bat mich, ihm zu versprechen, ihn nicht hängen zu lassen. Das tat ich. Die meisten Nächte schlief ich an seiner Seite, zusammen mit zwei Priestern.

Brendan Hughes

Die letzten paar Tage des Hungerstreiks waren eine Qual. Der Mangel an Nahrung wirkte sich derart auf meine Nieren aus, dass sie versagten und ich nicht länger in der Lage war, Wasser zu trinken, um den Körper durchzuspülen. Gifte häuften sich an und schädigten die inneren Organe. Alle paar Minuten begann ich, eine flaschengrüne Flüssigkeit zu erbrechen, was mir für ein paar Minuten Erleichterung verschaffte, aber dann baute es sich wieder auf, und ich musste wiederum erbrechen.

Tommy McKearney

Bobby Sands war 27 Jahre alt und 66 Tage im Hungerstreik, als er am 5. Mai 1981 in den H-Blocks starb. Der junge IRA-Mann, der die letzten neun Jahre seines Lebens fast ausschließlich im Gefängnis verbracht hatte, war zum Zeitpunkt seines Todes weltberühmt: Er war gewählter Abgeordneter im britischen Parlament und hatte politischen wie moralischen Zwängen standgehalten, sein Hungern zu beenden; auf diese Weise trotzte er der britischen Regierung, die durch die Kriminalisierung der irischen politischen Häftlinge den irischen Freiheitskampf zu kriminalisieren versuchte.

Gerry Adams, Präsident von Sinn Féin

Meine Mutter sagte: „Wenn am Ende die Entscheidung bei mir liegt, dann will ich dich retten." Am Sonntag verlor ich offenbar das Bewusstsein, und meine Mutter erlaubte eine medizinische Intervention. Ich verstehe die Lage, in der sie sich damals befand. Der Druck hatte sich von der britischen Regierung auf die Familien verlagert, und der Gedanke dahinter war, dass keine Mutter ruhig

GETEILTES BELFAST um 1980

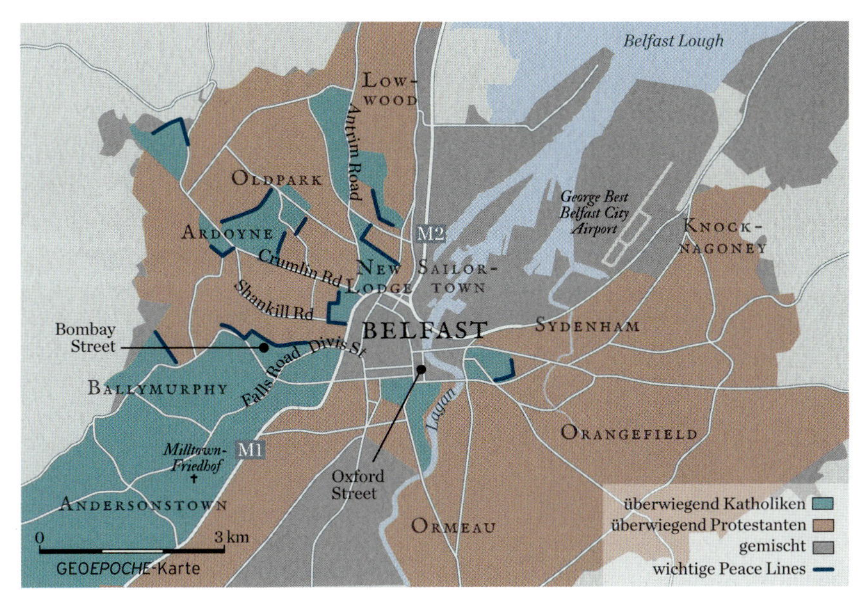

ZERRISSENE STADT: Fast 100 »Peace Lines«, zum Teil über sieben Meter hohe Zäune oder Mauern, trennen die Wohnviertel der verfeindeten Konfessionen in Belfast voneinander. Bis zum Jahr 2023 sollen die Sperren entfernt werden

mitansah, wie ihr Sohn starb, ohne zu intervenieren.

Lawrence McKeown

Bis August 1981 starben neun weitere Männer im Hungerstreik. Am 3. Oktober 1981 brachen die Gefangenen widerstrebend ihren Hungerstreik ab, nachdem eine Kampagne der katholischen Kirche mehrere Familien dazu ermutigt hatte, eine medizinische Intervention zu erlauben, wenn ihre Söhne oder Männer bewusstlos wurden. Man beraubte die Gefangenen der Waffe des Hungerstreiks, und deshalb beschlossen sie, das historische Hungern, das volle 217 Tage gedauert hatte, endgültig zu beenden.

Gerry Adams

Ende der 1980er Jahre beginnt langsam ein Friedensprozess, kommt es zu Verhandlungen zwischen Vertretern von Sinn Féin und der britischen Regierung. Doch sobald sich eine Einigung abzeichnet, verüben Militante neue Attentate und provozieren so Racheakte der Gegenseite.

1993 geriet die Gewalt erneut außer Kontrolle. Im Oktober ermordete die IRA neun unschuldige Menschen in einem Fischgeschäft in der Shankill Road in Belfast. Auch der Bombenleger kam dabei um. Tage später trug Gerry Adams, „der Mann des Friedens", seinen Sarg und sorgte damit in der ganzen Provinz für helle Empörung. Eine Woche später reagierten loyalistische Paramilitärs in Greysteel. Dabei kamen acht Menschen ums Leben, die in einem Pub saßen. Der Schütze rief „Süßes oder Saures", bevor er den Pub mit Kugeln bestrich. Diese beiden Vorfälle schockierten die Provinz. Protestanten und Katholiken standen gleichermaßen unter Schock.

Mark Russell, Protestant, Richhill

Ich arbeitete als Krankenschwester, als das Attentat in der Shankill Road stattfand. Die Station war voller verwundeter, traumatisierter Menschen. Das Seltsamste war, dass die Angehörigen des Bombenlegers neben denen der Verletzten saßen, ohne es zu ahnen, bis eine Krankenschwester dahinterkam und rasch neue Wartebereiche einrichtete. Wir waren alle verblüfft, dass die Angehörigen es nicht selbst herausgefunden hatten.

Krankenschwester, Belfast

1994 erklären die IRA und die protestantischen Paramilitärs auf Drängen Londons einen Waffenstillstand. Und im „Karfreitagsabkommen" von 1998 wird die Entwaffnung der Kampforganisationen beschlossen und der Konflikt offiziell beendet.

Es dauerte zwar eine Weile, bis ich glauben konnte, dass es einen Waffenstillstand gab, aber zum ersten Mal wurde es mir bewusst, als ich feststellte, dass ich mich entspannt, ruhig atmend auf den Straßen bewegen konnte. Plötzlich hatte man Zeit, stehen zu bleiben, sich zu unterhalten, zu lachen, einzukaufen, ohne aus Angst vor einer Bombe oder einer Schießerei die Schultern einzuziehen.

Ann McCallion

Es war nicht leicht. Ich hatte gemischte Gefühle bei der Sache, aber wir stimmten mit Ja (in dem Referendum über das Karfreitagsabkommen). Ob seine Mörder im Gefängnis sitzen oder nicht, es bringt uns James nicht zurück. Wenn es das Ganze beenden könnte, wäre es das wert.

Justin Morgan, Vater eines 16-jährigen katholischen Schülers, erschlagen von einem 27-jährigen Protestanten. ◊

Relikte eines geplatzten TRAUMS

Dank rasanten ökonomischen Wachstums erlebt Irland ab etwa 1995 nie gekannten Wohlstand. Doch dann erstickt die globale Finanzkrise von 2008 das Wirtschaftswunder. Inzwischen ist der Absturz überwunden – doch nun droht der Brexit. Eine Reportage aus einem Land im Umbruch

Kein Mensch ist eine Insel, schrieb einst der englische Renaissancedichter John Donne. Er kannte nicht Joe McNamara, den Querkopf und Sonderling, den vom Festland gesellschaftlicher Normen ein Eigenwille trennt, der kaum zu überbrücken ist.

Joe McNamara, Bauunternehmer, war erfolgreicher Ritter des irischen Immobilienbooms um die Jahrtausendwende. Aber dann, auf dem Höhepunkt der Hysterie und kurz nach Baubeginn eines seiner Hotels, sah er sich plötzlich von seinem wichtigsten Kreditgeber im Stich gelassen. Die „Anglo Irish Bank“ (die bald auch das ganze Land mit sich in den Abgrund reißen sollte) stornierte ihr Darlehen und trieb McNamaras Firma in den Konkurs, mit dreieinhalb Millionen Euro Schulden.

Daraufhin wurde McNamara, ein stolzer Sohn von Achill Island, der größten Insel vor der Küste Irlands, zum Rächer. Mit einem Zementmixer blockierte er im April 2010 ein Büro der „Anglo Irish“. Im September attackierte er mit einem Lkw das Tor des Parlamentsgebäudes in Dublin, wo er die Mitschuldigen für die Bankenkrise verortete. Und im November 2011 pflanzte er der Insel seiner Jugend mit ein paar Lastwagen, ein paar kräftigen Helfern und natürlich ohne Baugenehmigung an nur wenigen Tagen ein riesiges Mahnmal aus Beton ins Herz.

Dort steht es jetzt, fremd und ein wenig schaurig. Ein mächtiger Kreis aus 30 Betonstelen, viereinhalb Meter hoch, 30 Meter im Durchmesser. Darauf ein

MODERNES STONEHENGE:
Als Zeichen seiner Wut auf die Banken errichtete ein Unternehmer 2011 auf der irischen Insel Achill diesen Kreis aus Betonstelen

TEXT: *Jörg-Uwe Albig*

Ring, ebenfalls aus Beton. Und in der Mitte ein Haufen Steine mit der Anmutung eines heidnischen Altars.

Es steht in einer rauen Landschaft aus Tümpeln und rotgelbem Gras, das der atlantische Wind zu Boden drückt. Es erglänzt im Regen, der immer wieder aus heiterem Himmel über die Insel peitscht. Und bald gaben die Einheimischen dem kruden Memento, in Anlehnung an die prähistorische Kultstätte Stonehenge in England, den Namen „Achill Henge".

Als ein Richter Joe McNamara zum Abriss des Bauwerks verurteilte, blieb der Rächer ungerührt. Lieber ging er wegen „Missachtung des Gerichts" ins Gefängnis – und dachte auch nach seiner Freilassung nicht daran, das Monstrum zu entfernen. Und so steht das unerwünschte Denkmal noch heute auf Achill, im äußersten Westen des Landes, wo hinter dem Horizont schon Amerika liegt.

Vielleicht ist es kein Wunder, dass McNamara, die menschliche Insel, von Achill stammt. Achill ist sozusagen eine Insel hoch drei: eine Abspaltung Irlands – das wiederum ein Ableger jener Landmasse ist, die sich nach der letzten Eiszeit von Kontinentaleuropa trennte.

Keine andere Landschaft hat so klare Grenzen wie eine Insel: Sie hört exakt dort auf, wo das Wasser anfängt. Und womöglich ist es dieses Prinzip der Abgrenzung, das Irlands Geschichte beherrscht – und seine Gegenwart. Die zahllosen Kilometer aus Steinwällen, Hecken und Zäunen, die Irlands Felder umhegen und parzellieren: Sie zeugen von dem besonderen Hang zur Territorialität, der die Iren beseelt.

Immer wieder gab es mit den britischen Kolonialherren Streit um Heim, Grund und Boden, um Grenzen, Zäune. In der zweiten Hälfte des 19. Jahrhunderts besaßen 1,5 Prozent der *landlords*, meist englischer Herkunft, ein Drittel der gesamten Inselfläche – kein Wunder, dass verarmte Pächter aufbegehrten: Bauernaufstände eskalierten 1879 zum „Land War". Die weitgehende Unabhängigkeit der späteren Republik Irland 1921 wurde nur möglich, weil deren Grenze die Gebiete mit katholischer und die mit protestantischer Mehrheit voneinander trennt.

In Nordirlands Hauptstadt Belfast ist diese Grenze noch immer mit Händen zu greifen: 35 Kilometer Mauer trennen die Wohngebiete der beiden Konfessionen. „Würde man sie abreißen, könnten die Bewohner hier nicht mehr ruhig schlafen", erklärt Joe Watson. Er blickt über eine Zeile von Häusern, die alle eine Aussicht gemeinsam haben: eine Schicht Ziegel, eine Schicht Profilstahl und darauf ein Drahtzaun, der hoch über die Dächer ragt.

Joe Watson, ein Mann mit weißem Kurzhaar, hohen Wangenknochen und einem von langer Haft verheerten Gebiss, hat einst für die IRA gekämpft. Dreimal hat er dafür im Gefängnis gesessen, insgesamt 18 Jahre lang. Viermal, sagt er, sei er knapp einem Anschlag entkommen.

Jetzt führt er, Regenschirm über der Schulter, Touristen durch sein Stadtviertel, an die Schauplätze des 30-jährigen Kriegs um Nordirland. Am Horizont lösen sich Berge im Nebel auf, und ein harter Regen fällt auf Gerechte und Ungerechte – die sich nur durch das Viertel unterscheiden, in dem sie wohnen.

Joe Watson zeigt Einschusslöcher, zeigt Straßenzüge, die nach den schweren Kämpfen von 1969 ausgebrannt waren oder in Trümmern lagen. Er zeigt den Kinderspielplatz an der Springfield Avenue, mit hohen Zäunen und Stacheldrahtrollen bewehrt wie ein Hochsicherheitsgefängnis. Er bleibt an Pubs stehen, die zum Opfer von Bombenanschlägen oder *drive-by-shootings* wurden. Er erklärt die *murals*, die Wandmalereien, auf denen die Helden des Bürgerkriegs zu Heiligen werden: Bobby Sands etwa, der Märtyrer des Hungerstreiks von 1981, umringt von seinen Gefährten wie beim Letzten Abendmahl.

Watson streift am City Cemetery von 1869 entlang – dem einzigen Friedhof der Welt, so erzählt er, der mit einer unterirdischen Mauer katholische von protestantischen Toten trenne. Noch immer, sagt er, herrsche in Belfast Apartheid. Bestehe etwa die Polizei zum größten Teil aus Protestanten.

Auf den Straßen kennt Watson jeden, wird von jedem gegrüßt, grüßt jeden zurück. Schon 50 Meter weiter, im protestantischen Viertel Shankill, jenseits der Demarkationslinie, wäre er nicht sicher, sagt er.

Denn noch immer ordnen sich Gut und Böse, Fromm und Ungläubig, Reich und Arm auf dieser Insel sozusagen nach Raumordnungsplänen: diesseits oder jenseits der Mauer, nördlich oder südlich der Grenze, mit oder ohne Grundbesitz.

Und vielleicht haben auch die Immobilienhändler mit dieser emotionalen Macht des Reviers spekuliert, als sie um die Jahrtausendwende binnen kürzester Zeit die Republik Irland mit Tausenden von Neubaugebieten überzogen.

Zwischen 1991 und 2008, als EU-Subventionen und ausländische Investoren (von geringen Steuern und niedrigen Löhnen angelockt) dem Land ein Wirtschaftswunder bescherten, erhöhte sich die Zahl der Eigenheime, mit Steuergeschenken unterstützt, von 1,2 auf 1,9 Millionen – und das in einem Land mit nicht einmal fünf Millionen Menschen. 2007, auf dem Höhepunkt des Booms, arbeiteten mehr als 13 Prozent aller Beschäftigten in der Baubranche. In jenem Jahr wurden pro Kopf rund dreimal so viele Neubauten errichtet wie in den ebenfalls von einer Immobilienflut heimgesuchten USA.

Als 2008 auch in Irland die Finanzkrise ausbrach und niemand mehr Geld für Wohneigentum übrig hatte, wurden die steingewordenen Mittelstandsträume zu Geisterstädten. Fast 3000 solcher *ghost estates* mit 300 000 leeren Wohnungen hat der Crash hinterlassen – 2017 waren immerhin noch 420 davon übrig.

Etwa in Ballaghaderreen, 1800 Einwohner, rund 160 Kilometer nordwestlich von Dublin. Im Norden des Städtchens, in einem Eigenheim-Atoll, das idyllisch „Shannon Valley" heißt, stehen die Häuser zu zwei Dritteln leer.

Sie ragen aus dem hohen, gelben Gras von Rasenflächen, die es nie zu Vorgärten gebracht haben. Viele Fenster und Türen sind mit Sperrholz und Pressspan vernagelt, andere klaffen mit zerbrochenen Scheiben. Wieder andere stehen offen, wie zum Durchflug der Gespenster.

Die wenigen Bewohner, die das Pech hatten, noch während des Booms hier ihr Haus zu beziehen, wappnen sich gegen den Anblick mit wehrhaften Blumenkübeln und trotzigen Gardinen.

Der eindrucksvollste Blick auf die Toteninsel von Ballaghaderreen bietet sich vom Hügel des örtlichen Friedhofs. Zwischen den verwitterten Keltenkreuzen schimmert die Siedlung am Horizont wie eine Fata Morgana – eine letzte Halluzination des Wirtschaftsbooms, den die Finanzkrise der Jahre 2007 und 2008 zur Strecke gebracht hat.

„Die Geistersiedlungen sind in Irland zum Symbol der Krise geworden", sagt Cian O'Callaghan, Kulturgeograf am Dubliner Trinity College, der ältesten Universität des Landes. Seit rund einem Jahrzehnt erforscht O'Callaghan die Zeichensprache von Irlands Neubauruinen.

„Gewöhnlich ist ‚Ruine' die Bezeichnung für einen Raum, der einmal bewohnt war", sagt er. „In den Geistersiedlungen aber hat nie jemand gelebt. Was in ihnen spukt, sind die Gespenster einer Zukunft, die nicht eingetreten ist."

Dabei hatte diese Zukunft mit mächtigen Schlägen an die Tür geklopft. „Der Boom hat Irland von seinem kolonialen Erbe befreit", sagt O'Callaghan. „Er hat den lähmenden Einfluss der katholischen Kirche überwunden und Dublin zu einem kosmopolitischen Ort gemacht. Mit ihm wurde aus Irlands Vergangenheit endlich Geschichte."

Tatsächlich: Zwischen 1995 und 2008 bescherte der Boom den Iren nach Jahrhunderten der Armut einen nie gekannten Wohlstand. In manchen Jahren wuchs das Bruttoinlandsprodukt zweistellig, mehr als irgendwo sonst in Europa. Ausländische Konzerne richteten in der Steueroase Irland ihre Europazentralen ein. Und Kritiker, die ein Ende des Aufschwungs prophezeiten, bekamen vom Ministerpräsidenten Bertie Ahern zu hören: „Warum bringen sich diese Leute, die jammernd abseitsstehen und den Zug verpassen, nicht einfach um?"

Doch dann kam der Crash – und aus den geplanten Inseln der Seligen wurden Archipele der Trostlosigkeit.

„Die Geistersiedlungen haben diesem Zusammenbruch ein Gesicht gegeben", sagt Cian O'Callaghan. „Sie haben bewirkt, dass wir neu über unsere Prioritäten nachdachten, über unsere Vorstellungen von der Zukunft und über das, was unser Leben sein soll."

Im Lauf der Krise habe dieses Gesicht allerdings seinen Ausdruck verändert. „Anfangs hat man die Ruinen als Vokabeln gelesen, mit denen sich die Krise erzählen ließ", erklärt der Wissenschaftler. „Die Presse schrieb über zerbrochene Fenster, verrottende Mauern und Werbezettel, die aus Briefkästen quollen."

Dann habe man sich auf die Suche nach den Schuldigen gemacht: „Waren es die gierigen Immobilienunternehmer, die unklugen Politiker, die allzu kreditwilligen Banken? Oder war es das System, der Kapitalismus, die Rolle der Finanzwirtschaft in einer globalen Ökonomie? Inzwischen lautet die herrschende Erzählung: Wir Iren selbst sind schuld. Wir alle haben mitgefeiert bei dieser Party. Wir haben uns gehen lassen, wir sind zu dumm und gierig geworden. Im Prinzip war also alles in Ordnung – nur eben das kleine bisschen zu viel."

Also schnallen die Iren jetzt die Gürtel enger, sagt O'Callaghan. Sie zahlen weiter ihre Hypotheken, und wenn sie in einer der Geistersiedlungen wohnen, machen sie es sich in ihren Häusern bequem und vermeiden es, aus dem Fenster zu schauen. Der Boom, sagen sie sich, war eben einfach zu schön, um wahr zu sein.

Das sei eine sehr irische Reaktion, glaubt der Forscher: ein Überbleibsel aus Jahrhunderten der Armut und Kolonialherrschaft, ein galgenhumoriger Pragmatismus, eine grimmige Ergebung in Dinge, die man nicht ändern kann. „Und so machen wir eben weiter wie bisher."

Auf diese Weise wurden die Geistersiedlungen zu Denkmälern des irischen Fatalismus, der auch in den Werken Samuel Becketts oder Flann O'Briens glimmt. Doch zugleich sind sie vielleicht auch Monumente jener katholischen Schuldreligion, die alles Übel mit einem Mea culpa quittiert – und die das Land immerhin seit mehr als 1000 Jahren beherrscht.

GEISTERSTADT: Wie hier in Longford entstanden in den Jahren des Booms überall in Irland Siedlungen, die niemand brauchte – und die heute unbewohnt sind

Dabei ist nicht zu übersehen, dass dieser Glaube auch in Irland inzwischen auf dem Rückzug ist. 1992 erlebte die katholische Kirche eine schwere Vertrauenskrise, als sich ein Bischof als Vater eines unehelichen Kindes erwies.

Bald danach begannen Kommissionen, auch die anderen Sünden der Kirche aufzuarbeiten – die unbarmherzige Behandlung von ledigen Müttern, den Missbrauch von Kindern, sexuelle Gewalt von Klerikern, die Ausbeutung von Waisen in Heimen und Schulen.

In der Folge verlor der katholische Moralkodex seine bis dahin fast unumschränkte Macht über den Staat. Seit 1993 ist Homosexualität straffrei, seit 1997 die Scheidung erlaubt.

2015 erzwangen die Iren gar als erstes Volk der Welt per Referendum die Zulassung gleichgeschlechtlicher Ehen.

Und im Buchladen des Schreins von Knock, dem wichtigsten Wallfahrtsort der irischen Katholiken, liegt gut sichtbar eine Streitschrift des Dubliner Pfarrers Joe McDonald aus: „Warum die irische Kirche verdient zu sterben".

Wie eine riesige kubistische Pickelhaube steht die Basilika von Knock zwischen Rasenflächen und Parkplätzen – ein Siebziger-Jahre-Sechseck aus Beton, auf dem Flachdach ein spitzer Turm.

Unter diesem Stachel duckt sich das Dorf Knock, knapp 1000 Einwohner, eine Ansammlung aus Gaststätten und Läden, die heilendes Tuch, heilendes Öl und Reliquien des Krebsheiligen Peregrinus verkaufen. Und im Restaurant der Drei-Sterne-Pilgerherberge „Knock House Hotel" tuscheln zu den Klängen einer Barjazz-Version von Abbas „Money, Money, Money" die Frommen über Engel und Johannes Paul II.

Knock ist für Irland das, was Lourdes den Franzosen bedeutet. Hier sind, so das kirchlich beglaubigte Zeugnis von 15 Bewohnern des Dorfs, im August 1879 die Gestalten der Jungfrau Maria, des heiligen Joseph und des Evangelisten Johannes an der Giebelmauer der Pfarrkirche erschienen, dazu das Lamm Gottes, umringt von Engeln.

Die Vision soll zwei Stunden gewährt haben. Bald darauf strömten aus dem ganzen Land Pilger herbei, singend und um Heilung ihrer Gebrechen bittend. Heute kommen jedes Jahr rund 1,5 Millionen Wallfahrer; und 1985 wurde etwa 15 Kilometer weiter nordöstlich eigens für sie ein Flughafen eröffnet.

Auch Knock ist eine Insel – und nicht nur, weil es so abseits von allem liegt. Denn während sich im übrigen Irland die Messen leeren und der Priesternachwuchs versiegt, hält sich der Zustrom der Pilger hier halbwegs konstant.

Doch selbst in Knock wächst das Unbehagen der Kirchenleute, die Selbstkritik, der Drang zur Flucht nach vorn.

In der Frühmesse betet der Priester um Rettung für die Kirche Irlands: „Heile sie von der Sünde des Hochmuts."

In den vergangenen drei Jahren hat die Verwaltung der Wallfahrtsstätte eine Million Euro für Werbung ausgegeben, auch für TV-Spots, lockte so unter anderem Pilgergruppen aus New York und Boston in die irische Provinz.

Und engagierte eine Beauftragte für „Marketing und Kommunikation".

Maria Hunt, Businesskostüm und präzis geschminkte Lippen, ist keine Soldatin der Kirche. Sie ist eine Jüngerin der Public Relations. Unbefangen jongliert sie mit Begriffen wie „Markenbewusstsein", „internationale Märkte" und „positives Image". Sie berichtet von der Renovierung der Basilika, die elfeinhalb Millionen gekostet habe, von dem neuen Soundsystem, das endlich auch Händels „Messias" zu der gebührenden Durchschlagskraft verhelfe.

Seit in Knock die früher so häufigen Berichte über Heilungswunder durch Fürbitte Marias seltener werden – das letzte größere Mirakel soll 1989 geschehen sein, als eine an Multipler Sklerose Erkrankte nach einer Messe von der Trage aufstand und wandelte – vertraut die Kirche lieber auf Modernisierung, auf soziale Medien, auf Messen-Livestreams, auf Website und YouTube.

„Vielleicht können wir die Kirche erneuern", hofft Maria Hunt. „Vielleicht kann Knock die Richtung weisen."

Denn eine Insel, das hat schon der Dubliner Jonathan Swift in „Gullivers Reisen" gezeigt, hat immer auch das Zeug zur Utopie, zum Ort des ganz Anderen. Auf Swifts Eilanden kommen die Toten zurück, hausen Unsterbliche, üben edle Pferde die Herrschaft über die primitive Menschheit aus.

Und so ist auch die Dubliner Grundschule Lios na nÓg, zu Deutsch „Enklave der jungen Leute", ein gälischer Felsen im englischsprachigen Meer der

MODERNES DUBLIN: Die Jahre stürmischen Wachstums verwandeln auch das Stadtbild der Kapitale – hier die 2009 erbaute Samuel Beckett Bridge über den Liffey

irischen Hauptstadt, Blaupause einer verbesserten Welt.

Es ist eine paradoxe Utopie: der Versuch, etwas durchzusetzen, was längst Gesetz ist – das irische Gälisch, gemäß Artikel 8 der Verfassung von 1937 „Nationalsprache" und „erste Amtssprache".

Doch seit der Ankunft der Normannen und der Engländer ist das Gälische auf dem Rückzug: Die Eliten und die Kirche übernahmen das Englische; die Armen folgten, so gut es ging.

Mitte des 19. Jahrhunderts sprach immerhin noch ein Viertel der Iren im Alltag *Gaeilge* – heute sind es in der Republik noch 1,7 Prozent, die sich täglich außerhalb schulischer Einrichtungen auf Gälisch verständigen.

Zwar bemühten sich schon um die Wende zum 20. Jahrhundert irische Intellektuelle um ein *Gaelic Revival*. In den 1920er Jahren erklärte die Regierung einige Gebiete zu Sprach-Reservaten, die *Gaeltacht* heißen: Dort mussten fortan alle Laden-, Straßen- und Verkehrsschilder in Gälisch gehalten sein, und wer in der Öffentlichkeit Englisch sprach, wurde zum Außenseiter. Bis heute ist im ganzen Land Irisch Pflichtfach an den Schulen, und manche Universitäten verlangen von ihren irischen Studenten zumindest grundlegende Irischkenntnisse.

Im praktischen Leben der globalisierten Welt sind die exotischen Wörter und ihre halsbrecherische Orthografie, die mit 18 Buchstaben 60 verschiedene Laute ausdrücken muss, zwar Fremdkörper geblieben. Im Paralleluniversum der kulturellen Hierarchien aber steigt die Sprache ständig im Kurs. Und wurden seit den 1970er Jahren auf der Insel 305 Grundschulen und 72 weiterführende Schulen gegründet, die ausschließlich das irische Gälisch im Unterricht verwenden – mit steigender Tendenz.

Sieht man sich die Zahlen der Bewerber an, könnte man meinen, diese Schulen hätten bereits gewonnen. Die imposanten Wartelisten der *Gaelscoileanna* weisen sie als Statussymbole für Aufsteiger aus: für Eltern, die den Wert einer besonderen Bildung zu schätzen wissen – und auch gern selbst Hand anlegen, um die Lernbedingungen zu optimieren.

Es ist dieser nimmermüde Geist einer verschworenen Gemeinschaft, einer ungewöhnlich engen Seilschaft aus Lehrern, Eltern und Schülern, der die gälischen Schulen ins Leben gerufen hat und am Leben hält. Auch die Schule Lios na nÓg ist auf Initiative der Nutzer entstanden: 1996 fand sich zu ihrer Gründung eine Gruppe von Eltern zusammen, deren Kindern es nicht mehr gelungen war, einen Platz auf der benachbarten Scoil Bhríde zu bekommen.

Lios na nÓg liegt in Ranelagh, einer eher teuren Gegend Dublins; gleich nebenan steht die Residenz des kanadischen Botschafters. Die Sprache, einst das Kainsmal der Armen und Ungebildeten, ist zum Lifestyle-Accessoire jener aufgeklärten Eliten Irlands geworden, die der irische Publizist David McWilliams nach dem lateinischen Namen des Landes *Hibernian Cosmopolitans* nennt – auch wenn viele von ihnen selber kein einziges Wort Gälisch sprechen.

So hören auch in Lios na nÓg die meisten der Drei- bis Fünfjährigen in der *Naíonra*, der Vorschule, wohl zum ersten Mal Kommandos wie „dún na lámha" (schließt die Hände) oder „oscail na lámha" (öffnet die Hände).

Doch im Chor wiederholen die Kinder die Worte, ballen die Fäuste, präsentieren die Handflächen, und die Erzieherin sprüht Seifenschaum aus der Dose hinein. Dann heißt es „cuimil na lámha", reibt die Hände – und die Kinder rubbeln und stürzen sich dann hastig auf den mitgebrachten Proviant.

Selbstverständlich geht es nicht nur um die Sprache. Es geht um die Behauptung eines Territoriums – dessen Grenzen nicht nur mit Worten verteidigt werden, sondern auch mit archaischen Sportarten wie *hurling* oder *gaelic football*, mit Volkstänzen, mit Blechflöten, Fiedeln und der Handtrommel Bodhrán.

Es ist die Beschwörung eines Landes, das Abend für Abend in unzähligen Pubs wieder auflebt, etwa wenn im „Matt Molloy's" im Küstenstädtchen Westport einige Amateure ihre Instrumente auspacken und selbstversunken, ohne Blick auf das Publikum, ihre Jigs und Reels zum Besten geben.

Und so erscheint auch in Lios na nÓg oft die Geigerin Máire Braetnach, anerkannte Größe der irischen Folkszene und selbst Mutter einer Absolventin der Schule, um mit den Kindern zu musizieren – und etwa das alte Lied „Óró, sé do bheatha 'bhaile" („Hurra, willkommen zu Hause") einzuüben, das den Kampf der Piratenkönigin Grace O'Malley gegen die schurkischen Engländer im 16. Jahrhundert besingt.

Es ist nicht einfach Sehnsucht nach Tradition, die bewirkt, dass englischsprachige Eltern ihren Kindern Mathematik, Biologie und Erdkunde in einem Idiom zumuten, das in der globalisierten Welt so gut wie niemand spricht.

Zweisprachiges Aufwachsen, erklärt die Schulleiterin Áine Nic an tSíthigh, fördere grundsätzlich die kognitiven Fähigkeiten. Und tatsächlich wechseln von den *Gaelscoileanna* mehr Studenten auf die Universitäten als von englischsprachigen Schulen (was aber auch am höheren Bildungsniveau der Eltern liegen kann).

Doch für viele ist die Rückkehr zur Sprache der Vorfahren trotz allem eine Frage der Identität – eine feste und zugleich prestigeträchtige Verbindung zum Ort der Geburt. Oder wie es die Rektorin ausdrückt: „Die irische Sprache sitzt tief in unserer DNS."

Eine Festung aus Worten? Im Gegenteil, glaubt Áine Nic an tSíthigh. Sie macht sogar gerade Europas Zusammenwachsen für die Beliebtheit der gälischen Schulen verantwortlich: „Durch Europa ist vielen Iren erst wirklich bewusst geworden, dass andere Länder eigene Sprachen haben", sagt sie. „Und dabei haben sie entdeckt, dass auch wir eine Sprache haben, die reich und schön ist."

Tatsächlich sind in kaum einem Land der EU die Bewohner so europafreundlich wie in der Republik Irland.

Doch während das Land sich immer enger an den Kontinent anschmiegt, sind jenseits der Irischen See mächtige tektonische Kräfte am Werk, die das Nachbareiland wegzusprengen drohen: Der Brexit soll das Vereinigte Königreich in die alte *splendid isolation* zurückführen – und hätte damit auch für die irische Insel massive Folgen.

Denn bislang ist das Königreich Irlands wichtigster Exportmarkt – und die Flugstrecke von Dublin nach London eine der meistfrequentierten der Welt. Die Wirtschaftsbeziehungen zwischen der einstigen Kolonie und der ehemaligen Kolonialmacht sind in diesem gemeinsamen Europa so eng wie lange nicht mehr; sie könnten unter dem Brexit nun empfindlich leiden.

Hauptopfer einer neuen ökonomischen Trennung aber wäre Nordirland: Vor allem in der Nahrungs- und Pharmaindustrie würden dort wohl bis zu 20 000 Arbeitsplätze verschwinden.

Und die weiche Grenze, die Irland und Nordirland trennt, könnte wieder zur harten werden: Grenzposten würden errichtet, Zollbeamte eingesetzt – und womöglich zum willkommenen Ziel für neue Attentate unversöhnlicher Krieger. Zudem hätte Irland plötzlich eine EU-Außengrenze, was zusätzliche Sicherungsmaßnahmen erzwingen könnte.

Die Bürger der Republik Irland wissen, was sie Europa verdanken. Kaum ein Land hat so reich von den Subventionen der Gemeinschaft profitiert.

Nach dem Zusammenbruch der Finanzmärkte stellten EU und Internationaler Währungsfonds aus einem Rettungsschirm rund 64 Milliarden Euro für die Sanierung irischer Banken bereit.

Fünf Jahre nach der Krise konnte Irland, auch dank eines schmerzhaften Sparprogramms, den Rettungsschirm verlassen. Seither ist die Volkswirtschaft in drei aufeinanderfolgenden Jahren stärker gewachsen als in jedem anderen Land der Union, ist die Arbeitslosenquote von 13 auf rund sechs Prozent gesunken.

Für Ende 2019 erwartet die Zentralbank 2,3 Millionen Menschen in Lohn und Brot, das sind mehr als auf dem Höhepunkt des Wirtschaftswunders.

Schon drehen sich über Dublins Innenstadt wieder die Baukräne, streben die Immobilienpreise erneut dem Niveau der Boomjahre entgegen.

Zwar hadern viele Iren immer noch mit den Folgen der Sparpolitik, die ihnen Europa verordnet hat. Sie beklagen unter anderem die steigende Zahl der Obdachlosen sowie die Kinderarmut, die sich seit 2008 nahezu verdoppelt hat, und auch die deutlich gewachsene Ungleichheit, die nach einer Studie Irlands Gerechtigkeitsbilanz unter den europäischen Durchschnitt drückt.

Doch zugleich scheinen Irlands Wirtschaftslenker begriffen zu haben, dass es im internationalen Wettbewerb nicht mehr reicht, mit niedrigen Steuern ausländische Konzerne wie Apple, Google oder Facebook ins Land zu locken.

„Wir müssen andere Dinge in den Vordergrund stellen", sagt Patrick Honohan, bis 2015 Chef der Zentralbank: „nämlich Bildung, Infrastruktur, sozialen Zusammenhalt, politische Stabilität."

Zur Jahreswende 2018 hat sich der irische Fiskus sogar dazu durchgerungen, vom US-Technologieriesen Apple 13 Milliarden Euro Steuerschulden nachzufordern, nachdem er sich dem entsprechenden Drängen der EU-Kommission mehr als ein Jahr lang widersetzt hatte.

Und so rückt Dublin weiter an den Kontinent heran – während Großbritannien langsam davontreibt Richtung Atlantik, wo in den USA ein unsicherer Bündnispartner wartet.

Joe McNamara aber, der irische Rebell, der Rächer der Bankenopfer, hat sich so vermutlich seine Insel-Existenz bewahrt. Auf Achill Island erzählt man sich, er lebe jetzt nicht mehr in Irland.

Sondern in London. ◊

GEOkompakt

ERBVERÄNDERUNGEN sind ein Motor der Evolution

UNSER ERBE, UNSERE GENE

In kaum einer Disziplin haben Wissenschaftler in den letzten Jahren derart viele neue Erkenntnisse gewonnen wie in der Genetik. Immer tiefer dringen die Forscher in das Geheimnis des Lebens vor, verstehen zunehmend besser, wie das Erbgut die komplexen Vorgänge in den Zellen unseres Körpers steuert, wie Gene unser Verhalten, die Persönlichkeit und Intelligenz beeinflussen. Und schließlich auch, wie bestimmte Krankheiten entstehen und wie man sie mit völlig neuen gentechnischen Methoden behandeln kann.

GEOkompakt führt durch die aufregende Welt der modernen Genforschung, erklärt, was uns zum Menschen macht, warum wir altern, weshalb Viren die Evolution unserer Vorfahren vorangetrieben haben – und auf welche erstaunliche Weise sich unser genetischer Bauplan manipulieren lässt.

GEOKOMPAKT
»Unser Erbe, unsere Gene« ist 156 Seiten dick und kostet 10 Euro, mit DVD (»Die Gen-Revolution«) 16,50 Euro. Einige Themen: Wie man sein Erbgut sanft verändert • Ethik: Was darf Forschung – und was nicht?

GEO ADVENTURE

AUF INS BLAUE!

Kraxeln an Steilwänden über dem Mittelmeer. Eine Einbaumregatta mit Kurs Sansibar. Der Traum einer Kitesurferin, den 6000 Kilometer breiten Atlantik zu überqueren: GEO adventure, die neue Heimat für alle Jäger des Augenblicks, erzählt in seiner ersten Ausgabe von grandiosen Abenteuern rund ums Wasser – und inspiriert dazu, selbst aufzubrechen.

GEO ADVENTURE NR. 1
erscheint in Kooperation mit der »International OCEAN FILM TOUR«, kostet 8 Euro, mit DVD (»Übermenschlich – die Geschichte der Diana Nyad«) 15 Euro

GEO WISSEN GESUNDHEIT

FIT WERDEN, FIT BLEIBEN

Neue Erkenntnisse über wirksame Trainingsmethoden und die Heilkraft der Bewegung: Die aktuelle Ausgabe erklärt, wie sich die Fitness zielgerichtet verbessern lässt – und wie ein jeder davon profitiert. Dazu: Welcher Sport in welchem Alter angeraten ist. Und welche Yoga-Übungen optimal für die Regeneration sind.

GEO WISSEN GESUNDHEIT
»Die Fitness-Formel« hat 188 Seiten und kostet 11,50 Euro, mit DVD (»Funktionelles Training«) 16,50 Euro. Einige Themen: Die richtige Ernährung für Sportler • Motivation: So gelingen gute Vorsätze

DER NS-STAAT

TRIUMPH DER TOTENGRÄBER

Ende Januar 1933, am Tiefpunkt der ökonomischen und politischen Krise der Republik, ernennt Reichspräsident Paul von Hindenburg den NSDAP-Chef Adolf Hitler zum Kanzler einer Koalition der Rechten – in der Hoffnung, die konservativen Bündnispartner würden den radikalen Demagogen schon kontrollieren. Doch der Präsident unterschätzt Hitlers Machtinstinkt: Binnen Kurzem drängen seine Nationalsozialisten die bürgerlichen Alliierten beiseite, schaffen die von der Verfassung geschützten Grundrechte ab, verfolgen und ermorden Juden und Oppositionelle und errichten eine totalitäre Gewaltherrschaft

REAKTIONÄRE um Präsident Hindenburg hieven Hitler an die Macht

In der Nacht des 30. Januar 1933 wird die Weimarer Republik zu Grabe getragen: Gerade hat Reichspräsident Paul von Hindenburg Adolf Hitler zum Reichskanzler ernannt, den Todfeind der ersten deutschen Demokratie; und nun marschieren Tausende SA- und SS-Männer mit Fackeln durch das Brandenburger Tor. Sofort nach der Machtübernahme überzieht die NS-Führung das Land mit beispiellosem Terror, pfercht politische Gegner in Konzentrationslager, quält und drangsaliert Juden und andere Minderheiten. Nur wenige Monate wird es noch dauern, bis der Rechtsstaat beseitigt und durch eine zügellose Gewaltherrschaft ersetzt ist.

Wie es dazu kommen konnte, dass eine zivilisierte Nation in die Barbarei der nationalsozialistischen Tyrannei taumelte, davon erzählt – in fünf Texten und mehr als 170 Bildern – die aktuelle Ausgabe von GEO*EPOCHE* PANORAMA.

FOTOVERMERK NACH SEITEN

Anordnung im Layout: l.= links, r.= rechts, o.= oben, m.= Mitte, u.= unten

TITEL: Felix Pergande/ddp images
EDITORIAL: Prisma: 3 u.
INHALT: Stephen Emerson/alamy/mauritius images: 4 o.; Samson J. Goetze für GEO*EPOCHE*: 4 m. l.; Francis Bindon/Crawford Art Gallery: 4 m. r.; Robert French/The Lawrence Photograph Collection/National Library of Ireland: 4 l. u., 5 o.; Privatsammlung: 4 r. u.; Bridgeman Art Library: 5 m.; Pacemaker Press International: 5 u.
INSEL DER UNBEUGSAMEN: Felix Pergande/ddp images: 6/7; Stephen Emerson/alamy/mauritius images: 8/9; Michael Herrmann: 10/11; Patrick Swan/Design Pics: 12/13; Jim Richardson/National Geographic: 14/15; Anthony Murphy: 16/17, 18/19
KELTEN, WIKINGER, NORMANNEN: Stefanie Peters für GEO*EPOCHE*: 21
RIVALEN UM DIE MACHT: Tourism Ireland: 22/23, 24, 25, 26, 28, 29, 31, 32, 33; imago: 27; TopFoto/United Archives: 30
DIE PIRATEN-KÖNIGIN: Samson J. Goetze für GEO*EPOCHE*: 34–45
AUFSTAND GEGEN ELISABETH: National Portrait Gallery/Interfoto: 47
CROMWELLS FLUCH: Bridgeman Art Library: 48/49, 51, 52, 55 (6), 59; The Art Archive/Shutterstock: 56; Stefanie Peters für GEO*EPOCHE*: 58
DAS GESETZ ALS SCHWERT: Bridgeman Art Library: 60
DUBLINS SCHÄRFSTE WAFFE: Francis Bindon/Crawford Art Gallery: 62/63; Bridgeman Art Library: 63, 65, 66, 72; age fotostock/alamy: 67; National Gallery Of Ireland: 68, 71; Stefanie Peters für GEO*EPOCHE*: 70; akg-images: 73
DIE GESCHICHTE IRLANDS: Prisma: 75; Bridgeman Art Library: 76, 77, 78, 80 o., 85; Granger/Interfoto:79, 80 u.; adoc-photos/bpk-images: 82; Privatsammlung: 83; Irish Photo Archive: 84; ITV Archive/REX/Shutterstock: 86
AUS DER REDAKTION: Ulster Museum, Belfast: 87 l. o.; Jochen Raiß: 87 r. o., r. u.; Privat: 87 r. m.; Christian Gargerle: 87 l. u.
DER GROSSE HUNGER: Robert French/The Lawrence Photograph Collection/National Library of Ireland: 88/89, 91, 94, 94/95, 96, 97; Bettmann/Getty Images: 92 l.; Hulton Archive/Getty Images: 92 r., 93 r., 95 r.; National Library of Ireland: 93 l.; Mary Evans/Interfoto: 94 l.; Granger/Interfoto: 98
EIN DENKMAL FÜR DUBLIN: Robert French/The Lawrence Photograph Collection/National Library of Ireland: 100/101, 104 u., 108, 110; Bridgeman Art Library: 101, 103 r.; The Art Archive/REX/Shutterstock: 102; The Joyce Papers 2002/National Library of Ireland: 103 l.; mauritius images: 104 o.; Clarke Photographic Collection/National Library of Ireland: 105, 109 o.; Getty Images: 107 (3); National Library of Ireland: 109 u.
BLUTIGE OSTERN: John Frost Newspapers/alamy/mauritius images: 113, 114, 118, 122; Stefanie Peters für GEO*EPOCHE*: 116; David Granville: 117 o.: Hulton Archive/Getty Images: 117 m. o.; Warwick Digital Collection: 117 m. u.; mauritius images: 117 u.; Illustrated London News Ltd/Mary Evans/Interfoto: 121
DER PREIS DER FREIHEIT: Bridgeman Art Library: 126
DAS SCHROFFE IDYLL: Keystone/Getty Images: 128; Hans Lenz: 129 o.; Georges Dussaud/Gamma-Rapho/Getty Images: 129 u.; Jean-Philippe Charbonnier/Gamma-Rapho/Getty Images: 130 o.; Independent News And Media/Getty Images: 130 u., 131
ORTE VON SCHAM UND SCHANDE: Paulo Nunes dos Santos: 132, 140; Privatsammlung: 135; Privat: 137; Mark Davis: 142
ARMEE IM SCHATTEN: Pacemaker Press International: 144/145; Peter Marlow/Magnum Photos/Agentur Focus: 146, 152/153; Mirrorpix/ullstein bild: 147 o.; Ian Berry/Magnum Photos/Agentur Focus: 147 u.; Gilles Peress/Magnum Photos/Agentur Focus: 148; Abbas/Magnum Photos/Agentur Focus: 149, 150; Chris Steele-Perkins/Magnum Photos/Agentur Focus: 151, 156; Bruno Barbey/Magnum Photos/Agentur Focus: 155
DIE ZERRISSENE PROVINZ: Bruno Barbey/Magnum Photos/Agentur Focus: 159; Leonard Freed/Magnum Photos/Agentur Focus: 160; Peter Marlow/Magnum Photos/Agentur Focus: 163; Stefanie Peters für GEO*EPOCHE*: 165
RELIKTE EINES GEPLATZTEN TRAUMS: Ciarán May/Birdseye Kite Photography: 166; Valérie Anex, aus der Serie »Ghost Estates«: 169; David Soanes Photography/Getty Images: 170
VORSCHAU: Granger/Interfoto: 174; Pictures from History/akg-images: 175 l. o.; dpa/picture alliance: 175 r. o.; Sputnik/akg-images: 175 l. u.; Keystone-France/Getty Images: 175 r. u.
RÜCKSEITE: Jan Michael Hosan/fotogloria: 176

Titelbild: Dunguaire Castle, Grafschaft Galway
Kürzungen in **Zitaten** sind nicht kenntlich gemacht.
Redaktionsschluss: 16. März 2018

GEOEPOCHE
Das Magazin für Geschichte

Gruner + Jahr GmbH & Co KG,
Sitz von Verlag und Redaktion: Am Baumwall 11,
20459 Hamburg. Postanschrift der Redaktion:
Brieffach 24, 20444 Hamburg.
Telefon: 040 / 37 03-0, Telefax: 040 / 37 03 56 48,
Internet: www.geo-epoche.de

CHEFREDAKTEUR: Michael Schaper
STELLVERTRETENDER CHEFREDAKTEUR: Dr. Frank Otto
ART DIRECTION: Tatjana Lorenz
TEXTREDAKTION: Johannes Teschner (Konzept dieser Ausgabe), Jens-Rainer Berg, Insa Bethke, Dr. Anja Fries, Samuel Rieth
AUTOREN: Jörg-Uwe Albig, Dr. Ralf Berhorst, Dr. Mathias Mesenhöller, Johannes Strempel
BILDREDAKTION: Christian Gargerle (Leitung), Roman Rahmacher, Edith Wagner; Mitarbeit: Imke Keyssler, Jochen Raiß
VERIFIKATION: Lenka Brandt, Fabian Klabunde, Olaf Mischer, Alice Passfeld, Andreas Sedlmair
Mitarbeit: Dr. Dirk Hempel, Svenja Muche
LAYOUT: Jutta Janßen, Eva Mitschke
Mitarbeit: Lena Oehmsen, Timo Zett
WISSENSCHAFTLICHE BERATUNG: Martina Elvert
KARTOGRAPHIE: Stefanie Peters
CHEF VOM DIENST / SCHLUSSREDAKTION: Dirk Krömer, Ralf Schulte
Mitarbeit: Antje Poeschmann, Antje Wischow
CHEF VOM DIENST TECHNIK: Rainer Droste
REDAKTIONSASSISTENZ: Ümmük Arslan, Helen Oqueka, Saskia Patermann; Anastasia Mattern, Thomas Rost (Buchrecherche)
HONORARE: Andreas Koseck
GESCHÄFTSFÜHRENDE REDAKTEURIN: Maike Köhler
VERANTWORTLICH FÜR DEN REDAKTIONELLEN INHALT: Michael Schaper

PUBLISHER: Dr. Gerd Brüne
DIRECTOR DISTRIBUTION & SALES: Torsten Koopmann / DPV Deutscher Pressevertrieb
EXECUTIVE DIRECTOR DIRECT SALES: Heiko Hager, G+J Media Sales
VERANTWORTLICH FÜR DEN INHALT DER BEILAGEN: Daniela Krebs – Director Brand Solutions
G+J e I MS, Am Baumwall 11, 20459 Hamburg
Es gilt die jeweils gültige Anzeigen-Preisliste unter www.gujmedia.de
MARKETING: Pascale Victoir
HERSTELLUNG: G+J Herstellung, Heiko Belitz (Ltg.), Oliver Fehling

Heftpreis: 12,00 Euro (mit DVD: 18,50 Euro)
ISBN: 978-3-652-00741-2;
978-3-652-00735-1 (Heft mit DVD)
ISSN-Nr. 1861-6097

Bankverbindung: Deutsche Bank AG Hamburg,
IBAN: DE 30 2007 0000 0032 2800 00,
BIC: DEUTDEHH
Litho: 4mat Media, Hamburg
Druck: appl druck GmbH,
Senefelderstraße 3–11, 86650 Wemding

GEO-LESERSERVICE

FRAGEN AN DIE REDAKTION
Telefon: 040 / 37 03 20 84,
Telefax: 040 / 37 03 56 48
E-Mail: briefe@geo-epoche.de
Die Redaktion behält sich die Kürzung und Veröffentlichung von Leserbriefen auf www.geo-epoche.de vor.

ABONNEMENT- UND EINZELHEFTBESTELLUNG
GEO*EPOCHE* Kundenservice,
20080 Hamburg
E-Mail: kundenservice@dpv.de,
Telefon: 0049 / 40 / 55 55 89 90,
Telefax: 0049 / 40 / 55 55 78 03
persönlich erreichbar:
Mo–Fr 7.30 bis 20.00 Uhr,
Sa 9.00 bis 14.00 Uhr
24 Std. Online-Kundenservice:
www.geo.de/kundenservice

Preis Jahresabo: 72,00 € (D), 81,00 € (A), 114.00 sfr (CH)
Abo mit DVD: 105,00 € (D), 120,00 € (A), 174.60 sfr (CH)
Studentenabo: 43,20 € (D), 48,60 € (A), 68.40 sfr (CH)
mit DVD: 66,60 € (D), 77,40 € (A), 118.80 sfr (CH)
Preise für weitere Länder auf Anfrage erhältlich

BESTELLADRESSE FÜR GEO-BÜCHER, GEO-KALENDER, SCHUBER ETC.
Kundenservice und Bestellungen
Anschrift: GEO-Versand-Service,
74569 Blaufelden
Telefon: +49 / 40 / 42 23 64 27
Telefax: +49 / 40 / 42 23 64 27
E-Mail: guj@sigloch.de

DER

DROHPOTENZIAL

Wie hier die Amerikaner 1952 in Nevada erproben die Supermächte USA und UdSSR in Hunderten Atombombentests ihre verheerenden Waffen